Code civil du Tchad

Collection « Afriques en mutations »
Dirigée par Ange Bergson Lendja Ngnemzué (PhD, HDR)

Cette collection accueille des travaux universitaires en sciences humaines et sociales, ainsi que des essais de bonne expertise consacrés à l'Afrique et aux sujets pertinents pour le continent. De facture empirique ou non, les ouvrages de la collection proposent des analyses innovantes ou critiques qui mettent en lumière les racines du présent africain, les logiques endogènes et les transformations qui s'y greffent. L'enjeu est d'explorer au plus près le local et ses rapports au monde, tels qu'ils se construisent sur différents aspects (culturel, politique, économique, diplomatique, etc.) et se confrontent à eux-mêmes ou aux dynamiques importées. Dans le champ des recherches africanistes, ces études montrent un continent profondément diversifié, contemporain et bouillonnant d'inventivité et de créativité humaine, de renouvellement autant sur l'éthique de l'action que sur les techniques de soi. Tous en quête d'innovation, les ouvrages de la collection enquêtent en profondeur, quitte à bouger les lignes traditionnelles d'analyse aux trois niveaux théorique, conceptuel et méthodologique, et à déconstruire les thèses dominantes en cours, qui sont parfois construites hors-sol.

Déjà paru

Titi PALE, *Les femmes ministres en Côte d'Ivoire. Evolutions et enjeux de démocratisation,* 2023.
Freddy Joël TCHANA NANA KOUMOUSSA, *Omar Bongo et la sécurité collective en Afrique centrale,* 2022.
Magatte WADE, *Lat Dior, Damel du Cayor. Vie de combats d'un héros sénégalais*, 2022.
Jeannette Ariane NGABEU, *Les enjeux de la modernité dans le roman africain au féminin. Werewere Liking, Angèle Rawiri et Ken Bugul*, 2021.
Graziela HOUTONDJI-MBAMA, *Anthropologie d'une protestation contre l'État au Bénin, Les « déguerpis » du quartier Placodji à Cotonou*, 2020.

Présenté et annoté par

Léonard Beleyo Nguinambaye

Code civil du Tchad

Préface de Roasngar Toussaint Ablaye

L'Harmattan

5-7, rue de l'École-Polytechnique ; 75005 Paris

http://www.editions-harmattan.fr/

ISBN : 978-2-336-41203-0
EAN : 9782336412030

SOMMAIRE

REMERCIEMENTS

Je remercie, à titre posthume, mon très regretté cadet MBAINDODJIM Prosper, Enseignant-Chercheur à l'École Normale Supérieure de N'Djamena, pour m'avoir donné un sacré coup de main dans la saisie du manuscrit du travail ici publié.

Je remercie ROASNGAR Toussaint ABLAYE, Magistrat, pour avoir accepté de préfacer cette édition, mais surtout pour avoir introduit de nouveaux textes à valeur législative et réglementaire, décidés par le Tchad depuis 1960. Pour la présente édition du Code civil tchadien, sa démarche a permis de constituer un corpus consistant et complet.

Je remercie Me MBAIGANGNON Athanase, ancien Bâtonnier du Tchad, pour avoir pris de son précieux temps pour une relecture sérieuse du manuscrit de ce travail. Son effort s'est concrétisé par des corrections utiles.

Ma gratitude s'adresse également au professeur Ange Bergson LENDJA NGNEMZUE (HDR Sociologie, EHESS Paris ; PhD Science politique, Université Paris 8 ; PhD Philosophie, Université Paris I Panthéon Sorbonne), qui dirige la collection « Afriques en mutations » aux éditions L'Harmattan à Paris (France). J'apprécie son aide précieuse dans la finalisation du corpus et dans l'intermédiation avec l'éditeur pour un contrat d'édition.

Enfin, que tous ceux qui m'ont aidé et encouragé, d'une manière ou d'une autre, dans mon projet de compiler le Code civil français de 1958 et les textes législatifs et réglementaires tchadiens d'après l'indépendance, pour en faire un corpus unique constituant le Code civil tchadien, trouvent ici l'expression de toute ma reconnaissance.

Me Léonard BELEYO NGUINAMBAYE

Avocat au Barreau du Tchad.
N'Djamena, le 31 août 2023.

PRÉFACE

À la proclamation de la République du Tchad en 1958 et à l'accession de son indépendance en 1960, les dirigeants tchadiens de l'époque, constatant le vide juridique, ont décidé d'appliquer la législation et la réglementation en vigueur (bien sûr française) sauf intervention de textes nouveaux. L'indépendance du Tchad n'a pas été suivie d'une « décolonisation des normes juridiques ». Le *statu quo* de l'ordre juridique a été consacré par l'article 60 de l'Acte législatif N° 1 portant Constitution du 31 mars 1959, l'article 77 de la loi constitutionnelle N° 18-60 du 28 novembre 1960 et l'article 87 de la loi constitutionnelle N° 2/62 du 16 avril 1962. L'ordre juridique colonial étant maintenu en général et par voie de conséquence en matière civile, la loi applicable est le Code civil français. Ainsi, le mot « français » contenu dans les différents passages du Code civil de 1958 applicable au Tchad doit être compris comme « tchadien ».

La situation législative du jeune État, en matière civile, a légèrement évolué en 1961 avec les ordonnances N° 3 INT et N° 10 INT de juin et septembre 1961 ratifiées par la loi n° 38/61 du 9 décembre 1961 réglementant l'état civil. La réforme s'est poursuivie en 1967 avec l'adoption du texte portant réforme judiciaire (Ordonnance 67-006 PR.MJ du 21 mars 1967) et des textes régissant le régime foncier (Loi N° 23/PR/1967 du 22 juillet 1967 portant statut des biens domaniaux, loi N° 24/PR/1967 du 22 juillet 1967 sur le régime de la propriété foncière et des droits coutumiers, loi N° 25/PR/1967 sur les limitations des droits fonciers) et leurs décrets d'application (Décret N° 186/PR du 1er août 1967, décret N° 187/PR du 1er août 1967 et décret N° 187/PR du 1er août 1967).

En effet, l'Ordonnance 67-006 PR.MJ du 21 mars 1967 permet au juge tchadien d'appliquer, selon les cas, la coutume ou la loi, et lorsque la coutume est contraire à l'ordre public, c'est le droit positif qui prime (article 71). Pour l'application de la coutume, le juge est assisté de deux notables assesseurs ayant voix délibérative.

Le législateur tchadien de 1967 (Loi N° 23/PR/1967 portant statut des biens domaniaux) a donné la composition du domaine public sous forme d'énumération (au total 15) à laquelle s'ajoute « les biens de toutes sortes que les codes et Lois de l'État déclarent insusceptibles de propriété privée » alors que les articles 538 et suivants du Code civil de 1958 définissent le domaine public en utilisant la méthode à prédominance synthétique. Le Code civil, après avoir cité quelques exemples, comme les routes, les rivages de la mer, précise que « sont considérées comme les dépendances du domaine public, toutes les portions du territoire qui ne sont pas susceptibles d'une propriété privée ». En matière de servitudes de domanialités publiques, le législateur tchadien a énuméré la liste de celles-ci, les modalités de leur exercice et les indemnités éventuellement dues au titre de ces servitudes.

En vue de corriger les insuffisances constatées dans les textes de 1961 réglementant l'état civil, le législateur tchadien a adopté le 4 avril 2013 le projet de loi portant réglementation de l'état civil qui a été promulgué le 10 mai 2013 (Loi N° 008/PR/2013 du 10 mai 2013 portant organisation de l'état civil en République du Tchad). L'application des textes français qui devrait être une situation transitoire pour permettre au Tchad de se doter de ses propres lois perdure en ce qui concerne les biens et l'état des personnes.

La Constitution du 31 mars 1996 (révisées par plusieurs lois constitutionnelles) a constaté l'absence d'un code civil tchadien et a consacré l'application des règles coutumières et traditionnelles en attendant leur codification. Toutefois, les règles coutumières et traditionnelles régissant les régimes matrimoniaux et les successions ne peuvent s'appliquer qu'avec le consentement des parties concernées. À défaut de consentement, la loi nationale (Code civil de 1958) est seule applicable. Il en est de même en cas de conflit entre deux ou plusieurs règles coutumières.

En éditant le Code civil français de 1958, en vigueur au Tchad dans certaines de ses dispositions, l'objectif des initiateurs de cette œuvre est de mettre à la disposition du public en général et des praticiens du Droit en particulier un outil de travail. En effet, il n'est pas rare de rencontrer des juristes et/ou praticiens qui exploitent les éditions récentes du Code civil français. Parmi ces personnes qui se servent de versions récentes du Code civil français pour travailler se trouvent les professionnels du droit comme les magistrats, les avocats, etc. L'illustration de ces professionnels qui se trompent de bases juridiques en matière civile lorsqu'il s'agit de l'application du Code civil en vigueur au Tchad est donnée par l'arrêt de la chambre civile de Cour d'appel de N'Djamena du 26 avril 2002, répertoire 179, dans l'affaire opposant sieur AL à Dame RB. En effet, dans cette affaire, la cour d'appel de N'Djamena a fait, de manière erronée, application des dispositions du Code civil relatives aux obligations des époux et aux causes du divorce résultant des réformes législatives de 1970 et 1975. Dans certains cas l'on est amené à s'interroger s'il s'agit vraiment d'une méconnaissance des textes ou d'une application volontaire de version récente du Code civil faute de pouvoir disposer de la version de 1958. La base de la décision du juge est la loi en vigueur. Une erreur sur la base légale est grave, car une décision de justice peut être lourde de conséquences pour les parties au procès.

Les différentes versions du Code civil qui ont été adoptées après 1958 ont connu des modifications par le législateur français (non tchadien). Par voie de conséquence ces différentes versions ne sont pas d'application au Tchad selon le célèbre principe constitutionnel qui dispose que « La loi est une délibération de l'Assemblée nationale, régulièrement promulguée ».

Dans le cadre de dissémination des textes des lois au profit du public et du personnel judiciaire, plusieurs recueils de textes ont été édités par les projets soutenus financièrement par les partenaires techniques et financiers du Tchad. Ainsi, le Code civil français de 1958, appelé « code civil tchadien », a été édité dans sa version brute donc sans tenir compte des différentes modifications apportées par le législateur tchadien. Le plus souvent, ce code illisible dans certaines dispositions est mis à la disposition des praticiens du Droit et appliqué dans toutes ses dispositions par certains d'entre eux.

En faisant une mise à jour du Code civil de 1958, l'objectif est aussi de porter à la connaissance du public l'adaptation, timide soit-elle, dudit code à l'évolution de la société tchadienne d'une part et d'autre part de disséminer un outil de travail.

Les principales modifications au Code civil français de 1958 apportées par le législateur tchadien concernent :

- ✓ Le LIVRE PREMIER : Des personnes :
  - le Titre premier : de la jouissance et de la privation des droits civils,
  - le Titre deuxième : Des actes de l'état civil,
  - le Titre cinquième : Du mariage.
- ✓ Le LIVRE DEUXIÈME : Des biens et des différentes modifications de la propriété :
  - le Titre quatrième : Des servitudes ou services fonciers ;
- ✓ et le LIVRE TROISIÈME : Des différentes manières dont on acquiert la propriété :
  - le Titre cinquième, Chapitre III : Du régime dotal ;
  - La législation OHADA (l'Acte uniforme portant organisation des sûretés) a abrogé les dispositions relatives au Titre quatorzième (du cautionnement), au Titre dix-septième (du nantissement), au Titre dix-huitième (des privilèges et hypothèques), et du Titre dix-neuvième (de l'expropriation

forcée et des ordres entre les créanciers, chapitre 2 (de l'ordre et de la distribution du prix entre les créanciers).

D'autres modifications pourront intervenir ultérieurement. Il appartient aux utilisateurs du présent document de se référer à l'évolution législative afin de faire usage des dispositions en vigueur.

D'autres modifications pourront intervenir ultérieurement. Il appartient aux utilisateurs du présent document de se référer à l'évolution législative afin de faire usage des dispositions en vigueur.

Cette initiative louable, de publier le Code civil de 1958 avec les modifications apportées par le législateur tchadien, pourrait être valablement exploitée dans le cadre de l'élaboration d'un projet de Code civil tchadien. Le système légal hérité de la colonisation ne s'adapte pas sur certains aspects à l'évolution de la société tchadienne d'une part et d'autre part les réformes postcoloniales se caractérisent par la coexistence du droit moderne et du droit coutumier. En somme, les citoyens d'un même État ne sont pas soumis aux mêmes lois.

Roasngar Toussaint ABLAYE,
Magistrat.

NOTE DE PRESENTATION

Délimité d'abord comme une colonie française en 1900, le Tchad, à l'instar d'autres colonies françaises d'Afrique Centrale que sont le Gabon, le Moyen-Congo et l'Oubangui-Chari, a connu une mutation progressive dans son cheminement vers son indépendance totale de 1960. En tant qu'ancienne colonie française, c'est la législation française qui y avait droit de cité. Devenue par la suite Communauté française par la Constitution du 4 octobre 1958, la législation à y appliquer restait la même, puisque le statut des Communautés instituées sur les territoires d'Outre-Mer était de droit français.

L'Acte législatif N° 1 portant Constitution du 31 mars 1959 a innové et inauguré la démarcation du Tchad sur la voie de son indépendance : « Le Tchad est constitué en République une et indivisible, laïque, démocratique et sociale », peut-on lire au premier article dudit Acte législatif. Le principe de cette République est « Le gouvernement du peuple par le peuple et pour le peuple. La souveraineté est l'attribut du peuple qui l'exerce par ses représentants », lit-on aussi à la suite. Les lois de la République sont votées par l'Assemblée législative élue au suffrage universel direct. L'application du Code civil français d'avant 1959 trouve son fondement dans les dispositions de l'article 60 al 1 de l'Acte législatif qui dispose : « En tout ce qui n'est pas contraire à la présente Constitution, les dispositions législatives et réglementaires antérieures sont maintenues en vigueur ». C'est ainsi que la version du Code civil français de 1958 a été retenue pour être applicable dans la République du Tchad, érigé de droit en expansion du domaine de la communauté française.

Devenue indépendante le 11 août 1960, l'ancienne colonie française du Tchad s'émancipe. L'un des marqueurs de cette émancipation est la Loi constitutionnelle N° 18-60 du 28 novembre 1960, qui a affirmé de façon tranchée l'indépendance et la souveraineté de la République du Tchad. À ce stade de l'indépendance, l'Assemblée législative a pris la résolution de rendre applicable le Code civil français de 1958 en ces termes : « la législation et la réglementation actuellement en vigueur au Tchad restent applicables, sauf intervention de textes nouveaux, en ce qu'elles n'ont pas de contraire à la présente constitution (article 77, Loi constitutionnelle n° 18-60 du 28 novembre 1960). Les lois constitutionnelles postérieures du Tchad indépendant n'avaient pas formellement révoqué l'applicabilité du Code civil de 1958, au contraire. La Loi constitutionnelle N° 2-62 du 16 avril 1962 a réitéré cette applicabilité en ces termes : « la législation et la réglementation actuellement en vigueur au Tchad restent applicables, sauf intervention de textes nouveaux, en ce qu'elles ne sont pas contraires à la présente constitution » (article 87). Les règles de lois applicables dans le domaine civil sont donc restées les mêmes que celles qui avaient cours pendant la Communauté.

Il est remarquable qu'au cours de ces années postindépendance du Tchad, des textes nouveaux soient intervenus dans certains domaines déjà codifiés dans la législation française de 1958, en adaptant lesdits domaines au contexte spécifique du Tchad. C'est ainsi que les domaines de la jouissance et de la privation des droits civils, des actes de l'état civil, des formalités relatives à la célébration et à l'opposition du mariage, des coutumes et le droit positif, du régime dotal, et des Actes abrogatoires OHADA sur les sûretés, le nantissement, le privilège et l'hypothèque, avaient connu des textes nouveaux, qui avaient abrogé les dispositions y relatives contenues dans le Code français de 1958. Pour leur spécificité de nature, les Actes OHADA, qui touchaient aux domaines naguère contenus dans le Code civil de 1958, seront exclus de la présente compilation.

Code civil du Tchad ou Code civil français de 1958 ?

Depuis 1958, le Code civil français, qui était en vigueur en France et sur ses territoires d'Outre-Mer, a connu plusieurs modifications et abrogations au point qu'aucun Français d'aujourd'hui ne se reconnaît soumis à cette version de 1958. Depuis 1958, la société française a connu des évolutions diverses et variées, au point où certains concepts juridiques avaient perdu leur sens originaire, à l'exemple du mot mariage, pour ne citer que celui-là.

Dans le même temps, le Tchad, qui était une colonie avant de passer territoire français d'Outre-mer, puis Communauté française, et enfin territoire totalement indépendant et souverain, a toujours mentionné dans ses constitutions qu'il conservait « la législation et la réglementation » de l'État français, qui étaient en vigueur à la veille de son indépendance. C'est le Code civil français dans sa version de 1958 que le Tchad adopte comme lui tenant lieu de Code civil national et donc applicable sur ce territoire indépendant et souverain. Il reste bien entendu que les textes nouveaux pourront intervenir pour compléter et adapter les différents domaines au cas spécifique du Tchad. Dès lors, une compilation qui regroupe la version du Code civil habilité par la Constitution du Tchad indépendant et les textes nouveaux à valeur législative mérite de porter le nom de Code civil du Tchad. Le présent ouvrage en tient lieu.

En tant que pays souverain, l'intelligence politique et l'expertise juridique doivent se résoudre à des évolutions textuelles qui, mises bout à bout, porteront le tournant révolutionnaire de la « tchadinisation » des lois républicaines. Je n'ai eu de cesse de penser à la nécessité de cette révolution, qui dépasse largement le cadre de la petite entreprise d'édition du Code civil tchadien que je mène ici. Mais j'ai modestement pris soin de mettre le qualificatif «tchadien » ou son équivalent entre crochets à côté de « français », « Royaume », « France », qui survivent çà et là dans le Code de 1958. Pour autant, il m'a été impossible de nettoyer totalement ces vestiges coloniaux, qui font de la résistance par exemple à l'article 1007, dont l'alinéa 2 stipule :

> *« (L. 25 mars 1899, J.O. AEF., 1899, p. 192). – Dans les colonies françaises et les pays de protectorat, le testament olographe des personnes ayant conservé leur domicile en France ou dans une autre colonie sera présenté au président du tribunal de première instance du lieu du décès, ou au président du tribunal le plus voisin ».*

Une telle disposition ne rentre pas dans ce Code destiné à un pays sahélien qu'est le Tchad, et qui n'a jamais colonisé personne. Une disposition supplémentaire ne cadre pas avec le Tchad, en raison de l'absence de toute frontière maritime : l'article 992 (*L. 8 juin 1893. B.A.S.*, 1893, p. 248) parle en effet de « l'arrivée du bâtiment dans un port de France ». Comment remplacer « France » ou « français » par « Tchad » ou « tchadien » dans ces cas ? A vrai dire, techniquement, cela n'est pas possible.

Mais de telles difficultés ne doivent pas décourager une entreprise de « tchadinisation » des lois postcoloniales existantes, fût-elle titanesque. On devrait d'emblée, par commodité, rappeler le contexte tchadien du raisonnement du législateur en lieu et place de celui du législateur français de la veille des années 1960, systématiquement et à chaque fois que cela est nécessaire. Ainsi, les techniciens et les usagers du droit devraient faire un réflexe de ce rappel, lorsqu'ils citeront les points concernés du Code civil tchadien. Pour le reste, les autorités gouvernementales et judiciaires, le législateur tchadien et les spécialistes seraient bien inspirés de se préoccuper de résoudre ces difficultés, qui montrent à quel point le Code civil tchadien a vocation à être dépoussiéré. Une expertise technique et une décision politique sont requises pour une mise à jour et une modernisation des principaux textes juridiques du Tchad, afin d'en faire disparaître les vestiges coloniaux, et d'affirmer plus clairement la souveraineté nationale et l'immanence tchadienne des lois de la République.

De la nécessité d'éditer le Code civil tchadien

Nos bibliothèques personnelles ou institutionnelles regorgent de différentes versions d'édition du Code civil français. Mais le Code civil en vigueur au Tchad ne figure sur aucune étagère de ces lieux de savoir et d'information. La raison de l'absence de ce texte juridique de référence est évidente : il n'a jamais été édité. À la place d'un texte compilé et consigné dans un livre en bonne et due forme, on retrouve quelquefois une reliure de pâles copies des pages d'une vieille édition du Code civil de 1958. À côté de reluisantes versions du Code civil français dont les plus fortunés font la collection d'année en année, une reliure au contenu presque illisible, en raison des effets de l'usure du temps sur le papier et sur l'encre, mais aussi des conséquences d'une énième photocopie dont la qualité visuelle se dégrade au gré des reproductions.

À la banque de données juridique du Centre d'Étude et de Formation pour le Développement (CEFOD, une ONG), la photocopie reliée du Code civil de 1958 est gardée très précieusement pour offrir la possibilité aux demandeurs de reproduire cette version. Dans les bibliothèques universitaires, dans la bibliothèque nationale ou dans celle du ministère de la Justice, dans les bureaux des Magistrats, des Avocats, des Notaires ou des Huissiers, dans les bureaux des Conseillers juridiques des sociétés civiles, etc., c'est le même spectacle des éditions du Code civil français qui ornent les rayons. Il n'y a pas de Code civil du Tchad, pays qui est pourtant indépendant depuis 1960.

Universitaires et étudiants, Avocats, Notaires, Huissiers et Magistrats, Conseillers juridiques de société et Membres de l'Assemblée nationale..., tout le monde sait que l'usage des éditions du Code civil français ne peut s'envisager qu'en droit comparé ; tous savent que le véritable Code civil en vigueur au Tchad ne peut résulter, sur le fondement des constitutions de la République du Tchad indépendant et souverain, que d'une compilation composée du Code civil de 1958 auquel s'ajoutent de nouveaux textes à valeur législative et réglementaire, abrogatifs ou adaptatifs des premiers textes dudit Code. À elle seule, cette contrainte technique suffit à justifier la nécessité impérieuse de proposer une édition du Code civil tchadien.

À quoi servira l'édition de cette compilation ?

L'édition d'une telle compilation en un corpus du nom de Code civil du Tchad a tardé à voir le jour. Face à ce manque, l'on a été enclin à poser des questions suivantes : « Pourquoi l'Assemblée nationale dont le rôle est de légiférer n'a pas commandé l'édition d'une telle compilation en Code civil du Tchad ? », « Pourquoi le ministère de la Justice ne veut pas procéder à l'édition d'un Code civil au Tchad ? », « Pourquoi les Universités du Tchad chargées de former les étudiants en droit ne font-elles pas les éditions des compilations du Code civil pour fournir un outil didactique aux enseignants et étudiants ? »...Une telle attitude imbue de procrastination est populaire et très tentante, dès lors qu'elle consiste à toujours chercher, par facilité, la responsabilité des abstentions en dehors de soi.

Devant cette situation, je me suis permis de me poser une question dont la réponse doit être de nature à m'engager dans la voie de la solution au problème constaté : « Pourquoi ne procéderais-je pas à la saisie de cette photocopie délavée du Code civil de 1958 applicable au Tchad, ne serait-ce que pour en offrir une lecture aisée aux utilisateurs ? ». La réponse à la question que je me suis posée est : « Pourquoi pas ? ». Je mis donc à profit mes talents dactylographiques d'ancien élève des Capucins et des Jésuites pour transformer les moments de saisie sur ordinateur de ce Code en moments de plaisir. Dans une période relativement courte prise pendant mon stage d'avocat (2010-2013), la numérisation du Code civil de 1958 a été finalisée. S'en est suivi la soumission de la version saisie pour une relecture, puis pour des consultations en vue de son édition. C'est ici le lieu de saluer la contribution du Magistrat Roasngar Toussaint ABLAYE, qui a permis les insertions de nouveaux textes complémentaires ayant une valeur législative et réglementaire. Ces insertions postindépendance du Tchad donnent au document une forme accomplie pour une édition en Code civil du Tchad.

Pour conclure...

La compilation du Code civil français de 1958 et des textes nouveaux à valeur législative et réglementaire intervenus après l'indépendance de 1960 forme un corpus dont l'édition peut porter le nom du Code civil du Tchad. Ce document est destiné à plusieurs publics :

- ✓ Les pouvoirs réglementaires et parlementaires y trouveront une base pour légiférer et adopter des règlements nouveaux ;
- ✓ Les Acteurs du système judiciaire s'en inspireront pour la distribution d'une bonne Justice ;
- ✓ Les praticiens du droit exploiteront son contenu comme loi en vigueur au Tchad dans le domaine civil ;
- ✓ Les universitaires et les étudiants l'utiliseront comme outil de formation et d'acquisition des connaissances en droit civil du Tchad.

À tous ces destinataires naturels du Code civil du Tchad et à tous les demandeurs et les lecteurs occasionnels de ce document fondamental, je souhaite une bonne réception et un bon usage, avec un grand MERCI.

Me Léonard BELEYO NGUINAMBAYE

Avocat au Barreau du Tchad.

TITRE PRÉLIMINAIRE : DE LA PUBLICATION, DES EFFETS ET DE L'APPLICATION DES LOIS EN GÉNÉRAL

Art. 1er. — Les lois sont exécutoires dans tout le territoire français *[tchadien]*, en vertu de la promulgation qui en est faite par le Président de la République.

Elles seront exécutées dans chaque partie du Royaume *[de la République du Tchad]*, du moment où la promulgation en pourra être connue.

La promulgation faite par le Président de la République sera réputée connue dans le département où siège le Gouvernement un jour après celui de la promulgation ; et dans chacun des autres départements, après l'expiration du même délai, augmenté d'autant de jours qu'il y aura de fois 10 myriamètres (environ 20 lieues anciennes) entre la ville où la promulgation en aura été faite, et le chef-lieu de chaque département.

Art. 2. — La loi ne dispose que pour l'avenir ; elle n'a point d'effet rétroactif.

Art. 3. — Les lois de police et de sûreté obligent tous ceux qui habitent le territoire.

Les immeubles, même ceux possédés par les étrangers, sont régis par la loi française *[tchadienne]*.

Les lois concernant l'état et la capacité des personnes régissent les *Français [Tchadiens]*, même résidant en pays étranger.

Art. 4. — Le juge qui refusera de juger, sous prétexte du silence, de l'obscurité ou de l'insuffisance de la loi, pourra être poursuivi comme coupable de déni de justice.

Art. 5. — Il est défendu aux juges de prononcer par voie de disposition générale et réglementaire sur les causes qui leur sont soumises.

Art. 6. — On ne peut déroger, par des conventions particulières, aux lois qui intéressent l'ordre public et les bonnes mœurs.

LIVRE PREMIER :

DES PERSONNES

TITRE PREMIER : DE LA JOUISSANCE ET DE LA PRIVATION DES DROITS CIVILS

CHAPITRE PREMIER : DE LA JOUISSANCE DES DROITS CIVILS

Art. 7. — L'exercice des droits civils est indépendant de l'exercice des droits politiques, lesquels s'acquièrent et se conservent conformément aux lois constitutionnelles et électorales.

Art. 8. — Tout Français *[Tchadien]* jouira des droits civils ;

Art. 9 et 10. – *Abrogées.*

Art. 11. — L'étranger jouira en France *[au Tchad],* des mêmes droits civils que ceux qui sont ou seront accordés aux Français *[Tchadiens],* par les traités de la nation à laquelle cet étranger appartiendra.

Art. 12 et 13. – *Abrogées.*

Art. 14. — L'étranger, même non résidant en France *[au Tchad],* pourra être cité devant les tribunaux français *[tchadiens],* pour l'exécution des obligations par lui contractées en France *[au Tchad],* avec un *Français [Tchadien]*; il pourra être traduit devant les tribunaux de France *[du Tchad],* pour les obligations par lui contractées en pays étranger envers des *Français [Tchadiens].*

Art. 15. — Un *Français [Tchadien]* pourra être traduit devant un tribunal de France *[du Tchad],* pour des obligations par lui contractées en pays étranger, même avec un étranger.

Art. 16. (*L. 5 mars 1895, J.O. A.E.F.*, 1919, p. 367). — En toutes matières, l'étranger qui sera demandeur principal ou intervenant sera tenu de donner caution pour le payement des frais et dommages-intérêts résultants du procès, à moins qu'il ne possède en *France [au Tchad],* des immeubles d'une valeur suffisante pour assurer ce payement.

CHAPITRE II : DE LA PRIVATION DES DROITS CIVILS

— **Ancienne Section première :** De la privation des droits civils par la perte de qualité de Français : Art. 17 à 21. — **Modifiés par l'ordonnance N° 33/PG.-INT du 14 août 1962 portant Code de la nationalité tchadienne**

Section première : De la perte de la nationalité tchadienne

Art. 26 : Perdent de plein droit la nationalité tchadienne :

1°) Les individus qui, dans les cas et les formes prévus par la présente ordonnance, usent de la faculté qui leur est offerte de répudier la nationalité tchadienne.

2°) La nationale ou le national qui épouse un étranger ou une étrangère lorsqu'il déclare expressément, au moment de la célébration du mariage, demander la nationalité de son conjoint, à la condition que la loi de celui-ci le permette.

Le conjoint tchadien d'un étranger ou d'une étrangère marié antérieurement à la publication de la présente ordonnance disposera d'un délai d'un an à compter de ladite publication pour exercer cette option.

L'option prévue aux alinéas précédents peut être faite sans autorisation, même si l'optant est mineur au sens de l'article 8 de la présente ordonnance.

De la déchéance de la nationalité tchadienne

Art. 27 : Peuvent être, par décret pris sur rapport motivé du ministre de l'Intérieur, frappés de la déchéance de la nationalité tchadienne :

1°) Les individus qui ont obtenu leur naturalisation par fraude, en produisant des pièces fausses ou en induisant en erreur les autorités chargées de l'enquête réglementaire.

2°) Les citoyens qui ont été condamnés pour un acte qualifié de crime ou délit contre la sûreté intérieure de l'État.

3°) Les citoyens qui, remplissant un emploi au service d'un État étranger, dans une armée étrangère ou une organisation internationale, le conservent plus de six mois après la notification de l'injonction que le gouvernement tchadien leur aura faite de résigner cet emploi ;

4°) Les individus qui se livrent à des activités incompatibles avec la qualité de citoyen tchadien et préjudiciables aux intérêts de la République.

Art. 28 : La déchéance prend effet du jour du décret qui la prononce. Ce décret doit être motivé.

La mesure de déchéance peut être étendue au conjoint.

La déchéance ne peut être étendue aux enfants mineurs que si elle frappe les deux conjoints.

Section 2 : De la privation des droits civils par suite de condamnations judiciaires

Art. 22 à 33. – *Abrogées par L. 31 mai 1854 portant abolition de la mort civile* (B.A.S., 1855, p. 179).

TITRE DEUXIÈME : DES ACTES DE L'ÉTAT CIVIL

CHAPITRE PREMIER : DISPOSITIONS GÉNÉRALES

— **Dispositions anciennes** : Art. 34. — 54 — **Abrogées par la Loi n° 008/PR/2013 du 10 mai 2013 portant organisation de l'état civil en République du Tchad**

— **Nouvelles dispositions (Loi n° 008/PR/2013 du 10 mai 2013 portant organisation de l'état civil en République du Tchad)**

Art. 3 : Les actes de l'état civil

Les actes d'état civil sont des documents authentiques, inscrits dans des registres d'état civil. Sur la base des informations reçues, le volet numéro 1 est remis au déclarant.

Art. 4 : Preuve de l'état des personnes

L'état des personnes n'est établi et ne peut être prouvé que par les actes de l'état civil.

Art. 5 : Inscription sur les registres de l'état civil

Tous les faits ou actes concernant l'état des personnes sont inscrits sur les registres de l'état civil, sans considération de nationalité.

Art. 6 : Validité des actes de l'état civil à l'étranger

Tout acte de l'état civil dressé à l'étranger, concernant un tchadien ou un étranger, fait foi s'il a été établi dans les formes prévues dans ledit pays.

Tout acte d'état civil concernant un tchadien dressé en pays étranger, est également valable s'il a été établi conformément à la loi, par les agents diplomatiques ou consulaires habilités à cet effet.

Art. 7 : Actes de l'état civil concernant les étrangers au Tchad

Les actes concernant les étrangers résidant au Tchad peuvent être établis par les agents diplomatiques ou consulaires régulièrement accrédités auprès de l'État tchadien et investis des fonctions d'officiers d'état civil par la loi de leur pays.

Ces agents n'ont de compétence qu'à l'égard de leurs nationaux.

Nonobstant les dispositions des alinéas précédents, les naissances et les décès d'étrangers survenus au Tchad doivent été déclarés à l'état civil tchadien.

Les mariages entre les étrangers ou les étrangers et les Tchadiens sont célébrés par des officiers d'état civil dans les conditions prévues par la loi.

Art. 8 : Transmission des actes d'état civil des étrangers

Les actes de l'état civil établis au Tchad, concernant les étrangers, sont transmis par voie diplomatique dans le pays d'origine des intéressés, dans un délai de 30 jours.

Art. 9 : Force probante

Les actes de l'état civil font foi jusqu'à inscription de faux dans les mêmes conditions que les autres actes authentiques.

Ils sont signés, après lectures faites, par l'officier d'état civil, par les déclarants et les témoins, ou mention est faite, le cas échéant, de la cause qui empêche les déclarants ou les témoins de signer.

Art. 10 : Caractère obligatoire

Les déclarations de naissance et de décès sont obligatoires.

Art. 11 : Forme des actes de l'état civil

Les actes de l'état civil sont rédigés dans les langues officielles. Ils sont uniformes sur l'ensemble du territoire.

Les formes et le contenu des différents actes sont annexés à la présente loi et en font partie intégrante.

Art. 12 : Gratuité de l'enregistrement des déclarations et de la délivrance des originaux des actes.

L'enregistrement des faits et actes de l'état civil est gratuit. La délivrance des actes originaux est gratuite.

Les copies et extraits sont soumis au droit de timbre.

Art. 13 : Incompatibilité

Les officiers d'état civil ne peuvent signer les actes de l'état civil les concernant ou concernant leurs descendants ou ascendants.

CHAPITRE II : DES ACTES DE NAISSANCE

— **Dispositions anciennes :** Art. 55. — 62 — **Abrogées par la Loi n° 008/PR/2013 du 10 mai 2013 portant organisation de l'état civil en République du Tchad**

— **Nouvelles dispositions (Loi n° 008/PR/2013 du 10 mai 2013 portant organisation de l'état civil en République du Tchad)**

Art. 25 : Déclaration et enregistrement de la naissance

Toute naissance survenue sur le territoire national doit être déclarée au centre d'état civil du lieu de naissance dans un délai d'un mois à compter du jour de naissance.

L'acte de naissance est dressé par l'officier ou agent d'état civil sur la base de :

• la déclaration verbale du père, de la mère, d'un des ascendants ou de toute personne ayant assisté à la naissance ;
• la pièce d'identité, le passeport ou l'acte de naissance du père, de la mère et du déclarant ;
• l'acte de mariage, si possible ;
• le bulletin de naissance pour les naissances survenues dans les formations sanitaires.

Lorsqu'une naissance n'a pas été déclarée dans le délai légal susindiqué, l'officier d'état civil ne peut la relater sur ses registres qu'en vertu d'un jugement rendu par le tribunal de première instance du lieu de naissance.

Art. 26 : Naissance au cours d'un voyage

En cas de naissance survenue au bord d'un aéronef battant pavillon tchadien, le commandant de bord enregistre la déclaration de naissance dans un registre d'état civil et la mentionne sur le livre de bord, suivant les dispositions de l'article 27 de la présente loi.

À la fin d'année, le commandant est tenu de transmettre le registre à la mairie de N'Djamena.

Art. 27 : Enfant trouvé

Toute personne qui trouve un enfant nouveau-né est tenue d'en faire la déclaration aux autorités administratives ou judiciaires du lieu de découverte, d'en relater les circonstances, le sexe et toute particularité pouvant contribuer à l'identification de l'enfant.

Le procès-verbal de cette déclaration est dressé par l'autorité saisie, signé par elle et le déclarant. Le procès-verbal est établi en triple exemplaire : un exemplaire est remis au déclarant et les deux autres sont classés dans les registres d'état civil du lieu où l'enfant a été trouvé.

L'officier d'état civil, sur base du procès-verbal, établit un acte de naissance. Il attribue un nom et un ou plusieurs prénoms à l'enfant, il fixe une date de naissance pouvant correspondre à son âge et désigne comme lieu de naissance celui où l'enfant a été trouvé.

Si la filiation de l'enfant vient à être établie ou si l'acte de naissance de l'enfant vient à être découvert, le procès-verbal et l'acte de naissance sont annulés par ordonnance du Président de la juridiction civile compétente, à la requête du Procureur de la République ou des parties intéressées.

CHAPITRE III : DES ACTES DE MARIAGE

— **Dispositions anciennes :** Art. 63 - 76 : Abrogées

Nouvelles dispositions : Ordonnance 67-006 1967-03-21 PR.MJ portant réforme de l'organisation judiciaire

Art. 70 : Lorsque les parties seront de statuts civils différents les règles suivantes seront appliquées :

1° Dans les affaires relatives à la validité du mariage, au régime matrimonial en l'absence de contrat de mariage, à la dot, aux droits et obligations des époux, aux droits de puissance paternelle, à la dissolution de l'union conjugale et ses conséquences, à la filiation légitime, il sera statué conformément à la loi qui régit le mari, à moins que les parties n'aient opté pour un statut différent au moment de la conclusion du mariage.

Néanmoins, les conditions requises pour contracter mariage seront appréciées, en ce qui concerne la femme, suivant son propre statut.

LOI N° 008/PR/2013 DU 10 MAI 2013 PORTANT ORGANISATION DE L'ÉTAT CIVIL EN RÉPUBLIQUE DU TCHAD

Art. 28 : Définition

Le mariage est l'union d'un homme et d'une femme.

CHAPITRE IV : DES ACTES DE DÉCÈS

— **Dispositions anciennes : Art. 77. — 92 : — Abrogées.**

Nouvelles dispositions : Loi n° 008/PR/2013 du 10 mai 2013 portant organisation de l'état civil en République du Tchad

Art. 40 : Déclaration de décès

Tout décès doit être déclaré dans délai d'un mois au centre d'état civil dans le ressort duquel le décès est survenu.

La déclaration incombe au conjoint survivant, aux ascendants ou descendants ou proches parents du défunt ou à toute personne détenant les informations précises sur l'état civil du défunt.

Les officiers ou agents d'état civil du lieu d'enregistrement du décès sont tenus de transmettre un avis de mention de décès au centre d'état civil du lieu de naissance du défunt, dans un délai de deux mois à compter de la date d'établissement de l'acte de décès.

Art. 41 : Décès dans les formations sanitaires

Tout décès survenu dans les formations sanitaires est immédiatement inscrit sur un registre spécial tenu obligatoirement dans lesdites formations et dont la présentation peut être exigée à tout moment par l'officier d'état civil ainsi que par les autorités administratives et judiciaires.

Art. 42 : Décès survenu au cours d'un voyage

En cas de décès survenu au bord d'un aéronef battant pavillon tchadien, le commandant de bord enregistre la déclaration de décès dans un registre d'état civil et le mentionne sur le livre de bord.

À la fin d'année, le capitaine ou le commandant est tenu de transmettre le registre à la mairie de N'Djamena.

Art. 43 : Décès dans un établissement pénitentiaire

En cas de décès dans un établissement pénitentiaire, la déclaration est faite sans délai par le directeur, régisseur ou gardien de ladite maison à l'officier d'état civil du lieu où elle est établie ; celui-ci dresse l'acte au vu des certificats de cause de décès et de genre de mort établis par un médecin.

Art. 44 : Décès après exécution de la peine capitale

En cas d'exécution de la peine capitale, le greffier est tenu, dans les 24 heures de l'exécution, de faire la déclaration de décès à l'officier d'état civil du lieu où le condamné a été exécuté.

Art. 45 : Décès avant la déclaration de naissance

Lorsqu'une personne est décédée avant que sa naissance ait été déclarée à l'état civil, l'officier d'état civil établit un acte de naissance et un acte de décès sur production d'un certificat médical indiquant que la personne est née vivante et/ou viable et précisant les jours et heures de sa naissance et de son décès.

Art. 46 : Enfant mort-né

Lorsqu'il est déclaré un enfant mort-né, la déclaration est inscrite à sa date sur le registre des décès et non pas sur celui des naissances.

L'acte mentionne seulement qu'il a été déclaré un enfant sans vie sans qu'il soit résulté une présomption sur le point de savoir si l'enfant a vécu ou non.

Art. 47 : Découverte d'un corps sans vie

Lorsque le corps sans vie d'une personne est retrouvé et identifié, un procès-verbal doit être établi par les autorités compétentes. Sur la base de ce procès-verbal, un acte de décès est dressé par l'officier d'état civil du lieu présumé du décès, quel que soit le temps écoulé entre le décès et la découverte du corps.

Si le défunt ne peut être identifié, l'acte de décès doit comporter son signalement le plus complet. En cas d'identification ultérieure, l'acte est rectifié dans les conditions prévues à l'article 40 et suivants de la présente loi.

Art. 48 : Mort violente

Lorsqu'il y a des signes ou des indices de mort violente ou autres circonstances qui donnent lieu de la soupçonner, l'inhumation ne pourra être faite qu'après qu'un officier de police judiciaire assisté d'un médecin, aura dressé procès-verbal de l'état du corps et des circonstances du décès, ainsi que des renseignements qu'il a pu recueillir sur les noms, prénom, âge, profession, lieu de naissance et domicile de la personne décédée.

Les autorités de police judiciaire sont tenues de transmettre immédiatement à l'officier d'état civil du lieu de décès, tous les renseignements énoncés dans le procès-verbal, sur la base desquels l'acte de décès sera rédigé.

Art. 49 : Interdiction de mentionner les circonstances des décès sur les registres

Dans tous les cas de mort violente, ou dans les établissements pénitentiaires, ou d'exécution de la peine capitale, il n'est fait, sur les registres, aucune mention de ces circonstances, et les actes de décès sont simplement rédigés dans les formes prescrites en annexe.

Art. 50 : Autorisation d'inhumer

L'autorisation d'inhumer est délivrée sur papier libre et gratuitement par l'officier d'état civil du lieu du décès ou par toute autre autorité compétente.

L'officier d'état civil ou tout autre autorité compétente ne peut délivrer l'autorisation d'inhumer que sur production d'un certificat médical constatant le décès et après s'être transporté auprès du corps pour s'assurer du décès.

Toutefois, en cas d'épidémie ou de sinistre, l'autorisation d'inhumer ne peut être exigée.

CHAPITRE V : DES ACTES DE L'ÉTAT CIVIL CONCERNANT LES MILITAIRES ET MARINS DANS CERTAINS CAS SPÉCIAUX

— **Dispositions anciennes** : Art. 93 - 98 — Abrogées

Dispositions nouvelles : Loi n° 008/PR/2013 du 10 mai 2013 portant organisation de l'état civil en République du Tchad

Des actes de l'état civil concernant les militaires en cas spéciaux

Art 51 : Compétences exceptionnelles

Les actes de l'état civil concernant les militaires sont établis comme il est dit aux dispositions précédentes du titre III.

En cas de guerre, d'expédition, ou de stationnement des troupes tchadiennes en territoire étranger, en occupation ou en vertu d'accords ou de mandats à caractère international, ces actes peuvent également être reçus par les officiers d'état civil militaire, désignés par arrêté conjoint du ministre chargé de la Défense et du ministre en charge de l'état civil.

Les officiers d'état civil militaires sont également compétents à l'égard des non militaires résidant dans cette zone.

Dans les parties du territoire où par suite de mobilisation ou d'état de siège, le service d'état civil n'est plus régulièrement assuré, la fonction d'officier d'état civil est dévolue aux autorités militaires.

Les déclarations de naissance sont faites dans un délai d'un mois.

Les actes de décès peuvent être dressés aux militaires sur l'attestation des deux déclarants.

Art. 52 : Déclaration et enregistrement des actes de l'état civil

Les actes de l'état civil sont dressés sur un registre spécial dont la tenue et la conservation sont réglementées par arrêté conjoint du ministre en charge de l'état civil et du ministre chargé de la Défense.

Art. 53 : Célébration et enregistrement du mariage

Lorsqu'un mariage est célébré dans les cas prévus à l'article 50 ci-dessus, les publications sont faites, dans la mesure où les circonstances le permettent, au lieu du dernier domicile du futur époux ; elles sont en outre assurées dans l'unité à laquelle l'intéressé appartient, dans les conditions fixées par arrêté du ministre en charge de l'état civil et du ministre chargé de la Défense.

Les mariages coutumiers et/ou religieux contractés pendant la période exceptionnelle doivent être constatés conformément aux dispositions de l'article 35 de la présente loi.

CHAPITRE V : DE LA TRANSCRIPTION DES ACTES DE L'ÉTAT CIVIL ET DE MENTIONS MARGINALES

Art. 54 : Transcription et mentions marginales

La transcription consiste dans la reproduction sur les registres d'une décision judiciaire ou d'un acte de l'état civil.

La transcription des décisions judiciaires reproduit le dispositif du jugement ou de l'arrêt. La transcription des autres actes est faite, à leur date, sur les registres correspondants.

La mention marginale consiste en une référence portée en marge des registres, à un acte qui vient suppléer un acte omis, modifier, compléter ou annuler un acte précédemment inscrit.

Elle indique sommairement la nature et le contenu de l'acte nouveau, la date, le lieu de son établissement, le cas échéant, la date, le lieu et le numéro de sa transcription sur les registres d'état civil.

La transcription et/ou la mention en marge doivent être inscrites sur les registres d'état civil du centre principal compétent dans un délai de 30 jours à compter de la date de sa réception.

Art. 55 : Décision devant faire l'objet de transcription

Sont transcrits sur le registre du centre principal d'état civil compétent :

- Les jugements ou arrêts déclaratifs de naissance ;
- Les jugements ou arrêts déclaratifs de décès ;
- Les jugements ou arrêts remplaçant des actes non dressés, ou détruits.

Ces décisions judiciaires font en outre l'objet d'une mention en marge des registres, à la date à laquelle s'est produit l'événement constaté.

Sont transcrits sur le registre du centre dans la circonscription de laquelle l'acte de naissance a été dressé ou transcrit :

- Les jugements ou arrêts portant changement de nom ;

- Les jugements ou arrêts rendus en matière de filiation et comportant une incidence sur l'état civil.

Ces décisions sont mentionnées en marge des actes de naissance de la personne qu'elles concernent, le cas échéant, en marge de l'acte de naissance de ses enfants.

Les jugements ou arrêts prononçant la nullité du mariage et le divorce sont transcrits sur le registre du centre principal où le mariage a été célébré et mention en est portée en marge de cet acte ainsi qu'en marge des actes de naissance de chacun des époux.

Les jugements ou arrêts qui annulent un acte de l'état civil ou qui en ordonnent la rectification sont transcrits sur le registre du centre principal où il a été dressé. Mention en est portée en marge de l'acte annulé ou rectifié.

Doivent également être transcrits sur le registre du centre principal dans la circonscription de laquelle l'acte de naissance de l'enfant né hors mariage a été dressé :

• Les actes de reconnaissance le concernant ;

• L'acte de mariage de ses père et mère, lorsque sa filiation a été établie à l'égard de l'un et de l'autre ;

Mention du mariage doit être faite en marge de l'acte de naissance des époux.

Mention du décès doit être faite en marge de l'acte de naissance et de mariage du défunt.

Les actes de l'état civil dressés à l'étranger et concernant les nationaux sont transcrits sur les registres tenus par les agents diplomatiques ou consulaires territorialement compétents. Ils doivent être mentionnés en marge des actes dressés au Tchad. Ces transcriptions et mentions sont faites à la diligence de toute personne intéressée.

Les jugements et arrêts rendus par les juridictions étrangères ne peuvent être transcrits sur les registres que s'ils sont revêtus d'exequatur.

Art. 56 : Actes devant faire l'objet de mentions marginales

Font l'objet de mention en marge :

• L'acte de naissance : l'acte de reconnaissance d'enfant né hors mariage, l'acte d'émancipation, les décisions de changement de nom et de prénoms, les avis de mention de mariage, les jugements et les arrêts prononçant la nullité de mariage, l'acte de décès de la personne et celui de son conjoint, le jugement d'adoption ;

• L'acte de mariage : les jugements d'annulation du mariage, de divorce, ou les avis de mention de décès du conjoint.

Les formalités de mention et transcription de ces actes en marge des registres sont accomplies par l'officier d'état civil du centre d'état civil compétent.

CHAPITRE VI : DE LA RECTIFICATION DES ACTES DE L'ÉTAT CIVIL

— **Dispositions anciennes :** Art. 99 - 101. : — Abrogées

Nouvelles dispositions : Loi n° 008/PR/2013 du 10 mai 2013 portant organisation de l'état civil en République du Tchad

De la rectification des actes de l'état civil

Art. 66 : Rectification d'office

Dans les cas d'omission et/ou d'erreurs purement matérielles commises dans la rédaction des actes dressés dans leur ressort, il appartient au Procureur de la République de faire procéder d'office à leur rectification par l'officier d'état civil.

Art. 67 : Rectification judiciaire

Dans tous les autres cas, une requête en rectification peut être présentée par toute personne intéressée par le ministère public au Président de la juridiction compétente dans le ressort duquel l'acte à rectifier a été dressé.

À cet effet, la procédure prévue à l'article 64 de la présente loi est appliquée.

La décision portant rectification est transmise par le ministère public aux dépositaires des registres où se trouve l'acte rectifié pour transcription par l'autorité compétente dans un délai d'un mois à compter de la date de réception.

Toute copie de l'acte de l'état civil ne peut plus être délivrée qu'avec les rectifications ordonnées. Tout manquement à cette règle constitue un fait susceptible d'engager la responsabilité de l'officier d'état civil ainsi que prévu à l'article 19 ci-dessus.

La juridiction qui ordonne la rectification d'un acte prescrit également celle de tous les actes qui comportent la mention rectifiée, même s'ils n'ont pas été dressés dans son ressort.

Art. 68 : Rectification des actes dressés par des autorités diplomatiques ou consulaires

Lorsque les actes dont l'inscription est autorisée suivant la procédure de l'article 64 ou la rectification prescrite doivent être portés sur les registres établis par les agents diplomatiques ou consulaires tchadiens, les actions prévues par les précédents articles du présent titre IV sont introduites devant la juridiction civile de N'Djamena.

Les rectifications d'office d'omissions ou d'erreurs purement matérielles sont prescrites par le Procureur de la République près le Tribunal civil de N'Djamena, en ce qui concerne ces mêmes actes.

Des décisions judiciaires, de la reconstitution et de la rectification en matière d'état civil
Des actions relatives à l'état des personnes

Art. 57 : Compétence juridictionnelle
Tous les actes de l'état civil relèvent de la compétence des juridictions civiles.

Art. 58 : Ouverture de l'action

Toute personne, sauf disposition contraire, peut, par une action en réclamation, se faire établir un état différent de celui qu'elle possède. De même, tout intéressé peut, par une action en contestation d'état, mettre fin à l'état civil qu'une personne possède.

Art. 59 : Questions préjudicielles

Toutes les autres juridictions peuvent connaître des questions d'état civil à l'occasion d'instances dont elles sont saisies notamment sur l'état des personnes.

L'état des personnes oblige le juge pénal à surseoir tant que le juge civil n'a pas tranché la question posée.

L'action publique du chef d'infractions qui a pour effet d'ôter à une personne la preuve de filiation ne peut être engagée qu'après le jugement définitif de la question d'état. Pour les autres infractions, la question est seulement préjudicielle au jugement.

Toutefois, la cour criminelle, en raison de sa plénitude de juridiction, peut trancher directement sans que sa décision ait influence sur l'état de la personne.

Art. 60 : Caractère d'ordre public

Les actions d'état sont d'ordre public.

Une fois l'action intentée, seul un jugement passé en force de chose jugée peut y mettre fin. Tout désistement, acquiescement ou transaction est nul et de nul effet.

Ces actions ne s'éteignent pas par prescription, à moins que la Loi n'en dispose autrement.

Toutefois, lorsque l'action est intentée ou poursuivie dans un intérêt purement pécuniaire, les règles ci-dessus édictées ne s'appliquent pas.

Art. 61 : Autorité de la chose jugée

Les jugements relatifs à l'état des personnes devenus irrévocables doivent être mentionnés en marge des actes de l'état civil. Ils sont transcrits dans les cas prévus par la présente loi.

Lorsque l'état d'une personne est établi par un acte ou par un jugement mentionné ou transcrit sur les registres de l'état civil, aucun état contraire ne pourra être reconnu postérieurement sans qu'un jugement établisse au préalable l'inexactitude du premier état.

Du jugement supplétif et des inscriptions sur les registres

Art. 62 : Jugement supplétif

Lorsque le délai de déclaration est expiré ou qu'il n'a pas été dressé d'acte, le défaut de l'acte d'état civil peut être suppléé par jugement rendu par le Tribunal de première instance dans le ressort duquel se trouve le centre d'état civil compétent.

Le juge est saisi sur requête de la personne dont l'acte de l'état civil doit être établi ou par toute personne autorisée ou habilitée à procéder à la déclaration de l'événement.

Le tribunal examine toutes les pièces ou déclarations justificatives de l'événement à inscrire. Il peut procéder ou faire procéder à une enquête par un officier ou agent de police judiciaire.

Le jugement énonce les mentions qui doivent être portées à l'acte et ordonne que les bans résultant des mentions qui n'ont pu être établies soient remplis d'un trait. Dans son dispositif, il ordonne la transcription sur le registre d'état civil.

Art. 63 : Inscription de l'événement établi par le jugement supplétif. Au vu du jugement supplétif, l'officier d'état civil établit l'acte et le délivre.

L'inscription sur le registre est faite à la suite du dernier acte inscrit à la date de transcription du jugement par l'officier d'état civil. La transcription du jugement supplétif doit être faite par l'officier d'état civil du centre principal compétent, dans un délai d'un mois à compter de sa réception.

De la perte, de la destruction ou l'inexistence des registres

Art. 64 : Reconstitution de registre

En cas de destruction ou de perte des registres, un arrêté du ministre en charge de l'état civil fixe les modalités de leur reconstitution.

Le registre perdu peut être reconstitué sur la base des volets n° 2 détenus par le ministère en charge de l'état civil. À cet effet, ledit registre est authentifié et homologué par la signature du Procureur de la République près la juridiction compétente.

Art. 65 : Reconstitution à titre exceptionnel d'un acte de l'état civil.

Les dispositions contenues à l'article précédent ne font pas obstacle au droit des parties, dans le cas où les deux exemplaires d'acte de l'état civil ont disparu, de demander, conformément à l'article 63 ci-dessus, la constitution d'un acte qui les concerne.

Dans ce cas, la requête est accompagnée d'un certificat de destruction ou de perte établi par les dépositaires des registres.

TITRE TROISIÈME : DU DOMICILE

Art. 102. — Le domicile de tout Français *[Tchadien],* quant à l'exercice de ses droits civils, est au lieu où il a son principal établissement ;

Art. 103. — Le changement de domicile s'opérera par le fait d'une habitation réelle dans un autre lieu, joint à l'intention d'y fixer son principal établissement.

Art. 104. — La preuve de l'intention résultera d'une déclaration expresse, faite tant à la municipalité du lieu que l'on quittera, qu'à celle du lieu où on aura transféré son domicile.

Art. 105. — À défaut de déclaration expresse, la preuve de l'intention dépendra des circonstances ;

Art. 106. — Le citoyen appelé à une fonction publique temporaire ou révocable conservera le domicile qu'il avait auparavant, s'il n'a pas manifesté d'intention contraire.

Art. 107. — L'acceptation de fonctions conférées à la vie emportera translation immédiate du domicile du fonctionnaire dans le lieu où il doit exercer ses fonctions.

Art. 108. — La femme mariée n'a point d'autre domicile que celui de son mari.

Le mineur non émancipé aura son domicile chez ses père et mère ou tuteur : le majeur interdit aura le sien chez son tuteur.

(*L. 6 février 1893, B.A.S.,* 1893, p. 88). — La femme séparée de corps cesse d'avoir pour domicile légal le domicile de son mari.

Néanmoins, toute signification faite à la femme séparée, en matière de questions d'état, devra également être adressée au mari, à peine de nullité.

Art. 109. — Les majeurs qui servent ou travaillent habituellement chez autrui auront le même domicile que la personne qu'ils servent ou chez laquelle ils travaillent, lorsqu'ils demeureront avec elle dans la même maison.

Art. 110. — Le lieu où la succession s'ouvrira sera déterminé par le domicile.

Art. 111. — Lorsqu'un acte contiendra, de la part des parties ou de l'une d'elles, élection de domicile pour l'exécution de ce même acte dans un autre lieu que celui du domicile réel, les significations, demandes et poursuites relatives à cet acte, pourront être faites au domicile convenu, et devant le juge de ce domicile.

TITRE QUATRIÈME : DES ABSENTS

CHAPITRE PREMIER : DE LA PRÉSOMPTION D'ABSENCE

Art. 112. S'il y a nécessité de pourvoir à l'administration de tout ou partie des biens laissés par une personne présumée absente, et qui n'a point de procureur fondé, il y sera statué par le tribunal de première instance, sur la demande des parties intéressées.

Art. 113. — Le tribunal, à la requête de la partie la plus diligente, commettra un notaire pour représenter les présumés absents, dans les inventaires, comptes, partages et liquidations dans lesquels ils seront intéressés.

Art. 114. — Le ministère public est spécialement chargé de veiller aux intérêts des personnes présumées absentes ; et il sera entendu sur toutes les demandes qui les concernent.

CHAPITRE II : DE LA DÉCLARATION D'ABSENCE

Art. 115. — Lorsqu'une personne aura cessé de paraître au lieu de son domicile ou de sa résidence, et que depuis quatre ans on n'en aura point eu de nouvelles, les parties intéressées pourront se pourvoir devant le tribunal de première instance, afin que l'absence soit déclarée.

Art. 116. — Pour constater l'absence, le tribunal, d'après les pièces et documents produits, ordonnera qu'une enquête soit faite contradictoirement avec le procureur de la République, dans l'arrondissement du domicile, et dans celui de la résidence, s'ils sont distincts l'un de l'autre.

Art. 117. — Le tribunal, en statuant sur la demande, aura d'ailleurs égard aux motifs de l'absence, et aux causes qui ont pu empêcher d'avoir les nouvelles de l'individu présumé absent.

Art. 118. — Le procureur de la République enverra, aussitôt qu'ils seront rendus, les jugements, tant préparatoires que définitifs, au ministère de la Justice, qui les rendra publics.

Art. 119. — Le jugement de déclaration d'absence ne sera rendu qu'un an après le jugement qui aura ordonné l'enquête.

CHAPITRE III : DES EFFETS DE L'ABSENCE

Section première : Des effets de l'absence, relativement aux biens que l'absent possédait au jour de sa disparition

Art. 120. — Dans le cas où l'absent n'aurait point laissé de procuration pour l'administration de ses biens, ses héritiers présomptifs, au jour de sa disparition ou de ses dernières nouvelles, pourront, en vertu du jugement définitif qui aura déclaré l'absence, se faire envoyer en possession provisoire des biens qui appartenaient à l'absent au jour de son départ ou de ses dernières nouvelles, à la charge de donner caution pour la sûreté de leur administration.

Art. 121. — Si l'absent a laissé une procuration, ses héritiers présomptifs ne pourront poursuivre la déclaration d'absence et l'envoi en possession provisoire, qu'après dix années révolues depuis sa disparition ou depuis ses dernières nouvelles.

Art. 122. — Il en sera de même si la procuration vient à cesser ; et, dans ce cas, il sera pourvu à l'administration des biens de l'absent comme il est dit au chapitre 1er du présent titre.

Art. 123. — Lorsque les héritiers présomptifs auront obtenu l'envoi en possession provisoire, le testament, s'il en existe un, sera ouvert à la réquisition des parties intéressées, ou du procureur de la République près le tribunal ; et les légataires, les donataires, ainsi que tous ceux qui avaient, sur les biens de l'absent, des droits subordonnés à la condition de son décès, pourront les exercer provisoirement, à la charge de donner caution.

Art. 124. — L'époux commun en biens, s'il opte pour la continuation de la communauté, pourra empêcher l'envoi provisoire, et l'exercice provisoire de tous les droits subordonnés à la condition du décès de l'absent, et prendre ou conserver par préférence l'administration des biens de l'absent. Si l'époux demande la dissolution provisoire de la communauté, il exercera ses reprises et tous ses droits légaux et conventionnels à la charge de donner caution pour les choses susceptibles de restitution.

La femme, en optant pour la continuation de la communauté, conservera le droit d'y renoncer ensuite.

Art. 125. — La possession provisoire ne sera qu'un dépôt, qui donnera, à ceux qui l'obtiendront, l'administration des biens de l'absent, et qui les rendra comptables envers lui, en cas qu'il reparaisse ou qu'on ait de ses nouvelles.

Art. 126. — Ceux qui auront obtenu l'envoi provisoire, ou l'époux qui aura opté pour la continuation de la communauté devront faire procéder à l'inventaire du mobilier et des titres de l'absent, en présence du procureur de la République près le tribunal de première instance, ou d'un juge de paix requis par ledit procureur de la République.

Le tribunal ordonnera, s'il y a lieu, de vendre tout ou partie du mobilier. Dans le cas de vente, il sera fait emploi du prix, ainsi que des fruits échus.

Ceux qui auront obtenu l'envoi provisoire pourront requérir pour leur sûreté qu'il soit procédé, par un expert nommé par le tribunal, à la visite des immeubles, à l'effet d'en constater l'état. Son rapport sera homologué en présence du procureur de la République ; les frais en seront pris sur les biens de l'absent.

Art. 127. — Ceux qui, par suite de l'envoi provisoire, ou de l'administration légale auront joui des biens de l'absent, ne seront tenus de lui rendre que le cinquième des revenus, s'il reparaît avant quinze ans révolus depuis le jour de sa disparition ; et le dixième, s'il ne reparaît qu'après les quinze ans.

Après trente ans d'absence, la totalité des revenus leur appartiendra.

Art. 128. — Tous ceux qui ne jouiront qu'en vertu de l'envoi provisoire, ne pourront aliéner ni hypothéquer les immeubles de l'absent.

Art. 129. — Si l'absence a durée pendant trente ans depuis l'envoi provisoire, ou depuis l'époque à laquelle l'époux commun aura pris l'administration des biens de l'absent, ou s'il s'est écoulé cent ans révolus depuis la naissance de l'absent, les cautions seront déchargées ; tous les ayants droit pourront demander le partage des biens de l'absent, et faire prononcer l'envoi en possession définitif par le tribunal de première instance.

Art. 130. — La succession de l'absent sera ouverte du jour de son décès prouvé, au profit des héritiers les plus proches à cette époque ; et ceux qui auraient joui des biens de l'absent seront tenus de les restituer, sous la réserve des fruits par eux acquis en vertu de l'article 127.

Art. 131. — Si l'absent reparaît, ou si son existence est prouvée pendant l'envoi provisoire, les effets du jugement qui aura déclaré l'absence cesseront, sans préjudice s'il y a lieu, des mesures conservatoires prescrites au chapitre 1er du présent titre, pour l'administration de ses biens.

Art. 132. — Si l'absent reparaît, ou si son existence est prouvée, même après l'envoi définitif, il recouvrera ses biens dans l'état où ils se trouveront, le prix de ceux qui auraient été aliénés, ou les biens provenant de l'emploi qui aurait été fait du prix de ses biens vendus ;

Art. 133. — Les enfants et descendants directs de l'absent pourront également, dans les trente ans, à compter de l'envoi définitif, demander la restitution de ses biens, comme il est dit en l'article précédent.

Art. 134. — Après le jugement de déclaration d'absence, toute personne qui aurait des droits à exercer contre l'absent, ne pourra les poursuivre que contre ceux qui auront été envoyés en possession des biens, ou qui en auront l'administration légale.

Section 2 : Des effets de l'absence, relativement aux droits éventuels qui peuvent compéter à l'absent

Art. 135. — Quiconque réclamera un droit échu à un individu dont l'existence ne sera pas reconnue, devra prouver que ledit individu existait quand le droit a été ouvert : jusqu'à cette preuve, il sera déclaré non recevable dans sa demande ;

Art. 136. — S'il ouvre une succession à laquelle soit appelé un individu dont l'existence n'est pas reconnue, elle sera dévolue exclusivement à ceux avec lesquels il aurait eu le droit de concourir, ou à ceux qui l'auraient recueillie à son défaut.

Art. 137. — Les dispositions des deux articles précédents auront lieu sans préjudice des actions en pétition d'hérédité et d'autres droits, lesquels compéteront à l'absent ou à ses représentants ou ayants cause, et ne s'éteindront que par le laps de temps établi pour la prescription.

Art. 138. — Tant que l'absent ne se représentera pas, ou que les actions ne seront point exercées de son chef, ceux qui auront recueilli la succession gagneront les fruits par eux perçus de bonne foi.

Section 3 : Des effets de l'absence, relativement au mariage

Art. 139. — L'époux absent, dont le conjoint a contracté une nouvelle union, sera seul recevable à attaquer ce mariage par lui-même, ou par son fondé de pouvoir, muni de la preuve de son existence.

Art. 140. — Si l'époux absent n'a point laissé de parents habiles à lui succéder, l'autre époux pourra demander l'envoi en possession provisoire des biens.

CHAPITRE IV : DE LA SURVEILLANCE DES ENFANTS MINEURS DU PÈRE QUI A DISPARU

Art. 141. — Si le père a disparu laissant des enfants mineurs issus d'un commun mariage, la mère en aura la surveillance et elle exercera tous les droits du mari quant à leur éducation et à l'administration de leurs biens.

Art. 142. — Six mois après la disparition du père, si la mère était décédée lors de cette disparition, ou si elle vient à décéder avant que l'absence du père ait été déclarée, la surveillance des enfants sera déférée, par le conseil de famille, aux ascendants les plus proches, et à leur défaut, à un tuteur provisoire ;

Art. 143. — Il en sera de même dans le cas où l'un des époux qui aura disparu laissera des enfants mineurs issus d'un mariage précédent.

TITRE CINQUIÈME : DU MARIAGE

CHAPITRE PREMIER : DES QUALITÉS ET CONDITIONS REQUISES POUR POUVOIR CONTRACTER MARIAGE

Art. 144. — L'homme avant dix-huit ans révolus, la femme avant quinze ans révolus, ne peuvent contracter mariage.

Art. 145. — Néanmoins, il est loisible au Président de la République d'accorder des dispenses d'âge pour des motifs graves.

Art. 146. — Il n'y a pas de mariage lorsqu'il n'y a point de consentement.

Art. 147. — On ne peut contracter un second mariage avant la dissolution du premier.

Art. 148 (*L. 17 juillet 1927, J.O. C.*, 1928, p. 495). — Les mineurs ne peuvent contracter mariage sans le consentement de leurs père et mère ; en cas de dissentiment entre le père et la mère, ce partage emporte consentement.

Art. 149 (L. *7 février 1924, J.O. C.*, 1924, p. 243 et 1931, p. 197). — Si l'un des deux est mort ou s'il est dans l'impossibilité de manifester sa volonté, le consentement de l'autre suffit.

Il n'est pas nécessaire de produire l'acte de décès du père ou de la mère de l'un des futurs époux lorsque le conjoint ou les père et mère du défunt attestent ce décès sous serment.

Si la résidence actuelle du père ou de la mère est inconnue, et s'il n'a pas donné de ses nouvelles depuis un an, il pourra être procédé à la célébration du mariage si l'enfant et celui de ses père et mère qui donnera son consentement en fait la déclaration sous serment.

Du tout il sera fait mention sur l'acte du mariage.

Le faux serment prêté dans les cas prévus au présent article et aux articles suivants du présent chapitre sera puni des peines édictées par l'article 363 du Code pénal.

Art. 150. (L. *17 juillet 1927*) — Si le père et la mère sont morts, ou s'ils sont dans l'impossibilité de manifester leur volonté, les aïeuls et aïeules les remplacent ; s'il y a dissentiment entre l'aïeul et l'aïeule de la même ligne, ou s'il y a dissentiment entre les deux lignes, ce partage emporte consentement.

(*L. 7 fév. 1929*). — Si la résidence actuelle des père et mère est inconnue et s'ils n'ont pas donné de leurs nouvelles depuis un an, il pourra être procédé à la célébration du mariage si les aïeuls et aïeules ainsi que l'enfant lui-même en font la déclaration sous serment. Il en est de même si, un ou plusieurs aïeuls ou aïeules donnant leur consentement au mariage, la résidence actuelle des autres aïeuls ou aïeuls est inconnue et s'ils n'ont pas donné leurs nouvelles depuis un an.

Art. 151 (*L. 2 février 1933, J.O. C.*, 1934, p. 42). — La production de l'expédition, réduite au dispositif, du jugement qui aurait déclaré l'absence ou aurait ordonné l'enquête sur l'absence des père et mère, aïeuls ou aïeules de l'un des futurs époux équivaudra à la production de leurs actes de décès dans les cas prévus aux articles 149, 150, 158 et 159 du présent Code ;

Art. 152 — *Abrogé par L. 17 juillet 1927.*

Art. 153. (*L. 20 juin 1896, B.A.S.*, 1897, p. 326). — Sera assimilé à l'ascendant sans l'impossibilité de manifester sa volonté l'ascendant subissant la peine de la relégation ou maintenu aux colonies en conformité de l'article 6 de la loi du 30 mai 1854 sur l'exécution de la peine des travaux forcés. Toutefois, les futurs époux auront toujours le droit de solliciter et de produire à l'officier de l'état civil le consentement donné par cet ascendant.

Art. 154. (*L. 2 février 1933*). — Le dissentiment entre le père et la mère, entre l'aïeul et l'aïeule de la même ligne, ou entre les aïeuls de deux lignes peut être constaté par un notaire, requis par le futur époux et instrumentant sans le concours d'un deuxième notaire ni de témoins, qui notifiera l'union projetée à celui ou à ceux des père, mère ou aïeuls dont le consentement n'est pas encore obtenu.

L'acte de notification énonce les prénoms, noms, professions, domiciles et résidences des futurs époux, leurs pères et mères, ou, le cas échéant, de leurs aïeuls, ainsi que le lieu où sera célébré le mariage.

Il contient aussi une déclaration que cette notification est faite en vue d'obtenir le consentement non encore accordé et que, à défaut, il sera passé outre à la célébration du mariage.

Art. 155. (*L. 2 février 1933*). — Le dissentiment des ascendants peut également être constaté, soit par une lettre dont la signature est légalisée et qui est adressée à l'officier de l'état civil qui doit célébrer le mariage, soit par un acte dressé dans la forme prévue par l'article 73, alinéa 2 (abrogé par *L. 4 février 1934, J.O. C.*, 1935, p. 9) soit par l'acte de célébration du mariage.

Les actes énumérés au présent article et à l'article précédent sont visés pour timbre et enregistrés gratis.

Art. 156. (*L. 21 juin 1907, J.O. A.E.F.*, 1910, p. 249). — Les officiers d'état civil qui auraient procédé à la célébration des mariages contractés par des fils ou filles n'ayant pas atteint l'âge de vingt et un ans accomplis sans que le consentement des pères et mères, celui des aïeuls et aïeules et celui du conseil de famille, dans le cas où il est requis, soit énoncé dans l'acte de mariage, seront, à la diligence des parties intéressées ou du procureur de la République près le tribunal de première instance de l'arrondissement où le mariage aura été célébré, condamnés à l'amende portée par l'article 192 du Code civil.

Art. 157 (*L. 4 février 1934, J.O. C.*, 1935, p. 9). — L'officier de l'état civil qui n'aura pas exigé la justification de la notification prescrite par l'article 154 sera condamné à l'amende prévue en l'article précédent.

Art. 158. (*L. 10 mars 1913, J.O. A.E.F.*, 1913, p. 433). — L'enfant naturel légalement reconnu qui n'a pas atteint l'âge de vingt et un ans accomplis ne peut contracter mariage sans avoir obtenu le consentement de celui de ses père et mère qui l'a reconnu, ou de l'un et de l'autre s'il a été reconnu par tous deux.

(*L. 17 juillet 1927*). — En cas de dissentiment entre le père et la mère ce partage emporte consentement.

(*L. 7 fév. 1924*). — Si l'un des deux est mort ou s'il est dans l'impossibilité de manifester sa volonté, le consentement de l'autre suffit. Les dispositions contenues aux alinéas 3, 4 et 5 de l'article 149 sont applicables à l'enfant naturel mineur.

(*Abrogé par L. 2 février 1933*). — Les dispositions contenues aux articles 151, 153 154 et 155 sont applicables à l'enfant naturel après l'âge de vingt et un ans révolus.

Art. 159. (*D. 21 juin 1907, J.O. A.E.F.*, 1910, p. 249). — L'enfant naturel qui n'a point été reconnu, et celui qui, après l'avoir été, a perdu ses père et mère ou dont les père et mère ne peuvent manifester leur volonté ne pourront, avant l'âge de vingt et un ans révolus, se marier qu'après avoir obtenu le consentement du conseil de famille.

Art. 160 (*L. 7 février 1924*). — Si la résidence actuelle de ceux des ascendants du mineur de vingt et un ans dont le décès n'est pas établi est inconnue et si ces ascendants n'ont pas donné de leurs nouvelles depuis un an, le mineur en fera la déclaration sous serment devant le juge de paix de sa résidence, assisté de son greffier, dans son cabinet, et le juge de paix en donnera acte.

Si le mineur est enfant naturel, le juge de paix notifiera ce serment au tribunal de première instance désigné à l'article 389, alinéa 13, du présent Code, lequel statuera sur la demande d'autorisation à mariage dans la même forme que pour les enfants naturels non reconnus.

Si le mineur est enfant légitime, le juge de paix notifiera le serment au conseil de famille, qui statuera sur la demande d'autorisation à mariage.

Toutefois, le mineur pourra prêter directement le serment prévu à l'alinéa 1er du présent article en présence des membres de son conseil de famille.

Art. 161. — En ligne directe, le mariage est prohibé entre tous les ascendants et descendants légitimes ou naturels, et les alliés dans la même ligne.

Art. 162 (*L. 1er juillet 1914, J.O. A.E.F., 1914, p. 379*). — En ligne collatérale, le mariage est prohibé entre le frère et la sœur légitimes ou naturels. Il est prohibé entre les alliés au même degré lorsque le mariage qui produisait l'alliance a été dissous par le divorce.

Art. 163. — Le mariage est encore prohibé entre l'oncle et la nièce, la tante et le neveu.

Art. 164. (*L. 10 mars 1938, J.O.C. A.E.F.*, 1939, p. 162). — Néanmoins, il est loisible au Président de la République de lever, pour des causes graves, les prohibitions portées :

1° par l'article 161 aux mariages entre alliés en ligne directe lorsque la personne qui a créé l'alliance est décédée ;

2° par l'article 162 aux mariages entre beaux-frères et belles-sœurs ;

3° par l'article 163 aux mariages entre l'oncle et la nièce, la tante et le neveu.

CHAPITRE II : DES FORMALITÉS RELATIVES À LA CÉLÉBRATION DU MARIAGE

Art. 165 à 171 : — Modifiés par la Loi n° 008/PR/2013 du 10 mai 2013 portant organisation de l'état civil en République du Tchad

***Dispositions nouvelles :* Loi n° 008/PR/2013 du 10 mai 2013 portant organisation de l'état civil en République du Tchad**

Art. 29 : Célébration du mariage

Le mariage est célébré devant l'officier d'état civil du lieu du dépôt du dossier du mariage.

Toutefois, la juridiction civile compétente dudit lieu peut, sur requête des futurs époux, s'il y a de justes motifs, autoriser la célébration du mariage par un autre officier d'état civil. Dans ce cas, le dossier de mariage est transmis à la diligence des futurs époux, à l'officier d'état civil désigné à cet effet.

La cérémonie se déroule publiquement dans les locaux réservés à la célébration des mariages ou dans les bureaux administratifs.

Cependant, l'officier d'état civil peut se transporter dans l'habitation de l'une ou de l'autre partie en cas de force majeure ou de péril imminent de mort, à charge d'en rendre compte à la juridiction civile territorialement compétente.

Art. 30 : Dépôt du dossier

Lors du dépôt de dossier, l'officier d'état civil exige des futurs époux la remise de :

• leur copie d'acte de naissance ;

• une copie des actes accordant des dispenses éventuelles ;

• la photocopie des pièces d'identités de chacun des futurs époux et de leurs témoins respectifs ;

• une déclaration relative au montant de la dot convenue, ou la convention de non-versement de la dot ;

• une copie du certificat prénuptial médical attestant que les futurs époux ont été examinés en vue de consentir au mariage ;

• une copie du contrat de mariage définissant le régime des biens choisi.

Art. 31 : Publication des bans

Pendant dix (10) à trente (30) jours francs, l'officier d'état civil fait procéder à la publication des bans par affiches apposées au tableau d'affichage du centre d'état civil et des locaux réservés à la célébration des mariages ou en tout autre lieu public.

Cette publication des bans doit énoncer l'identité, la filiation, le domicile ou la résidence des futurs époux ainsi que le lieu et la date de célébration du mariage projeté.

Toutefois, le Procureur de la République du lieu de célébration du mariage peut dispenser, pour une cause grave, de la publication et de tout délai.

Si le mariage n'a pas été célébré dans un délai de deux mois après la publication des bans, ladite publication et les formalités préalables doivent être refaites.

Art. 34 : Comparution personnelle des époux

Au jour convenu, les futurs époux comparaissent personnellement devant l'officier d'état civil accompagné chacun de deux témoins majeurs et sains d'esprit.

Toutefois, pour des raisons sérieuses et justifiées, l'officier d'état civil peut exceptionnellement procéder à la célébration d'un mariage par procuration après avoir vérifié que les conditions de fond et de forme sont remplies.

Il est délivré aux époux leur acte de mariage, ainsi qu'un livret de famille.

Art. 35 : Le refus de célébration de mariage

Lorsqu'il y a de raisons sérieuses de penser que les conditions nécessaires à la validité du mariage ne sont pas réunies ou qu'il existe un empêchement sérieux, l'officier d'état civil notifie par écrit aux futurs époux son refus de célébrer le mariage en leur indiquant les motifs de sa décision et le texte de loi sur lequel elle est fondée.

Cette décision est susceptible de recours devant le Tribunal civil qui statue dans les huit (8) jours, à la requête des futurs époux.

Art. 36 : Constatation de mariage

La constatation des mariages religieux et/ou coutumier consiste pour les époux mariés, selon la religion ou la coutume, à se présenter personnellement devant l'officier de l'état civil dans la circonscription de laquelle dépend le domicile, accompagné chacun de deux témoins majeurs et sains d'esprit qui, ayant assisté au mariage, certifient de l'échange de consentement.

La constatation de mariage est obligatoire dans un délai de deux (2) mois à compter de la célébration. Elle est accomplie à la diligence des époux mariés coutumièrement ou religieusement.

L'officier d'état civil fait préciser par les intéressés ainsi que les témoins la date, le lieu et les circonstances dans lesquelles l'union a été contractée. Ensuite il dresse un acte de mariage, en délivre un exemplaire aux époux et leur remet un livret de famille.

L'enregistrement a pour effet de faire valider le mariage à compter du jour où il a été contracté.

Le mariage coutumier et/ou religieux peut être constaté à titre posthume. Cette constatation ne peut avoir lieu qu'au vu d'un jugement supplétif. L'officier d'état civil, sur la base de ce jugement contenant tous les renseignements nécessaires, établit et délivre l'acte de mariage conformément aux dispositions ci-dessous.

Art. 37 : Formalités préalables à la constatation

Dix (10) à trente (30) jours avant la date fixée pour la constatation du mariage religieux et/ou coutumier, les époux sont tenus de remettre à l'officier d'état civil un dossier complet comme prévu à l'article 30 ci-dessus pour un mariage célébré ou toute autre pièce établie à l'occasion de ces mariages.

À l'occasion de la remise de ces pièces, l'officier d'état civil explique aux époux si les conditions prescrites par la présente loi ne sont pas remplies.

Art. 38 : Validité et opposabilité des mariages constatés

Les mariages, religieux et/ou coutumiers sont valables.

Toutefois, les époux ne peuvent s'en prévaloir à l'égard de l'État, des collectivités publiques, des établissements publics et privés pour prétendre notamment au bénéfice des avantages familiaux que s'ils sont constatés et transcrits sur les registres de l'état civil.

Art. 39 : Délivrance et teneur du livret de famille

Au moment de l'établissement de l'acte de mariage, il est remis gratuitement aux époux un livret de famille, signé par l'officier d'état civil et les époux.

L'officier ou l'agent d'état civil doit se faire présenter le livret de famille chaque fois qu'intervient un acte qui doit y être menti

Le contenu du livret est joint en annexe de la présente loi.

CHAPITRE III : DES OPPOSITIONS AU MARIAGE

— **Dispositions anciennes :** Art. 172. — 179 Abrogées —

Dispositions nouvelles : Loi n° 008/PR/2013 du 10 mai 2013 portant organisation de l'état civil en République du Tchad

Art. 32 : Opposition au mariage

L'opposition au mariage est une procédure par laquelle une personne avertit l'officier d'état civil de l'existence d'un empêchement sérieux au mariage.

Le mariage ne peut être célébré s'il fait l'objet d'une opposition en cours d'examen.

Sont autorisés à former opposition :

• les père et mère ou à défaut, les ascendants ou celui dont le consentement est requis s'il s'agit d'un mineur ou d'un majeur en tutelle ou en curatelle ;

• le ministère public pour des raisons d'ordre public ;

• le conjoint du candidat à un autre mariage en cas d'option pour la monogamie dans le mariage précédent ;

• Le frère ou la sœur, l'oncle ou la tante ou, à défaut, les cousins, ne peuvent former opposition que dans le cas où le consentement du tuteur requis n'a pas été obtenu ou lorsque l'opposition est fondée sur l'état de démence de l'un des futurs époux.

Art. 33 : Forme, délai et contentieux de l'opposition

L'opposition prend la forme d'une déclaration écrite adressée à l'officier du centre d'état civil compétent pour célébrer le mariage ; elle est nominative et motivée à peine de nullité et doit être faite pendant la durée de la publication ci-dessus indiquée.

L'officier d'état civil qui reçoit l'acte d'opposition doit le notifier aux futurs époux.

Si l'opposition est déclarée irrecevable par l'officier d'état civil, l'opposant peut, dans un délai de dix (10) jours, saisir le Tribunal civil.

Si l'officier d'état civil n'a pas reçu d'oppositions dans le délai de la publication des bans, il doit célébrer le mariage.

L'auteur d'une opposition encourt une condamnation à des dommages et intérêts s'il commet un abus, exception faite des ascendants.

CHAPITRE IV : DES DEMANDES EN NULLITÉ DE MARIAGE

Art. 180. — Le mariage qui a été contracté sans le *consentement libre des deux époux,* ou de l'un d'eux, ne peut être attaqué que par les époux, ou par celui des deux dont le consentement n'a pas été libre.

Lorsqu'il y a eu *erreur dans la personne*, le mariage ne peut être attaqué que par celui des deux époux qui a été induit en erreur.

Art. 181. — Dans le cas de l'article précédent, la demande en nullité n'est plus recevable, toutes les fois qu'il y a eu cohabitation continuée pendant six mois depuis que l'époux a acquis sa pleine liberté ou que l'erreur a été par lui reconnue.

Art. 182. — Le mariage contracté sans le *consentement des père et mère,* des ascendants, ou du conseil de famille, dans les cas où ce consentement était nécessaire, ne peut être attaqué que par ceux dont le consentement était requis, ou par celui des deux époux qui avait besoin de ce consentement.

Art. 183. — L'action en nullité ne peut plus être intentée ni par les époux, ni par les parents dont le consentement était requis, toutes les fois que le mariage a été approuvé expressément ou tacitement par ceux dont le consentement était nécessaire, ou lorsqu'il s'est écoulé une année sans réclamation de leur part, depuis qu'il a atteint l'âge compétent pour consentir par lui-même au mariage.

Art. 184. (*L. 19 février 1933, J.O. C.,* 1934, p. 42). — Tout mariage contracté en contravention aux dispositions contenues aux articles 144, 146, 147, 161, 162, et 163, peut être attaqué soit par les époux eux-mêmes, soit par tous ceux qui y ont intérêt, soit par le ministère public.

Art. 185. — Néanmoins le mariage contracté par des époux qui n'avaient point encore l'âge requis, ou dont l'un des deux n'avait point atteint cet âgé, ne peut plus être attaqué :

1° lorsqu'il s'est écoulé six mois depuis que cet époux ou les époux ont atteint l'âge compétent ;

2° lorsque la femme qui n'avait point cet âge, a conçu avant l'échéance de six mois.

Art. 186. — Le père, la mère, les ascendants et la famille qui ont consenti au mariage contracté dans le cas de l'article précédent, ne sont point recevable à en demander la nullité.

Art. 187. — Dans tous les cas où, conformément à l'article 184, l'action en nullité peut être intentée par tous ceux qui y ont un intérêt, elle ne peut l'être par les parents collatéraux, ou par les enfants nés d'un autre mariage, du vivant des deux époux, mais seulement lorsqu'ils y ont un intérêt né et actuel.

Art. 188. — L'époux au préjudice duquel a été contracté un second mariage peut en demander la nullité, du vivant même de l'époux qui était engagé avec lui.

Art. 189. — Si les nouveaux époux opposent la nullité du premier mariage, la validité ou la nullité de ce mariage doit être jugée préalablement.

Art. 190. — Le procureur de la République, dans tous les cas auxquels s'applique l'article 184, et sous les modifications portées en l'article 185, peut et doit demander la nullité du mariage, du vivant des deux époux, et les faire condamner à se séparer.

Art. 191. — Tout mariage qui n'a point été contracté publiquement, et qui n'a point été célébré devant l'officier public compétent, peut être attaqué par les époux eux-mêmes, par les père et mère, par les ascendants, et par tous ceux qui y ont un intérêt né et actuel, ainsi que par le ministère public.

Art. 192 (*L. 21 juin 1907*). — Si le mariage n'a point été précédé de la publication requise ou s'il n'a pas été obtenu des dispenses permises par la loi ou si les intervalles prescrits entre les publications et célébrations n'ont point été observés, le procureur de la République fera prononcer contre l'officier public une amende qui ne pourra excéder 300 francs et contre les parties contractantes, ou ceux sous la puissance desquels elles ont agi, une amende proportionnée à leur fortune.

Art. 193. — Les peines prononcées par l'article précédent seront encourues par les personnes qui y sont désignées, pour toute contravention aux règles prescrites par l'article 165, lors même que ces contraventions ne seraient pas jugées suffisantes pour faire prononcer la nullité du mariage.

Art. 194. — Nul ne peut réclamer le titre d'époux et les effets civils du mariage, s'il ne représente un acte de célébration inscrit sur le registre de l'état civil ; sauf les cas prévus par l'article 46, au titre *Des actes de l'état civil.*

Art. 195. — La possession d'état ne pourra dispenser les prétendus époux qui l'invoqueront respectivement, de représenter l'acte de célébration du mariage devant l'officier de l'état civil.

Art. 196. — Lorsqu'il y a possession d'état, et que l'acte de célébration du mariage devant l'officier de l'état civil est représenté, les époux sont respectivement non recevables à demander la nullité de cet acte.

Art. 197. — Si néanmoins, dans le cas des articles 194 et 195, il existe des enfants issus de deux individus qui ont vécu publiquement comme mari et femme, et qui soient tous deux décédés, la légitimité des enfants ne peut être contestée sous le seul prétexte du défaut de représentation de l'acte de célébration, toutes les fois que cette légitimité est prouvée par une possession d'état qui n'est point contredit par l'acte de naissance.

Art. 198. — Lorsque la preuve d'une célébration légale du mariage se trouve acquise par le résultat d'une procédure criminelle, l'inscription du jugement sur les registres de l'état civil assure au mariage, à compter du jour de sa célébration, tous les effets civils, tant à l'égard des époux qu'à l'égard des enfants issus de ce mariage.

Art. 199. — Si les époux ou l'un d'eux sont décédés sans avoir découvert la fraude, l'action criminelle peut être intentée par tous ceux qui ont intérêt de faire déclarer le mariage valable, et par le procureur de la République.

Art. 200. — Si l'officier public est décédé lors de la découverte de la fraude, l'action sera dirigée au civil contre ses héritiers, par le procureur de la République, en présence des parties intéressées et sur leur dénonciation.

Art. 201. — Le mariage qui a été déclaré nul produit néanmoins les effets civils, tant à l'égard des époux qu'à l'égard des enfants, lorsqu'il a été contracté de bonne foi.

Art. 202. — Si la bonne foi n'existe que de la part de l'un des deux époux, le mariage ne produit les effets civils qu'en faveur de cet époux, et des enfants issus du mariage.

CHAPITRE V : DES OBLIGATIONS QUI NAISSENT DU MARIAGE

Art. 203. — Les époux contractent ensemble, par le seul fait du mariage, l'obligation de nourrir, entretenir et élever leurs enfants.

Art. 204. — L'enfant n'a pas d'action contre ses père et mère pour un établissement par mariage ou autrement.

Art. 205. (*L. 9 mars 1891, B.A.S.* 1891, p. 151). — Les enfants doivent des aliments à leurs père et mère ou autres ascendants qui sont dans le besoin. La succession de l'époux prédécédé en doit, dans le même cas, à l'époux survivant. Le délai pour les réclamer est d'un an à partir du décès et se prolonge, en cas de partage, jusqu'à son achèvement.

La pension alimentaire est prélevée sur l'hérédité. Elle est supportée par tous les héritiers, et en cas d'insuffisance, par tous les légataires particuliers, proportionnellement à leur émolument.

Toutefois, si le défunt a expressément déclaré que tel legs sera acquitté de préférence aux autres, il sera fait application de l'article 927 du Code civil.

Art. 206 (*L. 9 août 1919, J.O. C.*, 1919, p. 491). — Les gendres et belles filles doivent également, et dans les mêmes circonstances, des aliments à leur beau-père et belle-mère, mais cette obligation cesse lorsque celui des époux qui produisait l'affinité et les enfants issus de son union avec l'autre époux sont décédés.

Art. 207. — Les obligations résultant de ces dispositions sont réciproques.

Art. 208. — Les aliments ne sont accordés que dans la proportion du besoin de celui qui les réclame, et de la fortune de celui qui les doit.

Art. 209. — Lorsque celui qui fournit ou celui qui reçoit des aliments est replacé dans un état tel, que l'un ne puisse plus en donner ou que l'autre n'en ait plus besoin, en tout ou en partie, la décharge ou réduction peut en être demandée.

Art. 210. — Si la personne qui doit fournir des aliments justifie qu'elle ne peut payer la pension alimentaire, le tribunal pourra, en connaissance de cause, ordonner qu'elle recevra dans sa demeure, qu'elle nourrira et entretiendra celui auquel elle devra des aliments.

Art. 211. — Le tribunal prononcera également si le père ou la mère qui offrira de recevoir, nourrir et entretenir dans sa demeure l'enfant à qui il devra des aliments, devra dans ce cas être dispensé de payer la pension alimentaire.

CHAPITRE VI : DES DEVOIRS ET DES DROITS RESPECTIFS DES ÉPOUX

(*L. 22 septembre 1942, validée par Ord. 9 octobre 1945. J.O.C.*, 1949, p. 330)

Art. 212. — Les époux se doivent mutuellement fidélité, secours, assistance.

Art. 213. — Le mari est le chef de la famille. Il exerce cette fonction dans l'intérêt commun du ménage et des enfants.

La femme concourt avec le mari à assurer la direction morale et matérielle de la famille, à pourvoir à son entretien, à élever les enfants et à préparer leur établissement.

La femme remplace le mari dans sa fonction de chef s'il est hors d'état de manifester sa volonté en raison de son incapacité, de son absence, de son éloignement ou de toute autre cause.

Art. 214. — Si le contrat de mariage ne règle pas la contribution des époux aux charges du mariage, ils contribuent à celles-ci en proportion de leurs facultés respectives.

L'obligation d'assumer ces charges pèse, à titre principal, sur le mari. Il est obligé de fournir à la femme tout ce qui est nécessaire pour les besoins de la vie selon ses facultés et son état.

La femme s'acquitte de sa contribution aux charges du mariage par ses apports en dot ou en communauté et par les prélèvements qu'elle fait sur les ressources personnelles dont l'administration lui est réservée.

Si l'un des époux ne remplit pas ses obligations, il peut y être contraint par l'autre époux dans les formes prévues à l'article 864 du Code de procédure civile.

Art. 215. — Le choix de la résidence de la famille appartient au mari ; la femme est obligée d'habiter avec lui, et il est tenu de la recevoir.

Lorsque la résidence fixée par le mari présente pour la famille des dangers d'ordre physique ou d'ordre moral, la femme peut par exception, être autorisée à avoir, pour elle et ses enfants, une autre résidence fixée par le juge.

Art. 216. — La femme mariée a la pleine capacité de droit.

L'exercice de cette capacité n'est limité que par le contrat de mariage et par la loi.

Art. 217. — L'époux qui veut faire un acte de disposition pour lequel le concours ou le consentement de l'autre époux est nécessaire peut être autorisé par justice à disposer sans le concours ou sans le consentement de son conjoint, si celui-ci est hors d'état de manifester sa volonté, ou si son refus n'est pas justifié par l'intérêt de la famille.

L'acte de disposition passé dans les conditions prévues par l'autorisation de justice est opposable à l'époux dont le concours ou le consentement fait défaut ;

Art. 218. — S'il n'y a pas de séparation de corps entre eux, chacun des époux peut donner à l'autre mandat de le représenter dans l'exercice des pouvoirs que le contrat de mariage lui attribue.

Art. 219. — Si l'un des époux se trouve hors d'état de manifester sa volonté, son conjoint peut se faire habiliter par justice à le représenter, d'une manière générale, ou pour certains actes particuliers, dans l'exercice des pouvoirs visés à l'article précédent.

Les conditions et l'étendue de cette représentation sont fixées par le juge.

À défaut de pouvoir légal, de mandat ou d'habilitation par justices, les actes faits par un époux en représentation de l'autre sans pouvoir de celui-ci ont effet à l'égard de ce dernier dans la mesure déterminée par l'article 1375.

Art. 220. — La femme mariée a, sous tous les régimes, le pouvoir de représenter le mari pour les besoins du ménage et d'employer pour cet objet les fonds qu'il laisse entre ses mains.

Les actes ainsi accomplis par la femme obligent le mari envers les tiers, à moins qu'il n'ait retiré à la femme le pouvoir de faire les actes dont il s'agit, et que les tiers n'aient eu personnellement connaissance de ce retrait au moment où ils ont traité avec elle.

Art. 221. — En application de l'article précédent, la femme peut, sur sa seule signature, faire ouvrir, par représentation de son mari, un compte courant spécial pour y déposer ou en retirer les fonds qu'il laisse entre ses mains.

L'ouverture de ce compte doit être notifiée par le dépositaire au mari et la balance n'en peut être rendue débitrice qu'en vertu d'un mandat exprès de ce dernier.

Si le mari n'a pu être touché par la notification, le dépositaire peut exiger que la femme soit habilitée conformément à l'article 219.

Art. 222. — Lorsque la femme a l'administration et la jouissance de ses biens personnels, ou des biens réservés qu'elle acquiert par l'exercice d'une activité professionnelle séparée, elle peut se faire ouvrir un compte courant en son nom propre, dans les conditions prévues à l'article 1538.

Art. 223. — La femme peut exercer une profession séparée de celle de son mari, à moins que ce dernier ne s'y oppose.

Les engagements pris par la femme dans l'exercice de cette profession sont nuls à l'égard du mari si les tiers avec lesquels elle contracte ont personnellement connaissance de l'opposition au moment où ils traitent avec l'épouse.

Si l'opposition du mari n'est pas justifiée par l'intérêt de la famille, la femme peut être autorisée pas justice à passer outre, auquel cas les engagements professionnels qu'elle a pris depuis l'opposition sont valables.

Art. 224. — Lorsque la femme exerce une profession séparée de celle de son mari, les biens acquis par l'exercice de son activité professionnelle sont, sous tous les régimes, réservés à son administration et à sa jouissance pendant la durée du mariage.

Elle a sur les biens qui lui sont ainsi réservés les droits de disposition que la femme séparée de biens par contrat possède sur ses biens personnels.

L'origine de la consistance des biens réservés est établie à l'égard des tiers et du mari par les modes de preuve de droit commun.

Art. 225. — Les créanciers envers lesquels la femme s'est obligée peuvent exercer leurs poursuites sur les biens réservés, même si l'obligation n'a pas été contractée par elle dans l'exercice de sa profession.

Les créanciers du mari ou de la communauté peuvent également exercer leurs poursuites sur les biens réservés lorsqu'ils établissent que l'obligation a été contractée dans l'intérêt du mariage.

La femme n'oblige ni le mari ni la communauté par les engagements qu'elle contracte pour un autre objet que l'intérêt du ménage ou les besoins de sa profession.

Art. 226. — Sous les régimes exclusifs de communauté, les biens réservés restent propres à la femme.

Sous les régimes de communauté, ils constituent des acquêts qui, pendant la durée du régime, sont soumis à la gestion séparée de la femme et qui, lors de la dissolution, sont compris dans l'actif à partager, à moins que la femme ne renonce à la communauté, auquel cas ses droits sont réglés par l'article 1462.

CHAPITRE VII : DE LA DISSOLUTION DU MARIAGE

Art. 227. — Le mariage se dissout :

1° Par la mort de l'un des époux ;
2° Par le divorce légalement prononcé ;
3° (*Abrogé par L. 31 mai 1854*).

CHAPITRE VIII : DES SECONDS MARIAGES

Art. 228 (L. *9 mai 1919, J.O. A.E.F.*, 1919, p. 491). — La femme ne peut contracter un nouveau mariage qu'après trois cents jours révolus depuis la dissolution du mariage précédent.

(*L. 9 décembre 1922, J.O. A.E.F.*, 1923, p. 43). — Ce délai prend fin en cas d'accouchement survenu depuis le décès du mari.

(*L. 4 février 1928, J.O. C.*, 1929, p. 138). — Le président du tribunal civil dans le ressort duquel le mariage doit être célébré peut, par ordonnance, sur simple requête, abréger le délai prévu par le présent article et par l'article 296 du présent Code, lorsqu'il résulte avec évidence des circonstances que, depuis trois cents jours, le précédent mari n'a pas cohabité avec sa femme.

(*L. 19 février 1933, J.O. C.*, 1934, p. 42). La requête est sujette à communication au ministère public. En cas de rejet de la requête, il peut être interjeté appel.

TITRE SIXIÈME : DU DIVORCE

CHAPITRE PREMIER : DES CAUSES DU DIVORCE

Art. 229 (*L. 12 avril 1945, J.O. C.*, 1947, p. 560). — Le mari pourra demander le divorce pour cause d'adultère de sa femme.

Art. 230 (*L. 12 avril 1945*). — La femme pourra demander le divorce pour cause d'adultère de son mari.

Art. 231 (*L. 12 avril 1945*). — La condamnation de l'un des époux à une peine afflictive et infamante sera pour l'autre époux une cause de divorce.

Art. 232 (*L. 12 avril 1945*). — En dehors des cas prévus aux articles 229, 230 et 231 du présent Code, les juges ne peuvent prononcer le divorce, à la demande de l'un des époux, que pour excès, sévices ou injures de l'un envers l'autre, lorsque ces faits constituent une violation grave ou renouvelée des devoirs et obligations résultant du mariage et rendent intolérable le maintien du lien conjugal.

Art. 233. — (*Abrogé L. 27 juillet 1884, B.A.S.*, 1884, p. 200).

CHAPITRE II : DE LA PROCÉDURE DU DIVORCE

Section première : Des formes du divorce

Art. 234. (*L. 18 avril 1886, B.A.S.*, 1887, p. 516). — L'époux qui veut former une demande en divorce présente, en personne, sa requête au président du tribunal ou au juge qui en fait fonction.

En cas d'empêchement dûment constaté, le magistrat se transporte, assisté de son greffier, au domicile de l'époux demandeur.

En cas d'interdiction légale résultant d'une condamnation, la requête à fin de divorce ne peut être présentée par le tuteur que sur la réquisition ou avec l'autorisation de l'interdit.

Art. 235 (*L. 18 avril 1886*). — Le juge, après avoir entendu le demandeur et lui avoir fait les observations qu'il croit convenables, ordonne au bas de la requête que les parties comparaissent devant lui au jour et à l'heure qu'il indique, et commet un huissier pour notifier la citation.

Art. 236 (*L. 18 février 1938, J.O. C.,* 1938, p. 577). — Le juge peut, par l'ordonnance permettant de citer, autoriser l'époux demandeur à résider séparément.

Art. 237 (*L. 18 avril 1886*). — La requête et l'ordonnance sont signifiées, en tête de la citation donnée à l'époux défendeur, trois jours au moins avant le jour fixé pour la comparution, outre les délais de distance, le tout à peine de nullité ;

Cette citation est délivrée par huissier commis et sous pli fermé ;

Art. 238 (*L. 12 avril 1945, J.O. C.*, 1947, p. 560). — Au jour indiqué, le juge entend les parties en personne ; si l'une d'elles se trouve dans l'impossibilité de se rendre auprès du juge, ce magistrat détermine le lieu où sera tentée la conciliation, ou donne commission pour entendre le défendeur ; en cas de non-conciliation ou de défaut, il rend une ordonnance qui constate la non-conciliation ou le défaut, et autorise le demandeur à assigner devant le tribunal.

Il statue à nouveau, s'il y a lieu, sur la résidence de l'époux demandeur, sur la garde provisoire des enfants, sur la remise des effets personnels, et il a la faculté de statuer également, s'il y a lieu, sur la demande d'aliments.

En outre, en cas d'existence d'enfants, il commet toute personne qualifiée pour recueillir des renseignements sur la situation matérielle et morale de la famille, sur les conditions dans lesquelles vivent et sont élevés ces enfants et sur les mesures à prendre éventuellement quant à leur garde définitive.

L'ordonnance sera exécutoire par provision ; elle est susceptible d'appel dans les délais fixés par l'article 809 *c. proc. civ.*

Lorsque le tribunal est saisi, les mesures provisoires prescrites par le juge peuvent être modifiées ou complétées au cours de l'instance, par jugement du tribunal.

Avant d'autoriser le demandeur à citer, le juge peut, suivant les circonstances et sauf à ordonner les mesures provisoires nécessaires, ajourner les parties à une date qui n'excédera pas six mois.

Ce délai pourra être renouvelé, sans toutefois que sa durée totale puisse dépasser une année.

L'époux demandeur en divorce devra user de la permission de citer qui lui a été accordée par l'ordonnance du président, dans un délai de vingt jours à partir de cette ordonnance.

Faute par l'époux demandeur d'avoir usé de cette permission dans ledit délai, les mesures provisoires ordonnées à son profit cesseront de plein droit.

(*V. note sous article 229 sqq*)

Art. 239 (L. 12 avril 1945). — La cause est instruite en la forme ordinaire et débattue en chambre du conseil, le ministère public entendu. Le jugement est rendu en audience publique.

Le demandeur peut, en tout état de cause, transformer sa demande en divorce en demande en séparation de corps.

Les demandes reconventionnelles en divorce peuvent être introduites par un simple acte de conclusions.

La reproduction des débats, par la voie de la presse dans les instances en divorce, est interdite, sous peine de l'amende édictée par l'article 22 (sic : lire 391 de la loi du 29 juillet 1881. (*V. note sous article 229 sqq.*).

Art. 240 (L. 18 avril 1886). — Le tribunal peut, soit sur la demande de l'une des parties intéressées, soit sur celle de l'un des membres de la famille, soit sur les réquisitions du ministère public, soit même d'office, ordonner toutes les mesures provisoires qui lui paraissent nécessaires dans l'intérêt des enfants. Il statue aussi sur les demandes relatives aux aliments pour la durée de l'instance, sur les provisions et sur toutes les autres mesures urgentes.

Art. 241. – *Abrogé par L. 18 février 1938. J.O. C., 1938, p. 577.*

Art. 242 (*L. 18 avril 1886*). — L'un ou l'autre des époux peut, dès la première ordonnance, et sur l'autorisation du juge, donnée à la charge d'en référer, prendre pour la garantie de ses droits des mesures conservatoires, notamment requérir l'apposition des scellés sur les biens de la communauté.

Le même droit appartient à la femme, même non commune, pour la conservation de ceux de ses biens dont le mari a l'administration ou la jouissance.

Les scellés sont levés à la requête de la partie la plus diligente ; les objets et valeurs sont inventoriés et prisés : l'époux qui est en possession en est constitué gardien judiciaire, à moins qu'il n'en soit décidé autrement.

Art. 243 (*L. 18 avril 1886*). — Toute obligation contractée par le mari à la charge de la communauté, toute aliénation par lui faite des immeubles qui en dépendent, postérieurement à la date de l'ordonnance dont il est fait mention à l'article 235, sera déclaré nulle, s'il est prouvé d'ailleurs qu'elle a été faite ou contractée en fraude des droits de la femme.

Art. 244 (*L. 18 avril 1886*). — L'action en divorce s'éteint par la réconciliation des époux survenue, soit depuis les faits allégués dans la demande, soit depuis cette demande.

Dans l'un et l'autre cas, le demandeur est déclaré non recevable dans son action ; il peut néanmoins en intenter une nouvelle pour cause survenue ou découverte depuis la réconciliation, et se prévaloir des anciennes causes à l'appui de sa nouvelle demande.

(*L. 26 juin 1919, J.O. A.E.F.*, 1919, p. 493). — L'action s'éteint également par le décès de l'un des époux survenu avant que le jugement ou l'arrêt prononçant le divorce soit devenu définitif.

(*L. 17 mars 1931, J.O. C.*, 1932, p. 690). — Si malgré le décès de l'un des époux survenu avant cette date, le jugement ou l'arrêt a été transcrit, le tribunal du lieu de la transcription devra, à la requête du procureur de la République, prononcer l'annulation de ladite transcription, ainsi que celle de la mention portée en marge de l'acte de mariage ou en marge de la transcription de l'acte de mariage, prévue par les articles 94 et 171 du présent Code.

Art. 245 (*L. 18 avril 1886*). — Lorsqu'il y a lieu à enquête, elle est faite conformément aux dispositions des articles 252 et suivants du Code de procédure civile.

Les parents, à l'exception des descendants, et les domestiques des époux peuvent être entendus comme témoins.

Art. 246 (*L. 18 avril 1886*). — Lorsque la demande en divorce a été formée pour toute autre cause que celle qui est prévue par l'article 231, le tribunal, encore que cette demande soit bien établie, peut ne pas prononcer immédiatement le divorce.

Dans ce cas, il maintient ou prescrit l'habitation séparée et les mesures provisoires, pendant un délai qui ne peut excéder une année (*V. note sous art. 229 sqq*).

(*L. 18 avril 1886*). — Après le délai fixé par le tribunal, si les époux ne se sont pas réconciliés, chacun d'eux peut faire citer l'autre à comparaître devant le tribunal, dans le délai de la loi pour entendre prononcer le jugement de divorce.

Art. 247 (*L. 18 avril 1886*). — Lorsque l'assignation n'a pas été délivrée à la partie défenderesse en personne et que cette partie fait défaut, le tribunal peut, avant de prononcer le jugement sur le fond, ordonner l'insertion dans les journaux d'un avis destiné à faire connaître à cette partie la demande dont elle a été l'objet ;

Le jugement ou l'arrêt qui prononce le divorce par défaut est signifié par huissier commis.

Si cette signification n'a pas été faite à personne, le président ordonne, sur simple requête, la publication du jugement par extrait dans les journaux qu'il désigne. L'opposition est recevable dans le mois de la signification, si elle a été faite à personne, et dans le cas contraire, dans les huit mois qui suivront le dernier acte de publicité.

Art. 248 (*L. 18 avril 1886*). — L'appel est recevable pour les jugements contradictoires, dans les délais fixés par les articles 443 et suivants du Code de procédure civile.

S'il s'agit d'un jugement par défaut, le délai ne commence à courir qu'à partir du jour où l'opposition n'est plus recevable.

(*L. 12 avril 1945*). — En cas d'appel, la cause est débattue en chambre du conseil. L'arrêt est rendu en audience publique. (V. *note sous article 229 sqq.*).

(*L. 18 avril 1886*). — Les demandes reconventionnelles peuvent se produire en appel, sans être considérées comme demandes nouvelles.

Le délai pour se pourvoir en cassation court du jour de la signification à partie, pour les arrêts contradictoires, et, pour les arrêts par défaut, du jour où l'opposition n'est plus recevable.

(*L. 6 février 1893, B.A.S.*, 1893, p. 88). — Le pourvoi est suspensif en matière de divorce et en matière de séparation de corps.

Art. 249 (*L. 12 avril 1886*). — Le jugement ou l'arrêt qui prononce le divorce n'est pas susceptible d'acquiescement, à moins qu'il n'ait été rendu sur conversion de séparation de corps. (*V. note sous art. 229*).

Art. 250 (*L. 18 avril 1886*). — Extrait du jugement ou de l'arrêt qui prononce le divorce est inséré tant dans l'audition des tribunaux civils et de commerce que dans les chambres des avoués et des notaires.

Pareil extrait est inséré dans l'un des journaux qui se publient dans le lieu où siège le tribunal, ou, s'il n'y en a pas, dans l'un de ceux publiés dans le département.

Art. 251 (*L. 18 avril 1886*). — Le dispositif du jugement ou de l'arrêt est transcrit sur les registres de l'état civil du lieu où le mariage a été célébré.

(*L. 20 mai 1939, J.O. C.*, 1939, p. 922). — Mention est faite de ce jugement ou arrêt en marge de l'acte de mariage et des actes de naissance de chacun des époux, conformément à l'article 49 du Code civil. Si le mariage a été célébré à l'étranger, la transcription est faite sur les registres de l'état civil du lieu où les époux avaient leur dernier domicile, et mention est faite en marge de l'acte de mariage, s'il a été transcrit en France *[au Tchad]*.

Art. 252. (*L. 26 juin 1919*). — La transcription est faite au nom de la partie qui a obtenu le divorce, et à la diligence de son avoué, sous peine d'une amende de 100 francs à la charge de ce dernier.

À cet effet, la décision est signifiée dans le délai de quinze jours, à compter de la date où elle est devenue effective, à l'officier de l'état civil compétent, pour être transcrite sur ses registres. A cette signification doivent être joints les certificats énoncés en l'article 548 du Code de procédure civile, et, en outre, s'il y a eu arrêt, un certificat de non-pourvoi.

En cas de rejet d'un pourvoi formé contre un arrêt prononçant le divorce, le greffier de la Cour de cassation doit, dans le mois du prononcé de l'arrêt, adresser un extrait dudit arrêt à l'avoué de la partie qui a obtenu la décision définitive prononçant le divorce. Le délai prévu pour la réquisition de la transcription ne courra, dans ce cas, qu'à partir de la réception par l'avoué de l'extrait de l'arrêt de rejet.

La transcription est faite par les siens de l'officier de l'état civil, dans un délai de cinq jours à compter de la réquisition, non compris les jours fériés, sous les peines édictées par l'article 50 du Code civil.

À défaut par l'avoué de la partie qui a obtenu le divorce de faire la signification dans le délai de quinze jours, l'autre partie a le droit de faire cette signification et de requérir la transcription.

Le jugement ou l'arrêt devenu définitif remontera, quant à ses effets entre époux, en ce qui touche leurs biens, au jour de la demande. Mais il ne produira effet au regard des tiers que du jour de la transcription.

Art. 253 (*Nouveau*) (*L. 26 mars 1924, J.O. C.*, 1929, p. 326). — Le dispositif du jugement ou de l'arrêt qui prononce le divorce doit énoncer la date de l'ordonnance prévue aux articles 236 du présent Code et 878 du Code de procédure civile.

Art. 253 (*ancien*) **à 274**. – *Abrogé par L. 18 avril 1886.* (*B.A.S., 1887, p. 516.*)

CHAPITRE III (ANCIEN) : DU DIVORCE PAR CONSENTEMENT MUTUEL

Art. 275 à 294. – *Abrogé par L. 27 juillet 1884.* (*B.A.S., 1884, p. 200*).

CHAPITRE III (NOUVEAU) : DES EFFETS DU DIVORCE

Art. 295 (*L. 4 février 1930, J.O. C.*, 1930, p. 597). — Au cas de réunion d'époux divorcés, une nouvelle célébration du mariage sera nécessaire.

Art. 296 (L. *4 février 1928, J.O. C.*, 1929, p. 138). — La femme divorcée pourra se remarier aussitôt après la transcription du jugement ou de l'arrêt ayant prononcé le divorce, sis toutefois il s'est écoulé trois cents jours depuis qu'est intervenue, dans l'instance qui aura abouti au divorce, l'ordonnance prévue à l'article 236 du présent Code. Ce délai prend fin en cas d'accouchement survenu depuis la transcription du jugement ou de l'arrêt ayant prononcé le divorce.

Si le mari meurt avant que le divorce ait été prononcé ou avant que le jugement ou l'arrêt prononçant le divorce soit devenu définitif, la veuve pourra se remarier dès qu'il se sera écoulé trois cents jours depuis qu'est intervenue l'ordonnance visée à l'alinéa 1er du présent article.

Art. 297. (L. *13 juillet 1907, J.O. A.E.F.*, 1910, p. 268). — Lorsque le jugement de séparation de corps aura été converti en jugement de divorce, conformément à l'article 310 du Code civil, la femme divorcée pourra contracter un nouveau mariage aussitôt après la transcription de la décision de conversion.

Art. 298. – *Abrogé par L. 15 décembre 1904 (J.O. A.E.F., 1907, p. 298).*

Art. 299 (*L. 27 juillet 1884*). — L'époux contre lequel le divorce aura été prononcé perdra tous les avantages que l'autre époux lui avait faits, soit par contrat de mariage, soit depuis le mariage.

(L. *6 février 1893, B.A.S.*, 1893, p. 88). — Par l'effet du divorce, chacun des époux reprend l'usage de son nom.

Art. 300. — L'époux qui aura obtenu le divorce, conservera les avantages à lui faits par l'autre époux, encore qu'ils aient été stipulés réciproques et que la réciprocité n'ait pas lieu.

Art. 301. — Si les époux ne s'étaient fait aucun avantage, ou si ceux stipulés ne paraissaient pas suffisants pour assurer la subsistance de l'époux qui a obtenu le divorce, le tribunal pourra lui accorder, sur les biens de l'autre époux, une pension alimentaire, qui ne pourra excéder le tiers des revenus de cet autre époux. Cette pension sera révocable dans le cas où elle cesserait d'être nécessaire.

(*Ord. 12 avril 1945, J.O. C.*, 1947, p. 562). — Indépendamment de toutes autres réparations dues par l'époux contre lequel le divorce a été prononcé, les juges pourront allouer au conjoint qui a obtenu le divorce des dommages-intérêts pour le préjudice matériel ou moral à lui causé par la dissolution du mariage. (*V. note sous article 229 sqq.*).

Art. 302 (*L. 12 avril 1945*). — Les enfants seront confiés à l'époux qui a obtenu le divorce, à moins que le tribunal, sur la demande de la famille ou du ministère public et au vu des renseignements recueillis en application de l'article 238 (alinéa 3), n'ordonne, pour le plus grand avantage des enfants, que tous ou quelques-uns d'eux seront confiés aux soins, soit de l'autre époux, soit d'une tierce personne. *(V. note sous article 229 sqq.*).

Art. 303. — Quelle que soit la personne à laquelle les enfants seront confiés, les père et mère conserveront respectivement le droit de surveiller l'entretien et l'éducation de leurs enfants, et seront tenus d'y contribuer à proportion de leurs facultés.

Art. 304. — La dissolution du mariage par divorce admis en justice ne privera les enfants nés de ce mariage, d'aucun des avantages qui leur étaient assurés par les lois, ou par les conventions matrimoniales de leurs père et mère ; mais il n'y aura d'ouverture aux droits des enfants que de la même manière et dans les mêmes circonstances où ils seraient ouverts s'il n'y avait pas eu divorce.

Art. 305. – *Abrogé par L. 27 juillet 1884.*

CHAPITRE IV : DE LA SÉPARATION DES CORPS

Art. 306. — Dans les cas où il y a lieu à la demande en divorce, pour cause déterminée, il sera libre aux époux de former une demande en séparation de corps (*L. 4 février 1928, J.O. C.*, 1929, p. 138). — Si le mari meurt au cours d'une instance en séparation de corps ou après que la séparation de corps a été prononcée, la veuve pourra se remarier dès qu'il se sera écoulé trois cents jours depuis qu'est intervenue l'ordonnance prévue à l'article 878 du Code de procédure civile.

Art. 307 (*L. 18 avril 1886, B.A.S.*, 1887, P ; 515). — Elle (la séparation de corps) sera intentée, instruite et jugée de la même manière que toute autre action civile ; néanmoins, les articles 236 à 244 lui seront applicables : elle ne pourra avoir lieu par le consentement mutuel des époux.

Le tuteur de la personne judiciairement interdite peut, avec l'autorisation du conseil de famille, présenter la requête et suivre l'instance à fin de séparation.

Art. 308 (*L. 12 avril 1945, J.O.C., 1947, P. 562*). — Les articles 247 et 248 du Code civil sont applicables à la procédure de séparation de corps.

Art 309. (*L. 26 mars 1924, J.O. C.*, 1929, p. 327). — Le dispositif du jugement ou de l'arrêt qui prononce la séparation de corps doit énoncer la date de l'ordonnance prévue à l'article 878 du Code de procédure civile.

Art. 310 (*D. 20 octobre 1945, J.O. C.*, 1947, p. 562). — Lorsque la séparation de corps aura duré trois ans, le jugement sera de droit converti en jugement de divorce sur la demande formée par l'un des époux.

Les dépens relatifs à cette demande seront mis pour le tout à la charge de celui des époux, même demandeur, contre lequel la séparation de corps a été prononcée, et pour moitié à la charge de chacun des époux si la séparation de corps a été prononcée contre eux à leurs torts réciproques.

Les dispositions du jugement de séparation de corps accordant une pension alimentaire à l'époux qui a obtenu la séparation conservent en tous cas leur effet.

Cette nouvelle demande sera introduite par assignation, à huit jours francs, en vertu d'une ordonnance rendue par le président.

Elle sera débattue en chambre du conseil. L'ordonnance nommera un juge rapporteur, ordonnera la communication au ministère public et fixera le jour de la comparution.

Le jugement sera rendu en audience publique.

La cause en appel sera débattue et jugée en chambre du conseil, sur rapport, le ministère public entendu. L'arrêt sera rendu en audience publique.

Art. 311 (L. *18 février 1938, J.O. C.* ; 1938, p. 578). — Le jugement qui prononce la séparation de corps ou un jugement postérieur peut interdire à la femme de porter le nom de son mari, ou l'autoriser à ne pas le porter. Dans le cas où le mari aurait joint à son nom le nom de sa femme, celle-ci pourra également demander qu'il soit interdit au mari de le porter.

La séparation de corps emporte toujours la séparation des biens.

S'il y a cessation de la séparation de corps par la réconciliation des époux, la capacité de la femme est modifiée pour l'avenir et réglée par les dispositions de l'article 1449. Cette modification n'est opposable aux tiers que si la reprise de la vie commune a été constatée par acte passé devant notaire avec minute, dont un extrait devra être affiché en la forme indiquée par l'article 1445, et, de plus, par la mention en marge :

1° De l'acte de mariage ;
2° Du jugement ou de l'arrêt qui a prononcé la séparation, et enfin par publication en extrait dans l'un des journaux du département recevant les publications légales.
(*Complété par L. 889 du 29 mai 1948, J.O.C. 1957, p. 1228*)

TITRE SEPTIÈME : DE LA PATERNITÉ ET DE LA FILIATION

CHAPITRE PREMIER : DE LA FILIATION DES ENFANTS LÉGITIMES OU NÉS DANS LE MARIAGE

— **Art. 312**. — **Art. 318**. — Abrogées

Dispositions nouvelles : Ordonnance 67-006 1967-03-21 PR.-MJ portant réforme de l'organisation judiciaire

Art. 70 : Lorsque les parties seront de statuts civils différents les règles suivantes seront appliquées :

1° Dans les affaires relatives à la validité du mariage, au régime matrimonial en l'absence de contrat de mariage, à la dot, aux droits et obligations des époux, aux droits de puissance paternelle, à la dissolution de l'union conjugale et ses conséquences, à la filiation légitime, il sera statué conformément à la loi qui régit le mari, à moins que les parties n'aient opté pour un statut différent au moment de la conclusion du mariage.

CHAPITRE II : DES PREUVES DE LA FILIATION DE L'ENFANT LÉGITIME

Art. 319. — La filiation de l'enfant légitime se prouve par les actes de naissance inscrits sur le registre de l'état civil.

Art. 320. — À défaut de ce titre, la possession constante de l'état d'enfant légitime suffit.

Art. 321. — La possession d'état s'établit par une réunion suffisante de faits qui indiquent le rapport de filiation et de parenté entre un individu et la famille à laquelle il prétend appartenir.

Les principaux de ces faits sont :

- Que l'individu a toujours porté le nom du père auquel il prétend appartenir ;
- Que le père l'a traité comme son enfant, et a pourvu, en cette qualité, à son éducation, à son entretien et à son établissement ;
- Qu'il a été reconnu constamment pour tel dans la société ;
- Qu'il a été reconnu pour tel par la famille.

Art. 322. — Nul ne peut réclamer un état contraire à celui que lui donnent son titre de naissance et la possession conforme à ce titre ; et, réciproquement, nul ne peut contester l'état de celui qui a une possession conforme à son titre de naissance.

Art. 323. — À défaut de titre et de possession constante, ou si l'enfant a été inscrit soit de ses faux noms, soit comme né de père et de mère inconnus, la preuve de filiation peut se faire par témoins.

Néanmoins, cette preuve ne peut être admise que lorsqu'il y a commencement de preuve par écrit, ou lorsque les présomptions ou indices résultant des faits dès lors constants, sont assez graves pour déterminer l'admission.

Art. 324. — Le commencement de preuve par écrit résulte des titres de famille, des registres et papiers domestiques du père ou de la mère, des actes publics et même privés émanés d'une partie engagée dans la contestation, ou qui aurait intérêt si elle était vivante.

Art. 325. — La preuve contraire pourra se faire par tous les moyens propres à établir que le réclamant n'est pas l'enfant de la mère qu'il prétend avoir, ou même, la maternité prouvée qu'il n'est pas l'enfant du mari de la mère.

Art. 326. — Les tribunaux civils seront seuls compétents pour statuer sur les réclamations d'état.

Art. 327. — L'action criminelle contre le délit de suppression d'état ne pourra commencer qu'après le jugement définitif sur la question d'état.

Art. 328. — L'action en réclamation d'état est imprescriptible à l'égard de l'enfant.

Art. 329. — L'action ne peut être intentée par les héritiers de l'enfant qui n'a pas réclamé, qu'autant qu'il est décédé mineur ou dans les cinq années après sa majorité.

Art. 330. — Les héritiers peuvent suivre cette action lorsqu'elle a été commencée par l'enfant, à moins qu'il ne s'en fût désisté formellement, ou qu'il n'eût laissé passer trois années sans poursuites, à compter du dernier acte de procédure.

CHAPITRE III : DES ENFANTS NATURELS

Section première : De la légitimation des enfants naturels

Modifié par L. 656 du 5 juil. 1956 (J.O.C., 57 p. 845)

Art. 331. (*L. 25 avril 1924, J.O. C* ; 1929, p. 502) — Les enfants nés hors mariage autres que ceux nés d'un commerce adultérin, sont légitimés par le mariage subséquent de leurs père et mère, lorsque ceux-ci les ont légalement reconnus avant leur mariage ou qu'ils les reconnaissent au moment de sa célébration. Dans ce dernier cas, l'officier de l'état civil qui procède au mariage constate la reconnaissance et la légitimation dans un acte séparé.

(*L. 25 avril 1924)* – Les enfants adultérins sont légitimés, dans les cas suivants, par le mariage subséquent de leurs père et mère, lorsque ceux-ci les reconnaissent au moment de la célébration du mariage dans les formes déterminées par le premier alinéa du présent article :

1. Les enfants nés du commerce adultérin de la mère, lorsqu'ils sont désavoués par le mari ou ses héritiers ;

2. Les enfants nés du commerce adultérin du père ou de la mère, lorsqu'ils sont réputés conçus à une époque où le père ou la mère avait un domicile distinct en vertu de l'ordonnance rendue conformément à l'article 878 du code de procédure civile et antérieurement à un désistement de l'instance, au rejet de la demande ou à une réconciliation judiciairement constatée ; toutefois, la reconnaissance et la légitimation pourront être annulées si l'enfant a la possession d'état d'enfant légitime ;

3. Les enfants nés du commerce adultérin du mari dans tous les autres cas.

Lorsqu'un des enfants visés au présent article aura été reconnu par ses père et mère ou par l'un d'eux postérieurement à leur mariage, cette reconnaissance n'emportera légitimation qu'en vertu d'un jugement rendu en audience publique, après enquête et débat en chambre du conseil, lequel jugement devra constater que l'enfant a eu, depuis la célébration du mariage, la possession d'état d'enfant commun.

Toute légitimation sera mentionnée en marge de l'acte naissance de l'enfant légitimé.

Cette mention sera faite à la diligence de l'officier de l'état civil qui aura procédé au mariage, s'il a connaissance de l'existence des enfants, sinon à la diligence de tout intéressé.

Art. 332. La légitimation peut avoir lieu, même en faveur des enfants décédés qui ont laissé des descendants ; et, dans ce cas, elle profite à ces descendants.

Art. 333 (*L. 1er juillet 1922, J.O. C.,* 1931, p. 197). — Les enfants légitimés par le mariage subséquent ont les mêmes droits que s'ils étaient nés de ce mariage.

(2ème alinéa. Abrogé par L. 11 juillet 1929, J.O. C., p. 197).

Section 2 : De la reconnaissance des enfants naturels

Art. 334. — La reconnaissance d'un enfant naturel sera faite par un acte authentique, lorsqu'elle ne l'aura pas été dans son acte de naissance.

Art. 335. — La reconnaissance ne pourra avoir lieu au profit des enfants nés d'un commerce incestueux ou adultérin (*L. 30 décembre 1915, J.O. C.*, 1929, p. 502), sous réserve des dispositions de l'article 331.

Art. 336. — La reconnaissance du père, sans l'indication et l'aveu de la mère, n'a d'effet qu'à l'égard du père.

Art. 337. — La reconnaissance faite pendant le mariage, par l'un des époux, au profit d'un enfant naturel qu'il aurait eu, avant son mariage, d'un autre que son époux, ne pourra nuire ni à celui-ci, ni aux enfants nés de ce mariage.

Néanmoins, elle produira son effet après la dissolution de ce mariage, s'il n'en reste pas d'enfants.

Art. 338. — L'enfant naturel reconnu ne pourra réclamer les droits d'enfant légitime. Les droits des enfants naturels seront réglés au titre *Des successions*.

Art. 339. — Toute reconnaissance de la part du père ou de la mère, de même que toute réclamation de la part de l'enfant pourra être contestée par tous ceux qui y auront intérêt.

Art. 340 (*L. 16 novembre 1912, J.O. A.E.F.*, 1913, p. 194). — La paternité hors mariage peut être judiciairement déclarée :

1°) Dans le cas d'enlèvement ou de viol, lorsque l'époque de l'enlèvement ou du viol se rapportera à celle de la conception ;
2°) Remplacé par L. 934 du 15 juillet 1955 (J.O.C., 57, p. 1229)
3°) Dans le cas où il existe des lettres ou quelque autre écrit privé émanant du père prétendu et desquels il résulte un aveu non équivoque de paternité ;
4°) Dans le cas où le père prétendu et la mère ont vécu en état de concubinage notoire pendant la période légale de la conception ;

5°) Dans le cas où le père prétendu a pourvu ou participé à l'entretien et à l'éducation de l'enfant en qualité de père.

L'action en reconnaissance de paternité ne sera pas recevable :

1°) S'il est établi que, pendant la période légale de la conception, la mère était d'une inconduite notoire ou a eu commerce avec un autre individu ;
2°) Si le père prétendu était, pendant la même période, soit par suite d'éloignement, soit par l'effet de quelque accident dans l'impossibilité physique d'être le père de l'enfant. (Complété par L. 934 du 17 juillet 1955, J.O.C., 1957, p. 1229).

L'action n'appartient qu'à l'enfant. Pendant la minorité de l'enfant, la mère, même mineure, a seule qualité pour l'intenter. Elle devra, à peine de déchéance, être intentée dans les deux années qui suivront l'accouchement.

Toutefois, dans les cas prévus au paragraphe 4 et 5 ci-dessus, l'action pourra être intentée jusqu'à l'expiration des deux années qui suivront la cessation, soit du concubinage, soit de la participation du prétendu père à l'entretien et à l'éducation de l'enfant.

À défaut de reconnaissance par la mère, ou si elle est décédée, interdite ou absente, l'action sera intentée conformément aux dispositions de l'article 389.

Si l'action n'a pas été intentée pendant la minorité de l'enfant, celui-ci pourra l'intenter pendant toute l'année qui suivra sa majorité.

Art. 341. — La recherche de la maternité est admise.

L'enfant qui réclamera sa mère sera tenu de prouver qu'il est identiquement le même que l'enfant dont elle est accouchée.

Il ne sera reçu à faire cette preuve par témoins, que lorsqu'il y aura déjà un commencement de preuve par écrit.

Art. 342. — Un enfant ne sera jamais admis à la recherche soit de la paternité, soit de la maternité, dans les cas où, suivant l'article 335, la reconnaissance n'est pas admise.

Art. 342. Bis.

(Art. 340 et 342 complétés par L. 934 du 15 juillet 1955 qui a aussi ajouté un article 342 bis. J.O.C. 57, p. 1229)

TITRE HUITIÈME : DE L'ADOPTION ET DE LA LÉGITIMATION ADOPTIVE

(Décr. — L. 29 juillet 1939)

(J.O. C., 1949, p. 987)

CHAPITRE PREMIER : DE L'ADOPTION

Art. 343. — L'adoption ne peut avoir lieu que s'il y a de justes motifs et si elle présente des avantages pour l'adopté.

Art. 344 (*L. 8 août 1941, J.O. C.,* 1949, p. 987). — L'adoption n'est permise qu'aux personnes de l'un ou de l'autre sexe âgées de plus de quarante ans. Toutefois, elle peut être demandée conjointement par deux époux non séparés de corps dont l'un au moins est âgé de plus de trente-cinq ans s'ils sont mariés depuis plus de dix ans et n'ont pas eu d'enfants de leur mariage.

Les adoptants ne devront avoir, au jour de l'adoption, ni enfants ni descendants légitimes.

L'existence d'enfants légitimés par adoption ne fait pas obstacle à l'adoption.

Les adoptants devront avoir quinze ans de plus que les personnes qu'ils se proposent d'adopter, sauf si ces derniers sont les enfants de leur époux. Dans ce cas, la différence d'âge minimum exigée ne sera plus que de dix années ; elle pourra même être réduite par dispense du Président de la République.

Art. 345. — Un Français *[Tchadien]*, peut adopter un étranger ou être adopté par un étranger. L'adoption est sans effet sur la nationalité.

Art. 346. — Nul ne peut être adopté par plusieurs si ce n'est par deux époux.

Nul époux ne peut adopter ou être adopté qu'avec le consentement de l'autre époux, sauf si celui-ci est dans l'impossibilité de manifester sa volonté ou s'il y a séparation de corps entre les époux.

Art. 347. — Si la personne à adopter est mineure et a encore ses père et mère, ceux-ci doivent consentir l'un et l'autre à l'adoption. Si l'un des deux est décédé ou dans l'impossibilité de manifester sa volonté, le consentement de l'autre suffit.

Si le père et la mère sont divorcés ou séparés de corps, le consentement de celui des époux au profit duquel le divorce ou la séparation de corps a été prononcé et qui a la garde de l'enfant suffit ; toutefois, si l'autre parent n'a pas donné son consentement, l'acte d'adoption devra lui être signifié et l'homologation ne pourra intervenir que trois mois au moins après cette signification.

Si, dans ledit délai ce parent a notifié au greffe son opposition, le tribunal devra l'entendre avant de prononcer.

Art. 348. — Dans les cas prévus par l'article qui précède, le consentement est donné, dans l'acte même d'adoption ou par acte authentique séparé, devant notaire ou devant le juge de paix du domicile ou de la résidence de l'ascendant, ou, à l'étranger, devant les agents diplomatiques ou consulaires français *[tchadien]*.

Art. 349. — Si le mineur n'a plus ni père ni mère, ou s'ils sont dans l'impossibilité de manifester leur volonté, le consentement est donné par le conseil de famille.

Il en est de même si le mineur est un enfant naturel qui n'a point été reconnu, ou qui, après l'avoir été, a perdu ses père et mère, ou dont les père et mère ne peuvent manifester leur volonté.

S'il s'agit d'un enfant, légitime ou naturel, sur lequel l'exercice de tous les droits de puissance paternelle a été confié à une association de bienfaisance ou à un particulier, en vertu du titre II de la loi du 24 juillet 1889, le consentement est donné après avis de cette association ou de ce particulier par le tribunal compétent pour homologuer l'acte d'adoption.

Art. 350. — L'adoption confère le nom de l'adoptant à l'adopté, en l'ajoutant au nom propre de ce dernier. Si l'adoptant et l'adopté ont le même nom patronymique, aucune modification n'est apportée au nom de l'adopté.

Si l'adopté est mineur de seize ans au jour du contrat, l'adoption lui confère purement et simplement le nom de l'adoptant, à moins qu'il n'en soit autrement décidé par le jugement d'homologation. (*L. 23 avril 1949, J.O. C.*, 1950, p. 164).

Le tribunal peut à la demande de l'adoptant, modifier par le jugement d'homologation les prénoms de l'adopté.

Si l'adoptant est une femme mariée, le tribunal peut, dans le jugement d'homologation, décider, du consentement du mari de l'adoptante, que le nom de ce dernier sera conféré à l'adopté dans les conditions prévues aux précédents alinéas du présent article ; si le mari est décédé ou dans l'impossibilité de manifester sa volonté, le tribunal apprécie souverainement, les héritiers du mari ou ses successibles les plus proches dans l'ordre légal dûment consultés.

Art. 351. — L'adopté reste dans sa famille naturelle et y conserve tous ses droits.

Néanmoins, l'adoptant est seul investi des droits de la puissance paternelle, à l'égard de l'adopté, ainsi que du droit de consentir au mariage de l'adopté. En cas de dissentiment entre l'adoptant et l'adoptante, ce partage emportera consentement au mariage de l'adopté.

S'il y a adoption par deux époux, l'adoptant administrera les biens de l'adopté dans les mêmes conditions que le père légitime administre ceux de ses enfants. Si les adoptants divorcent ou sont séparés de corps, le tribunal applique aux enfants adoptés les règles concernant les enfants légitimes.

Lorsqu'il n'y a aucun adoptant ou lorsque l'un des deux adoptants décède, l'adoptant ou le survivant des deux adoptants est tuteur de l'adopté ; il exerce cette tutelle dans les mêmes conditions que le père ou la mère survivant de l'enfant légitime.

Le conseil de famille sera composé ainsi qu'il est prévu à l'article 409 du présent Code.

Si l'adoptant est le conjoint du père ou de la mère de l'adopté, il a, concurremment avec lui, la puissance paternelle ; mais le père ou la mère en conserve l'exercice. Les règles concernant le consentement des père et mère au mariage de l'enfant légitime s'appliquent dans ce cas au mariage de l'adopté. En cas d'interdiction, de disparition judiciairement constatée ou de décès des adoptants survenu pendant la minorité de l'adopté, la puissance paternelle revient de plein droit aux ascendants de celui-ci.

Art. 352. — Nonobstant les dispositions de l'alinéa 1er de l'article précédent, le tribunal, en homologuant l'acte d'adoption, peut à la demande de l'adoptant et s'il s'agit d'un mineur de vingt et un ans, décider après enquête que l'adopté cessera d'appartenir à sa famille naturelle sous réserve des prohibitions au mariage visées aux articles 161, 162, 163 et 164 du présent Code.

Dans ce cas, aucune reconnaissance postérieure à l'adoption ne sera admise ; d'autre part, l'adoptant ou le survivant des adoptants pourra désigner à l'adopté un tuteur testamentaire.

Art. 353. — Le lien de parenté résultant de l'adoption s'étend aux enfants légitimes de l'adopté.

Art. 354. — Le mariage est prohibé :

1°) Entre l'adoptant, l'adopté et ses descendants ;
2°) Entre l'adopté et le conjoint de l'adoptant, et, réciproquement, entre l'adoptant et le conjoint de l'adopté ;
3°) Entre les enfants adoptifs du même individu ;

4°) entre l'adopté et les enfants qui pourraient survenir à l'adoptant.
Néanmoins, les prohibitions aux mariages portées aux alinéas 3 et 4 ci-dessus peuvent être levées par décret, s'il y a des causes graves.

Art. 355. — L'adopté doit des aliments à l'adoptant s'il est dans le besoin et, réciproquement, l'adoptant doit des aliments à l'adopté.

En dehors du cas prévu à l'article 352, l'obligation de fournir des aliments continue d'exister entre l'adopté et ses père et mère. Cependant, les père et mère de l'adopté ne sont tenus de lui fournir des aliments que s'il ne peut les obtenir de l'adoptant.

Art. 356. — L'adopté et ses descendants légitimes n'acquièrent aucun droit de succession sur les biens des parents de l'adoptant. Mais ils ont sur la succession de l'adoptant les mêmes droits que ceux qu'y auraient les enfants ou descendants légitimes.

Art. 357. — Si l'adopté meurt sans descendants légitimes, les choses données par l'adoptant, ou recueillies dans sa succession, et qui existent en nature lors du décès de l'adopté, retournent à l'adoptant ou à ses descendants même adoptifs, à la charge de contribuer aux dettes et sans préjudices des droits des tiers.

Le surplus des biens de l'adopté appartient à ses propres parents, et ceux-ci excluent toujours, pour les objets même spécifiés au présent article, tous héritiers de l'adoptant autres que ses descendants.

À défaut de descendants, le conjoint survivant de l'adoptant, s'il a participé à l'adoption, a un droit d'usufruit sur lesdits objets.

Si, du vivant de l'adoptant et après le décès de l'adopté les enfants ou descendants laissés par celui-ci meurent eux-mêmes sans postérité, l'adoptant succède aux choses par lui données, comme il est dit ci-dessus ; mais ce droit est inhérent à la personne de l'adoptant, et non transmissible à ses héritiers, même en ligne descendante

Art. 358. — La personne qui se propose d'adopter et celle qui veut être adoptée, si elle est majeure, ou si, même mineure, elle atteint l'âge de seize ans, doivent se présenter devant le juge de paix du domicile de l'adoptant ou devant un notaire, pour y passer acte de leurs consentements respectifs.

Si l'adopté a moins de seize ans, l'acte est passé en son nom par son représentant légal.

Art. 359. — Dans les cas prévus par l'article 93 du présent Code, l'acte est dressé par un fonctionnaire de l'intendance ou du commissariat.

Le fonctionnaire de l'intendance, ou l'officier du commissariat qui a reçu un acte d'adoption en adresse dans le plus bref délai, une expédition au ministre de la Guerre ou au ministre de la Marine, qui la transmet au procureur de la République.

Art. 360. – (*mod. D. 4 juin 1949, J.O. C. 1949, p. 987*). — L'acte d'adoption doit être homologué par le tribunal civil du domicile de l'adoptant.

Le tribunal est saisi par une requête du représentant légal de la partie la plus diligente, à laquelle est jointe une expédition de l'acte d'adoption.

Art. 361. — Le tribunal, réuni en la chambre du conseil, après s'être procuré des renseignements convenables, vérifie :

1°) Si toutes les conditions de la loi sont remplies ;
2°) S'il y a de justes motifs de l'adoption et si celle-ci présente des avantages pour l'adopté ;
3°) Lorsque l'adopté est mineur de seize ans, s'il existe des motifs qui peuvent s'opposer à l'attribution à ce dernier du seul nom de l'adoptant.

Art. 362. — Après avoir entendu le procureur de la République, et sans aucune forme de procédure, le tribunal prononce, sans énoncer de motifs qu'il y a lieu ou il n'y a pas lieu à adoption.

Dans le premier cas, le tribunal décide dans la même forme s'il est appelé à statuer sur le nom de l'adopté ou sur la rupture de ses liens de parenté avec sa famille naturelle ; le dispositif du jugement contient les mentions prescrites par l'article 858 du code de procédure civile et indique les noms ancien et nouveau de l'adopté.

Art. 363. — (*D. 4 juin 1949, J.O. C., 1949, P. 987*). — En cas de refus d'homologation, chacune des parties peut, dans les trois mois qui suivent le jugement, le déférer à la cour d'appel qui instruit dans les mêmes formes que le tribunal de première instance et prononce sans énoncer de motifs. Si le jugement est réformé, l'arrêt statue, s'il y a lieu, sur le nom de l'adopté.

En cas d'homologation, le ministère public peut interjeter appel ; le même droit appartient aux parties, en ce qui concerne la partie du jugement qui fait grief à leur demande. La cour d'appel statue dans les formes et conditions prévues à l'alinéa précédent.

Dans le cas où l'arrêt décide qu'il y a lieu à adoption, il contient les mentions prescrites par l'article 858 du code de procédure civile et indique les noms ancien et nouveau de l'adopté.

Le recours en cassation pour vice de forme contre l'arrêt rejetant la demande d'homologation est recevable.

Art. 364. — (*D. 4 juin 1949*). — Le jugement ou l'arrêt qui admet l'adoption est prononcé à l'audience publique. Un extrait en est inséré dans un journal d'annonces légales publié au lieu du domicile de l'adoptant. Cet extrait contiendra :

1. La date de la décision et de la désignation du tribunal qui l'a rendu ;
2. Le dispositif de la décision ;
3. Le nom du représentant légal du demandeur.

Dans les trois mois, le dispositif du jugement ou de l'arrêt est transcrit, à la requête du représentant légal qui a obtenu le jugement ou de l'une des parties intéressées, sur les registres de l'état civil du lieu de naissance de l'adopté. Si l'adopté est né à l'étranger, la transcription est faite sur les registres de la mairie du 1er arrondissement de Paris.

La transcription est opérée séance tenante, lors de la réquisition, sur la signification faite à l'officier de l'état civil conformément à l'article 858 du code de procédure civile.

Le représentant légal de la partie qui a obtenu le jugement est tenu de faire opérer la transcription dans le délai ci-dessus, à peine d'une amende de 100 francs, sans préjudice de tous dommages-intérêts.

(L. 23 avril 1949, J.O. C., 1950, p. 164.). — Il est fait mention de l'adoption et des nouveaux nom et prénoms de l'adopté en marge de l'acte de naissance de ce dernier.

Art. 365. — L'adoption ne produit ses effets entre les parties qu'à partir du jugement ou de l'arrêt d'homologation. Les parties sont liées dès l'acte d'adoption.

L'adoption n'est opposable aux tiers qu'à partir de la transcription du jugement ou de l'arrêt d'homologation.

Art. 366. — Si l'adoptant vient à mourir, après que l'acte constatant la volonté de former le contrat d'adoption a été reçu et que la requête à fin d'homologation a été présentée au tribunal civil, l'instruction est continuée et l'adoption admise, s'il y a lieu. Dans ce cas elle produit ses effets au moment du décès de l'adoptant.

Les héritiers de l'adoptant peuvent, s'ils croient l'adoption inadmissible, remettre au procureur de la République tous mémoires et observations à ce sujet.

Art. 367. — L'adoption peut être révoquée, s'il est justifié de motifs graves, par une décision du tribunal, rendue à la demande de l'adoptant ou de l'adopté ; néanmoins, aucune demande de révocation d'adoption n'est recevable lorsque l'adopté est encore mineur de moins de treize ans.

Le jugement rendu par le tribunal compétent en vertu du droit commun à la suite de la procédure ordinaire, après audition du ministère public, doit être motivé ; il peut être attaqué par toutes les voies de recours. Son dispositif est publié et transcrit conformément à l'article 364 du présent Code.

La révocation fait cesser, pour l'avenir, tous les effets de l'adoption. L'adoptant ou ses descendants gardent toutefois, sur les choses données, le droit de retour prescrit par l'article 357 du présent Code.

Les lois sur la protection des enfants maltraités ou moralement abandonnés sont applicables aux mineurs adoptés et l'adoptant peut être déchu de tout ou partie des attributs de la puissance paternelle dans les conditions prévues par lesdites lois.

Ordonnance 67-006 1967-03-21 PR.-MJ portant réforme de l'organisation judiciaire

Art. 70 : Lorsque les parties seront de statuts civils différents, les règles suivantes seront appliquées :

(...)

3° En matière d'adoption, la loi de l'adopté est seule applicable.

CHAPITRE II : DE LA LÉGITIMATION ADOPTIVE

Art. 368 (*L. 8 août 1941, J.O. C.*, 1949, p. 987). — La légitimation adoptive n'est permise qu'en faveur des enfants âgés de moins de cinq ans abandonnés par leurs parents ou dont ceux-ci sont inconnus ou décédés. Elle ne peut être demandée que conjointement par des époux non séparés de corps remplissant les conditions d'âge exigées par l'article 344 et n'ayant ni enfants ni descendants légitimes. L'existence d'enfants légitimés par adoption ne fait pas obstacle à de nouvelles légitimations adoptives.

Toutefois, à l'égard des enfants confiés par l'assistance publique ou par une association de bienfaisance investie de l'exercice de la puissance paternelle à des époux ne remplissant pas encore les conditions exigées par l'article 344, la limite d'âge de cinq ans sera reculée d'autant de temps qu'il s'en sera écoulé entre le moment où l'enfant a été confié à ces époux et celui où ces conditions auront été remplies.

Art. 369. — La légitimation adoptive ne peut résulter que d'un jugement rendu sur requête en audience publique, après enquête et d'état en chambre du conseil.

(L. 23 avril 1949, J.O. C. ; 1950, p. 164). — Le jugement confère à l'enfant le nom du mari et sur la demande des époux, peut ordonner une modification de ses prénoms.

(L. 8 août 1941). — Elle est irrévocable et ne peut être admise que s'il y a de justes motifs et si elle présente des avantages pour l'enfant.

L'administration, l'œuvre ou la personne qui élève l'enfant sera obligatoirement appelée à donner son avis.

Mention de la légitimation sera faite en marge de l'acte de naissance de l'enfant, à la diligence du représentant légal, dans les trois mois du jugement ou de l'arrêt, à peine des sanctions prévues à l'article 364.

Art. 370 (*L. 8 août 1941*). — L'enfant qui fait l'objet d'une légitimation adoptive cesse d'appartenir à sa famille naturelle sous réserve des prohibitions au mariage visées aux articles 161, 162, 163 et 164 du présent Code. Il a les mêmes droits et les mêmes obligations que s'il était né du mariage.

Toutefois, si un ou plusieurs des ascendants des tuteurs de la légitimation adoptive n'ont pas donné leur adhésion à celui-ci dans un acte authentique, l'enfant et ces ascendants ne se devront pas d'aliments et n'auront pas qualité d'héritiers réservataires dans leurs successions réciproques.

TITRE NEUVIÈME : DE LA PUISSANCE PATERNELLE

— **Art. 371.** — **387** —. Abrogées.

Dispositions nouvelles : Ordonnance 67-006 1967-03-21 PR.MJ portant réforme de l'organisation judiciaire

Art. 70 : Lorsque les parties seront de statuts civils différents les règles suivantes seront appliquées :

1° Dans les affaires relatives à la validité du mariage, au régime matrimonial en l'absence de contrat de mariage, à la dot, aux droits et obligations des époux, aux droits de puissance paternelle, à la dissolution de l'union conjugale et ses conséquences, à la filiation légitime, il sera statué conformément à la loi qui régit le mari, à moins que les parties n'aient opté pour un statut différent au moment de la conclusion du mariage.

TITRE DIXIÈME : DE LA MINORITÉ, DE LA TUTELLE ET DE L'ÉMANCIPATION

CHAPITRE PREMIER : DE LA MINORITÉ

Art. 388. — Le mineur est l'individu de l'un et de l'autre sexe qui n'a point encore l'âge de vingt et un ans accomplis.

CHAPITRE II : DE LA TUTELLE

Section première : De la tutelle des père et mère

§ 1er. Enfants légitimes

Art. 389. — (*L. 6 avril 1910, J.O. A.E.F.*, 1920, p. 99). — Le père est, du vivant des époux, administrateur légal des biens de leurs enfants mineurs non émancipés, à l'exception de ce qui leur aurait été donné ou légué sous la condition expresse d'être administré par un tiers.

Lorsque le père est déchu de l'administration, la mère devient de droit administratrice en ses lieu et place avec les mêmes pouvoirs que lui, sans avoir besoin de son autorisation maritale.

En cas de divorce ou de séparation de corps, l'administration appartient à celui des deux époux auquel est confiée la garde de l'enfant, s'il n'en est autrement ordonné.

S'il y a opposition d'intérêts entre l'administrateur et le mineur, il est nommé à ce dernier un administrateur ad hoc par le tribunal statuant sur requête en chambre du conseil, le ministère public entendu. Il est procédé de même si le père et la mère, tous deux vivants, sont déchus de l'administration légale, sauf application des dispositions de la loi du 24 juillet 1889 au cas où les deux époux seraient déchus de la puissance paternelle.

L'administrateur légal doit administrer en bon père de famille et est responsable de son administration dans les termes de droit commun.

Il accomplit seul les actes que le tuteur peut faire seul ou autorisé par le conseil de famille et, avec l'autorisation du tribunal, statuant comme il vient d'être dit, les actes que le tuteur ne peut accomplir sans cette autorisation.

(*L. 9 juillet 1931, J.O.C.*, 1934, p. 49). — Il est tenu toutefois de faire, en bon administrateur, emploi des capitaux appartenant à l'enfant lorsqu'ils s'élèvent à plus de 7 500 francs et de convertir en titres nominatifs les titres au porteur des valeurs mobilières lui appartenant, à moins que, par leur nature ou en raison des conventions, les titres ne soient pas susceptibles de cette conversion, sans que les tiers aient à surveiller cet emploi ou cette conversion.

(*L. 6 avril 1910*). — Sont applicables à l'administration légale, avec les modalités résultant de ce qu'elle ne comporte ni conseil de famille, ni tutelle et subrogée tutelle, les articles 457, 458, 460, 461 in fine, 462, 466, 467, dernier alinéa du Code civil, 953 et suivants, livre II, titre VI du Code de procédure civile, 2, 3, 10 et 11 de la loi du 27 février 1880.

L'administration légale cesse de droit d'appartenir à toute personne interdite pourvue d'un conseil judiciaire, en état d'absence ou déchue de la puissance paternelle ; elle peut être retirée, pour cause grave, par le tribunal statuant comme il est dit au paragraphe 4, à la requête de celui des père et mère qui n'en est pas investi, d'un parent ou allié de l'enfant, ou du ministère public ;

L'administrateur est comptable quant à la propriété et aux revenus des biens dont il n'a pas la jouissance et quant à la propriété seulement de ceux des biens dont la loi lui donne l'usufruit.

Les articles 469, 471, 472 473, 474, et 475, du Code civil sont applicables au compte qu'il a à rendre.

§ 2. Enfants naturels

(*L. du 2 juillet 1907, J.O. A.E.F.*, 1923, p. 186 et D. du 30 octobre 1935, J.O. C., 1938, p. 8). — Celui des parents naturels qui exercera la puissance paternelle n'administrera toutefois les biens de son enfant mineur qu'en qualité de tuteur légal et sous le contrôle d'un subrogé tuteur qu'il devra faire nommer dans les trois mois de son entrée en fonctions ou qui sera nommé d'office, conformément aux dispositions du paragraphe suivant ; il n'aura droit à la jouissance légale qu'à partir de la nomination du subrogé tuteur, si elle n'a pas eu lieu dans le délai ci-dessus fixé.

(*D. 30 octobre 1935*). – Si l'enfant naturel n'a été reconnu ni par son père, ni par sa mère, le tribunal pourra, même si la tutelle a été régulièrement organisée, désigner soit d'office, soit sur réquisition du procureur de la République, un délégué chargé de veiller aux besoins matériels et moraux de l'enfant. Le délégué proposera toutes mesures utiles à la personne et à la conservation des biens du mineur, au procureur de la République qui, s'il y a lieu, présentera requête au tribunal en vue de leur application. – Si l'enfant naturel est reconnu par l'un de ses parents postérieurement à la nomination du délégué, ce dernier cessera d'office d'exercer ses fonctions. – Les présentes dispositions ne sont pas applicables aux enfants assistés soumis à la loi du 27 juin 1904. (*L. 2 juillet 1907*). – Les fonctions dévolues au conseil de famille des enfants légitimes sont remplies à l'égard des enfants naturels par le tribunal de première instance du lieu du domicile légal du parent investi de la tutelle, au moment où il a reconnu son enfant, et du tribunal du lieu de la résidence de l'enfant, s'il n'est pas reconnu ; le tribunal statue en chambre du conseil, après avoir entendu ou appelé le père et la mère de l'enfant, s'il a été reconnu, soit à la requête de l'un d'eux ; soit à la requête du ministère public, soit d'office, sur toutes les questions relatives à l'organisation ou à la surveillance de la tutelle desdits mineurs.

Sous ces réserves et à l'exception des articles 394 et 402 à 416, toutes les dispositions du présent titre sont applicables à la tutelle des enfants naturels mineurs.

Sont applicables aux actes et jugements nécessaires pour l'organisation et la surveillance de la tutelle des enfants naturels, les dispositions et dispenses de droits déterminées, en ce qui concerne la tutelle des enfants légitimes et interdits, par l'article 12, paragraphe 2, de la loi de finances du 26 janvier 1892.

Art. 390. — Après la dissolution du mariage arrivée par la mort naturelle ou civile de l'un des époux, la tutelle des enfants mineurs et non émancipés appartient de plein droit au survivant des père et mère.

Art. 391. — Pourra néanmoins le père nommer à la mère survivante et tutrice, un conseil spécial, sans l'avis duquel elle ne pourra faire aucun acte relatif à la tutelle.

Si le père spécifie les actes pour lesquels le conseil sera nommé, la tutrice sera habile à faire les autres sans son assistance.

Art. 392. — Cette nomination de conseil ne pourra être faite que de l'une des manières suivantes :

1° Par acte de dernière volonté.
2° Par une déclaration faite ou devant le juge de paix, assisté de son greffier, ou devant notaires.

Art. 393. — Si lors du décès du mari la femme est enceinte, il sera nommé un curateur au ventre par le conseil de famille.

À la naissance de l'enfant, la mère en deviendra tutrice, et le curateur en sera de plein droit le subrogé tuteur.

Art. 394. — La mère n'est point tenue d'accepter la tutelle ; néanmoins, et en cas qu'elle la refuse, elle devra en remplir les devoirs jusqu'à ce qu'elle ait fait nommer un tuteur.

Art. 395 (L. *20 mars 1917, J.O. A.E.F.*, 1917, p. 149). — Si la mère tutrice veut se remarier, elle devra, avant l'acte de mariage, convoquer le conseil de famille, qui décidera si la tutelle doit lui être conservée.

À défaut de cette convocation, elle perdra la tutelle de plein droit, et son mari sera responsable des suites de la tutelle indûment conservée.

La même obligation est imposée, sous les mêmes sanctions, à la tutrice, autre que la mère, si ladite tutrice se marie ou se remarie.

Art. 396 (L. *20 mars 1917*). — Lorsque le conseil de famille, dûment convoqué, conservera la tutelle à la mère ou à la tutrice autre que la mère, il lui donnera nécessairement pour cotuteur le mari, qui deviendra solidairement responsable, avec sa femme, de la gestion postérieure au mariage.

En cas de décès, d'interdiction ou d'internement du mari, de divorce ou de séparation de corps, la tutrice conservera sa fonction ; la cotutelle prendra fin.

Section II : De la tutelle déférée par le père ou la mère

Art. 397 (L. *20 mars 1917, J.O. A.E.F.*, 1917, p. 149). — Le droit individuel de choisir un tuteur ou une tutrice, parent ou parente, étranger ou étrangère, n'appartient qu'au dernier survivant des père et mère.

Art. 398. — Ce droit ne peut être exercé que dans les formes prescrites par l'article 392, et sous les exceptions et modifications ci-après.

Art 399 à 400. – *Abrogées par L. 18 février 1938* (*J.O. C.*, 1938, p. 579).

Art. 401. — Le tuteur élu par le père ou la mère n'est pas tenu d'accepter la tutelle, s'il n'est d'ailleurs dans la classe des personnes qu'à défaut de cette élection spéciale le conseil de famille eût pu en charger.

Section III : De la tutelle des ascendants

Art. 402. (L. *20 mars 1917*). — Lorsqu'il n'a pas été choisi au mineur un tuteur ou une tutrice par le dernier mourant des père et mère, la tutelle appartient à celui des aïeux ou à celle des aïeules qui sont du degré le plus rapproché.

Art. 403 (L. *20 mars 1917*). — En cas de concurrence entre les aïeux ou des aïeules du même degré, le conseil de famille désignera le tuteur ou la tutrice, sans tenir compte de la branche à laquelle ils appartiennent.

Art. 404. — Si la même concurrence a lieu entre deux bisaïeuls de la ligne maternelle, la nomination sera faite par le conseil de famille, qui ne pourra néanmoins que choisir l'un de ces deux ascendants ;

Section IV : De la tutelle déférée par le conseil de famille

Art. 405 (L. *20 mars 1917*). — Lorsqu'un enfant mineur et non émancipé restera sans père ni mère, ni tuteur ou tutrice élue par ses père et mère, ni ascendants, comme aussi lorsque le tuteur ou la tutrice se trouvera dans le cas des exclusions dont il sera parlé ci-après, il sera pourvu, par le conseil de famille, à la nomination d'un tuteur ou d'une tutrice. La femme mariée devra obtenir l'autorisation de son mari. Celui-ci sera nécessairement cotuteur.

Art. 406. — Ce conseil sera convoqué soit sur la réquisition et la diligence des parents du mineur, de ses créanciers ou d'autres parties intéressées, soit même d'office et à la poursuite du juge de paix du domicile du mineur.

Toute personne pourra dénoncer à ce juge de paix le fait qui donnera lieu à la nomination d'un tuteur.

Art. 407 (L. *20 mars 1917*). — Le conseil de famille sera composé, non compris le juge de paix, de six parents ou alliés de l'un ou de l'autre sexe, pris tant dans la commune où la tutelle sera ouverte que dans la distance de deux myriamètres, moitié du côté paternel, moitié du côté maternel, suivant l'ordre de proximité dans chaque ligne. Le mari et la femme ne pourront faire partie ensemble du même conseil de famille. La préférence sera donnée à celui des deux dont le degré de parenté est le plus rapproché. À égalité de degré, le plus âgé sera préféré.

Art. 408 (L. *20 mars 1917*). — Les frères ou cousins germains du mineur sont seuls exceptés de la limitation de nombre posée en l'article précédent. Ils sont six ou au-delà, ils seront tous membres du conseil de famille, qu'ils composeront seuls avec les ascendantes veuves, et les ascendants valablement excusés, s'il y en a.

S'ils sont en nombre inférieur, les autres parents ne seront appelés que pour compléter le conseil.

Art. 409. — Lorsque les parents ou alliés de l'une ou de l'autre ligne se trouveront en nombre insuffisant sur les lieux, ou dans la distance désignée par l'article 407, le juge de paix appellera, soit des parents ou alliés domiciliés à de plus grandes distances, soit, dans la commune même, des citoyens connus pour avoir eu des relations habituelles d'amitié avec le père ou la mère du mineur.

Art. 410. — Le juge de paix pourra, lors même qu'il y aurait sur les lieux un nombre suffisant de parents ou alliés, permettre de citer, à quelque distance qu'ils soient domiciliés, des parents ou alliés plus proches en degrés ou de mêmes degrés que les parents ou alliés présents ; de manière toutefois que cela s'opère en retranchant quelques-uns de ces derniers, et sans excéder le nombre réglé par les précédents articles.

Art. 411. — Le délai pour comparaître sera réglé par le juge de paix à jour fixe, mais de manière qu'il y ait toujours, entre la citation notifiée et le jour indiqué pour la réunion du conseil, un intervalle de trois jours au moins, quand toutes les parties citées résideront dans la commune, ou dans la distance de deux myriamètres. Toutes les fois que parmi les parties citées, il s'en trouvera de domiciliée au-delà de cette distance, le délai sera augmenté d'un jour par trois myriamètres

Art. 412 (L. 20 mars 1917). — Les parents, alliés ou amis, ainsi convoqués, seront tenus de se rendre en personne, ou de se faire représenter par un mandataire spécial. Le fond de pouvoir ne peut représenter plus d'une personne.

Le mari pourra représenter sa femme, ou réciproquement. Le mandataire devra présenter une procuration écrite et sans frais.

Art. 413. — Tout parent, allié ou ami, convoqué, et qui, sans excuse légitime, ne comparaîtra point, encourra une amende qui ne pourra excéder cinquante francs, et sera prononcée sans appel par le juge de paix.

Art. 414. — S'il y a excuse suffisante, et qu'il convienne, soit d'attendre le membre absent, soit de le remplacer ; en ce cas, comme en tout autre où l'intérêt du mineur semblera l'exiger, le juge de paix pourra ajourner l'assemblée ou la proroger.

Art. 415. — Cette assemblée se tiendra de plein droit chez le juge de paix, à moins qu'il ne désigne lui-même un autre local. La présence des trois quarts au moins de ses membres convoqués sera nécessaire pour qu'elle délibère.

Art. 416. — Le conseil de famille sera présidé par le juge de paix, qui y aura voix délibérative, et prépondérante en cas de partage.

Art. 417. — Quand le mineur, domicilié en France *[au Tchad]*, possédera des biens dans les colonies, ou réciproquement, l'administration spéciale de ces biens sera donnée à un protuteur.

En ce cas, le tuteur et le protuteur seront indépendants, et non responsables l'un envers l'autre, pour leur gestion respective.

Art. 418. — Le tuteur agira et administrera, en cette qualité, du jour de sa nomination, si elle a lieu en sa présence ; sinon, du jour qu'elle lui aura été notifiée.

Art. 419. — La tutelle est une charge personnelle qui ne passe point aux héritiers du tuteur. Ceux-ci seront seulement responsables de la gestion de leur auteur ; et, s'ils sont majeurs, ils seront tenus de la continuer jusqu'à la nomination d'un nouveau tuteur.

Section V : Du subrogé tuteur

Art. 420 (*L. 18 février 1938, J.O. C.*, 1938, p. 578). — Dans toute tutelle, il y aura un subrogé tuteur ou une subrogée tutrice.

Ses fonctions consisteront à surveiller la gestion tutélaire et à représenter le mineur lorsque ses intérêts seront en opposition avec ceux du tuteur.

Art. 421. — Lorsque les fonctions du tuteur seront dévolues à une personne de l'une des qualités exprimées aux sections I, II et III du présent chapitre, ce tuteur devra, avant d'entrer en fonction, faire convoquer, pour la nomination du subrogé tuteur, un conseil de famille composé comme il est dit en la Section 4.

S'il s'est ingéré dans la gestion avant d'avoir rempli cette formalité, le conseil de famille, convoqué, soit sur la réquisition des parents, créanciers ou autres parties intéressées, soit d'office par le juge de paix, pourra, s'il y a eu dol de la part du tuteur, lui retirer la tutelle, sans préjudice des indemnités dues au mineur.

Art. 422. — Dans les autres tutelles, la nomination du subrogé tuteur aura lieu immédiatement après celle du tuteur.

Art. 423. — En aucun cas le tuteur ne votera pour la nomination du subrogé tuteur, lequel sera pris, hors le cas des frères germains, dans celle des deux lignes à laquelle le tuteur n'appartiendra point.

Art. 424. — Le subrogé tuteur ne remplacera pas de plein droit le tuteur, lorsque la tutelle deviendra vacante, ou qu'elle sera abandonnée par l'absence ; mais il devra, en ce cas, sous peine des dommages-intérêts qui pourraient en résulter pour le mineur, provoquer la nomination d'un nouveau tuteur.

Art. 425. — Les fonctions du subrogé tuteur cesseront à la même époque que la tutelle.

Art. 426. — Les dispositions contenues dans les sections VI et VII du présent chapitre s'appliqueront aux subrogés tuteurs.

Néanmoins le tuteur ne pourra provoquer la destitution du subrogé tuteur ni voter dans les conseils de famille qui seront convoqués pour cet objet.

Section VI : Des causes qui dispensent de la tutelle

Art. 427 — Sont dispensés de la tutelle :

Les personnes désignées dans les titres III, V, VI, VIII, IX, X et XI de l'acte du 18 mai 1804 ;

Les présidents et conseillers à la Cour de cassation, le procureur général et les avocats généraux en la même Cour ;

Les préfets ;

Tous citoyens exerçant une fonction publique dans un département autre que celui où la tutelle s'établit.

Art. 428 (L. *20 mars 1917, J.O. A.E.F.*, 1917, p. 149). — Sont également dispensés de la tutelle, les militaires en activité de service, et tous autres citoyens qui remplissent, hors du territoire de la République, une mission du président de la République ;

Les femmes qui ne veulent l'accepter.

Art. 429. — Si la mission est non authentique, et contestée, la dispense ne sera prononcée qu'après la représentation, faite par le réclamant, du certificat du ministre dans le département duquel se placera la mission articulée comme excuse.

Art. 430. — Les citoyens de la qualité exprimée aux articles précédents, qui ont accepté la tutelle postérieurement aux fonctions, services ou missions qui en dispensent, ne seront plus admis à s'en faire décharger pour cette cause.

Art. 431. — Ceux, au contraire, à qui lesdites fonctions, services ou missions, auront été conférés postérieurement à l'acceptation et gestion d'une tutelle, pourront, s'ils ne veulent la conserver, faire convoquer, dans le mois, un conseil de famille, pour y être procédé à leur remplacement.

Si, à l'expiration de ces fonctions, services ou missions, le nouveau tuteur réclame sa décharge, ou que l'ancien redemande la tutelle, elle pourra lui être rendue par le conseil de famille.

Art. 432. — Tout citoyen non parent ni allié ne peut être forcé d'accepter la tutelle, que dans le cas où il n'existerait pas, dans la distance de quatre myriamètres, des parentes ou alliés en état de gérer la tutelle.

Art. 433. — Tout individu âgé de soixante-cinq ans accomplis peut refuser d'être tuteur. Celui qui aura été nommé avant cet âge pourra, à soixante-dix ans, se faire décharger de la tutelle.

Art. 434. — Tout individu atteint d'une infirmité grave et dûment justifiée est dispensé de la tutelle.

Il pourra même s'en faire décharger, si cette infirmité est survenue depuis sa nomination.

Art. 435. — Deux tutelles sont, pour toutes personnes, une juste dispense d'en accepter une troisième.

Celui qui, époux ou père, sera déjà chargé d'une tutelle sera déjà chargé d'une tutelle ne pourra être tenu d'en accepter une seconde, excepté celle de ses enfants.

Art. 436. — Ceux qui ont cinq enfants légitimes sont dispensés de toute tutelle autre que celle desdits enfants.

Les enfants morts en activité de service dans les armées du Roi (de la République) seront toujours comptés pour opérer cette dispense.

Les autres enfants morts ne seront comptés qu'autant qu'ils auront eux-mêmes laissé des enfants actuellement existants ;

Art. 437. — La survenance d'enfants pendant la tutelle ne pourra autoriser à l'abdiquer.

Art. 438. — Si le tuteur nommé est présent à la délibération qui lui défère la tutelle, il devra sur-le-champ, et sous peine d'être déclaré non recevable dans toute réclamation ultérieure, proposer ses excuses, sur lesquelles le conseil de famille délibérera.

Art. 439. — Si le tuteur nommé n'a pas assisté à la délibération qui lui a déféré la tutelle, il pourra faire convoquer le conseil de famille pour délibérer sur ses excuses.

Ses diligences à ce sujet devront avoir lieu dans le délai de trois jours, à partir de la notification qui lui aura été faite de sa nomination ; lequel délai sera augmenté d'un jour par trois myriamètres de distance du lieu de son domicile à celui de l'ouverture de la tutelle : passé ce délai, il sera non recevable.

Art. 440. — Si ses excuses sont rejetées, il pourra se pourvoir devant les tribunaux pour les faire admettre ; mais il sera, pendant le litige, tenu d'administrer provisoirement.

Art. 441. — S'il parvient à se faire exempter de la tutelle, ceux qui auront rejeté l'excuse pourront être condamnés aux frais de l'instance.

S'il succombe, il y sera condamné lui-même ;

Section VII : De l'incapacité, des exclusions et destitution de la tutelle

Art. 442 (L. *20 mars 1917*). — Ne peuvent être tuteurs, ni membres du conseil de famille :

1° Les mineurs, excepté le père ou la mère ;
2° Les interdits ;
3° Tous ceux qui ont ou dont les père et mère ont avec le mineur un procès dans lequel l'état de ce mineur, sa fortune, ou une partie notable de ses biens, sont compromis.

Art. 443. — La condamnation à une peine afflictive ou infamante emporte de plein droit l'exclusion de la tutelle. Elle emporte de même la destitution, dans le cas où il s'agirait d'une tutelle antérieurement déférée.

Art. 444. — Sont aussi exclus de la tutelle, et même destituables, s'ils sont en exercice :

1° Les gens d'une inconduite notoire ;
2° ceux dont la gestion attesterait l'incapacité ou l'infidélité.

Art. 445. — Tout individu qui aura été exclu ou destitué d'une tutelle ne pourra être membre d'un conseil de famille ;

Art. 446. — Toutes les fois qu'il y aura lieu à la destitution du tuteur, elle sera prononcée par le conseil de famille à la diligence du subrogé tuteur ou d'office par le juge de paix.

Celui-ci ne pourra se dispenser de faire cette convocation quand elle sera formellement requise par un ou plusieurs parents ou alliés du mineur, au degré de cousin germain ou des degrés plus proches.

Art. 447. — Toute délibération du conseil de famille qui prononcera l'exclusion ou la destitution du tuteur, sera motivée, et ne pourra être prise qu'après avoir entendu ou appelé le tuteur.

Art. 448. — Si le tuteur adhère à la délibération, il en sera fait mention, et le nouveau tuteur entrera aussitôt en fonctions.

S'il y a réclamation, le subrogé tuteur poursuivra l'homologation de la délibération devant le tribunal de première instance, qui prononcera sauf l'appel.

Le tuteur exclu ou destitué peut lui-même, en ce cas, assigner le subrogé tuteur pour se faire déclarer maintenu en tutelle.

Art. 449. — Les parents ou alliés qui auront requis la convocation pourront intervenir dans la cause, qui sera instruite et jugée comme affaire urgente.

Section VIII : De l'administration du tuteur

Art. 450. — Le tueur prendra soin de la personne du mineur, et le représentera dans tous les actes civils. Il administrera ses biens en bon père de famille, et répondra des dommages-intérêts qui pourraient résulter d'une mauvaise gestion.

Il ne peut ni acheter les biens du mineur ni les prendre à ferme, à moins que le conseil de famille n'ait autorisé le subrogé tuteur à lui en passer bail, ni accepter la cession d'aucun droit ou créance contre son pupille.

Art. 451. — Dans les dix jours qui suivront celui de sa nomination, dûment connue de lui, le tuteur requerra la levée des scellés, s'ils ont été apposés, et fera procéder immédiatement à l'inventaire des biens du mineur, en présence du subrogé tuteur.

S'il lui est dû quelque chose par le mineur, il devra le déclarer dans l'inventaire, à peine de déchéance, et ce, sur la réquisition que l'officier public sera tenu de lui en faire, et dont mention sera faite au procès-verbal.

Art. 452. — Dans le mois qui suivra la clôture de l'inventaire, le tuteur fera vendre, en présence du subrogé tuteur, aux enchères reçues par un officier public, et après des affiches ou publications dont le procès-verbal de vente fera mention, tous les meubles autres que ceux que le conseil de famille l'aurait autorisé à conserver en nature.

Art. 453. — Les père et mère, tant qu'ils ont la jouissance propre et légale des biens du mineur, sont dispensés de vendre les meubles, s'ils préfèrent les garder pour les remettre en nature.

Dans ce cas, ils en feront faire, à leurs frais, une estimation à juste valeur, par un expert qui sera nommé par le subrogé tuteur et prêtera serment devant le juge de paix. Ils rendront la valeur estimative de ceux des meubles qu'ils ne pourraient représenter en nature.

Art. 454. — Lors de l'entrée en exercice de toute tutelle, autre que celle des père et mère, le conseil de famille réglera par aperçu, et selon l'importance des biens régis, la somme à laquelle pourra s'élever la dépense annuelle du mineur, ainsi que celle d'administration de ses biens.

Le même acte spécifiera si le tuteur est autorisé à s'aider, dans la gestion, d'un ou plusieurs administrateurs particuliers, salariés, et gérant sous sa responsabilité.

Art. 455. — Ce conseil déterminera positivement la somme à laquelle commencera, pour le tuteur, l'obligation d'employer l'excédent des revenus sur la dépense : cet emploi devra être fait dans le délai de six mois, passé lequel le tuteur devra les intérêts à défaut d'emploi.

Art. 456. — Si le tuteur n'a pas fait déterminer par le conseil de famille la somme à laquelle doit commencer l'emploi, il devra, après le délai exprimé dans l'article précédent, les intérêts de toute somme non employée, quelque modique qu'elle soit ;

Art. 457. — Le tuteur, même le père ou la mère, ne peut emprunter pour le mineur, ni aliéner ou hypothéquer ses biens immeubles, sans y être autorisé par un conseil de famille.

Cette autorisation ne devra être accordée que pour cause d'une nécessité absolue, ou d'un avantage évident.

Dans le premier cas, le conseil de famille n'accordera son autorisation qu'après qu'il aura été constaté, par un compte sommaire présenté par le tuteur, que les derniers, effets mobiliers et revenus du mineur sont insuffisants.

Le conseil de famille indiquera, dans tous les cas, les immeubles qui devront être vendus de préférence, et toutes les conditions qu'il jugera utiles ;

Art. 458. — Les délibérations du conseil de famille relatives à cet objet ne seront exécutées qu'après que le tuteur en aura demandé et obtenu l'homologation devant le tribunal de première instance, qui y statuera en la chambre du conseil, et après avoir entendu le procureur de la République.

Art. 459. — La vente se fera publiquement, en présence du subrogé tuteur, aux enchères qui seront reçues par un membre du tribunal de première instance ou par un notaire à ce commis, et à la suite de trois affiches apposées, par trois dimanches consécutifs, aux lieux accoutumés dans le canton.

Chacune de ces affiches sera visée et certifiée par le maire des communes où elles auront été apposées.

Art. 460. — Les formalités exigées par les articles 457 et 458 pour l'aliénation des biens du mineur, ne s'appliquent point au cas où un jugement aurait ordonné la licitation sur la provocation d'un copropriétaire par indivis.

Seulement, et en ce cas, la licitation ne pourra se faire que dans la forme prescrite par l'article précédent : les étrangers y seront nécessairement admis.

Art. 461. — Le tuteur ne pourra accepter ni répudier une succession échue au mineur, sans une autorisation préalable du conseil de famille.

L'acceptation n'aura lieu que sous bénéfice d'inventaire.

Art. 462. — Dans le cas où la succession répudiée au nom du mineur n'aurait pas été acceptée par un autre, elle pourra être reprise soit par le tuteur, autorisé à cet effet par une nouvelle délibération du conseil de famille, soit par le mineur devenu majeur, mais dans l'état où elle se trouvera lors de la reprise, et sans pouvoir attaquer les ventes et autres actes qui auraient été légalement faits durant la vacance.

Art. 463. — La donation faite au mineur ne pourra être acceptée par le tuteur qu'avec l'autorisation du conseil de famille.

Elle aura, à l'égard du mineur, le même effet qu'à l'égard du majeur.

Art. 464. — Aucun tuteur ne pourra introduire en justice une action relative aux droits immobiliers du mineur, ni acquiescer à une demande relative aux mêmes droits, sans l'autorisation du conseil de famille.

Art. 465 (*L. 15 décembre 1921, J.O. C.*, 1922, p. 83). — La même autorisation sera nécessaire au tuteur pour provoquer un partage, mais il pourra, sans cette autorisation, répondre à une demande en partage dirigée contre le mineur, ou s'adjoindre à la requête collective à fin de partage, présentée par tous les intéressés conformément aux dispositions de l'article 822.

Art. 466. — Pour obtenir à l'égard du mineur tout l'effet qu'il aurait entre majeurs, le partage devra être fait en justice, et précédé d'une estimation faite par experts nommés par le tribunal de première instance du lieu de l'ouverture de la succession.

Les experts, après avoir prêté devant le président du même tribunal, ou autre juge par lui délégué, le serment de bien et fidèlement remplir leur mission, procéderont à la division des héritages et à la formation des lots, qui seront tirés au sort, et en présence soit d'un membre du tribunal, soit d'un notaire par lui commis, lequel fera la délivrance des lots.

Tout autre partage ne sera considéré que comme provisionnel.

Art. 467. — Le tuteur ne pourra transiger au nom du mineur, qu'après y avoir été autorisé par le conseil de famille, et de l'avis de trois jurisconsultes désignés par le procureur de la République près le tribunal de première instance.

La transaction ne sera valable qu'autant qu'elle aura été homologuée par le tribunal de première instance, après avoir entendu le procureur de la République.

Art. 468 (D. — L. 30 octobre 1935). — Le tuteur qui aura des sujets de mécontentement graves sur la conduite du mineur pourra s'il y est autorisé par décision du conseil de famille prise à l'unanimité, solliciter le placement du mineur dans les formes et conditions prévues par l'article 377 même si le mineur est âgé de moins de seize ans.

Section IX : Des comptes de la tutelle

Art. 469. — Tout tuteur est comptable de sa gestion lorsqu'elle finit.

Art. 470. — Tout tuteur autre que le père et la mère peut être tenu, même durant la tutelle, de remettre au subrogé tuteur des états de situation de sa gestion, aux époques que le conseil de famille aurait jugé à propos de fixer, sans néanmoins que le tuteur puisse être astreint à en fournir plus d'un chaque année.

Ces états de situation seront rédigés et remis, sans frais, sur papier non timbré, et sans aucune formalité de justice.

Art. 471. — Le compte définitif de tutelle sera rendu aux dépens du mineur, lorsqu'il aura atteint sa majorité ou obtenu son émancipation.

Le tuteur en avancera les frais ;

On y allouera au tuteur toutes dépenses suffisamment justifiées, et dont l'objet sera utile ;

Art. 472. — Tout traité qui pourra intervenir entre le tuteur et le mineur devenu majeur sera nul, s'il n'a été précédé de la reddition d'un compte détaillé, et de la remise des pièces justificatives ; le tout constaté par un récépissé de l'ayant compte, dix jours au moins avant le traité ;

Art. 473. — Si le compte donne lieu à des contestations, elles seront poursuivies, et jugées comme les autres contestations en matière civile.

Art. 474. — La somme à laquelle s'élèvera le reliquat dû par le tuteur portera intérêt, sans demande, à compter de la clôture du compte ;

Les intérêts de ce qui sera dû au tuteur par le mineur ne courront que du jour de la sommation de payer qui aura suivi la clôture du compte ;

Art. 475. — Toute action du mineur contre son tuteur, relativement aux frais de la tutelle, se prescrit par dix ans, à compter de la majorité.

CHAPITRE III : DE L'ÉMANCIPATION

Art. 476. — Le mineur est émancipé de plein droit par le mariage.

Art. 477. — Le mineur, même non marié, pour être émancipé par son père, ou, à défaut de père, par sa mère, lorsqu'il aura atteint l'âge de quinze ans révolus.

Cette émancipation s'opérera par la seule déclaration du père ou de la mère, reçue par le juge de paix assisté de son greffier.

Art. 478. — Le mineur resté sans père ni mère pourra aussi, mais seulement à l'âge de dix-huit ans accomplis, être émancipé, si le conseil de famille l'en juge capable.

En ce cas, l'émancipation résultera de la délibération qui l'aura autorisée, et de la déclaration que le juge de paix, comme président du conseil de famille, aura faite dans le même acte, *que le mineur est émancipé.*

Art. 479. — Lorsque le tuteur n'aura fait aucune diligence pour l'émancipation du mineur dont il est parlé dans l'article précédent, et qu'un ou plusieurs parents ou alliés de ce mineur, au degré de cousin germain ou à des degrés plus proches, le jugeront capable d'être émancipé, ils pourront requérir le juge de paix de convoquer le conseil de famille pour délibérer à ce sujet.

Le juge de paix devra déférer à cette réquisition.

Art. 480. (L. *20 mars 1917, J.O. A.E.F.,* 1917, p. 149). — Le compte de tutelle sera rendu au mineur émancipé assisté d'un curateur de l'un ou de l'autre sexe nommé par le conseil de famille.

Si la curatrice est mariée, elle devra obtenir l'autorisation de son mari.

Art. 481. — Le mineur émancipé passera les baux dont la durée n'excédera point neuf ans ; il recevra ses revenus, en donnera décharge, et fera tous les actes qui ne sont que de pure administration, sans être restituable contre ces actes dans tous les cas où le majeur ne le serait pas lui-même.

Art. 482. — Il ne pourra intenter une action immobilière, ni y défendre, même recevoir et donner décharge d'un capital mobilier, sans l'assistance de son curateur, qui, au dernier cas, surveillera l'emploi du capital reçu ;

Art. 483. — Le mineur émancipé ne pourra faire d'emprunts, sous aucun prétexte, sans une délibération du conseil de famille, homologuée par le tribunal de première instance, après avoir entendu le procureur de la République.

Art. 484. — Il ne pourra non plus vendre ni aliéner ses immeubles ni faire aucun acte autre que ceux de pure administration, sans observer les formes prescrites au mineur non émancipé.

À l'égard des obligations qu'il aurait contractées par voie d'achats, ou autrement, elles seront réductibles en cas d'excès : les tribunaux prendront, à ce sujet, en considération la fortune du mineur, la bonne ou mauvaise foi des personnes qui auront contracté avec lui, l'utilité ou l'inutilité des dépenses.

Art. 485. — Tout mineur émancipé dont les engagements auraient été réduits en vertu de l'article précédent pourra être privé du bénéfice de l'émancipation, laquelle lui sera retirée en suivant les mêmes formes que celles qui auront eu lieu pour la lui conférer.

Art. 486. — Dès le jour où l'émancipation aura été révoquée, le mineur rentrera sous tutelle, et y restera jusqu'à sa majorité accomplie.

Art. 487. — Le mineur émancipé qui fait un commerce est réputé majeur pour les faits relatifs à ce commerce.

TITRE ONZIÈME : DE LA MAJORITÉ, DE L'INTERDICTION ET DU CONSEIL JUDICIAIRE

CHAPITRE PREMIER : DE LA MAJORITÉ

Art. 488 (L. 2 février 1933, J.O. C., 1934, p. 42). — La majorité est fixée à vingt et un ans accomplis ; à cet âge, on est capable de tous les actes de la vie civile.

CHAPITRE II : DE L'INTERDICTION

Art. 489. — Le majeur qui est dans un état habituel d'imbécillité, de démence ou de fureur, doit être interdit, même lorsque cet état présente des intervalles lucides.

Art. 490. — Tout parent est recevable à provoquer l'interdiction de son parent. Il en est de même de l'un des époux à l'égard de l'autre.

Art. 491. — Dans le cas de fureur, si l'interdiction n'est provoquée ni par l'époux ni par les parents, elle doit l'être par le procureur de la République qui dans les cas d'imbécillité ou de démence, peut aussi la provoquer contre un individu qui n'a ni époux, ni épouse, ni parents connus.

Art. 492. — Toute demande en interdiction sera portée devant le tribunal de première instance.

Art. 493. — Les faits d'imbécillité, de démence ou de fureur seront articulés par écrit. Ceux qui poursuivront l'interdiction présenteront les témoins et les pièces.

Art. 494. — Le tribunal ordonnera que le conseil de famille, formé selon le mode déterminé à la Section 4 : du chapitre II du titre *De la minorité de la tutelle et de l'émancipation*, donne son avis sur l'état de la personne dont l'interdiction est demandée.

Art. 495. — Ceux qui auront provoqué l'interdiction, ne pourront faire partie du conseil de famille : cependant l'époux ou l'épouse, et les enfants de la personne dont l'interdiction sera provoquée, pourront y être admis sans y avoir voix délibérative.

Art. 496. — Après avoir reçu l'avis du conseil de famille, le tribunal interrogera le défendeur à la chambre du conseil : s'il ne peut s'y présenter, il sera interrogé dans sa demeure, par l'un des juges à ce commis, assisté du greffier. Dans tous les cas le procureur de la République sera présent à l'interrogatoire.

Art. 497. — Après le premier interrogatoire, le tribunal commettra, s'il y a lieu, un administrateur provisoire, pour prendre soin de la personne et des biens du défendeur.

Art. 498. — Le jugement sur une demande en interdiction ne pourra être rendu qu'à l'audience publique, les parties entendues ou appelées.

Art. 499. — En rejetant la demande en interdiction, le tribunal pourra néanmoins, si les circonstances l'exigent, ordonner que le défendeur ne pourra désormais plaider, transiger, emprunter, recevoir un capital mobilier, ni en donner décharge, aliéner, ni grever ses biens d'hypothèques, sans l'assistance d'un conseil qui lui sera nommé par le même jugement.

Art. 500. — En cas d'appel du jugement rendu en première instance, la cour d'appel pourra, si elle le juge nécessaire, interroger de nouveau, ou faire interroger par un commissaire, la personne dont l'interdiction est demandée.

Art. 501. — Tout arrêt ou jugement portant interdiction, ou nomination d'un conseil, sera à la diligence des demandeurs, levé, signifié à partie, et inscrit dans les dix jours, sur les tableaux qui doivent être affichés dans la salle de l'auditoire et dans les études des notaires de l'arrondissement.

Art. 502. — L'interdiction ou la nomination d'un conseil aura son effet du jour du jugement. Tous actes passés postérieurement par l'interdit, ou sans l'assistance du conseil, seront nuls de droit.

Art. 503. — Les actes antérieurs à l'interdiction pourront être annulés si la cause de l'interdiction existait notoirement à l'époque où ces actes ont été faits.

Art. 504. — Après la mort d'un individu, les actes par lui faits ne pourront être attaqués pour cause de démence, qu'autant que son interdiction aurait été prononcée ou provoquée avant son décès à moins que la preuve de la démence ne résulte de l'acte même qui est attaqué.

Art. 505. — S'il n'y a pas d'appel du jugement d'interdiction rendu en première instance, ou s'il est confirmé sur appel, il sera pourvu à la nomination d'un tuteur et d'un subrogé tuteur à l'interdit, suivant les règles prescrites au titre De la minorité, de la tutelle et de l'émancipation. L'administrateur provisoire cessera ses fonctions et rendra compte au tuteur s'il ne l'est pas lui-même.

Art. 506. — le mari est, de droit, le tuteur de la femme interdite.

Art. 507. — la femme pourra être nommée tutrice de son mari En ce cas, le conseil de famille réglera la forme et les conditions de l'administration, sauf le recours devant les tribunaux de la part de la femme qui se croirait lésée par l'arrêté de la famille.

Art. 508. — Nul, à l'exception des époux, des ascendants et descendants, ne sera tenu de conserver la tutelle d'un interdit au-delà de dix ans. À l'expiration de ce délai, le tuteur pourra demander et devra obtenir son remplacement.

Art. 509. — L'interdit est assimilé au mineur, pour sa personne et pour ses biens : les lois sur la tutelle des mineurs s'appliqueront à la tutelle des interdits ;

Art. 510. — Les revenus d'un interdit doivent être essentiellement employés à adoucir son sort et à accélérer sa guérison.

Selon le caractère de sa maladie et l'état de sa fortune, le conseil de famille pourra arrêter qu'il sera traité dans son domicile, ou qu'il sera placé ans une maison de santé, et même dans un hospice.

Art. 511. — Lorsqu'il sera question du mariage de l'enfant d'un interdit, la dot, ou l'avancement d'hoirie, et les autres conventions matrimoniales seront réglés par un avis du conseil de famille, homologué par le tribunal, sur les conclusions du procureur de la République.

Art. 512. — L'interdiction cesse avec les causes qui l'ont déterminée : néanmoins la mainlevée ne sera prononcée qu'en observant les formalités prescrites pour parvenir à l'interdiction, et l'interdit ne pourra reprendre l'exercice de ses droits qu'après le jugement de mainlevée.

CHAPITRE III : DU CONSEIL JUDICIAIRE

Art. 513. — Il peut être défendu aux prodigues de plaider, de transiger, d'emprunter, de recevoir un capital mobilier et d'en donner décharge, d'aliéner, ni de grever leurs biens d'hypothèques sans l'assistance d'un conseil qui leur est nommé par le tribunal.

Art. 514. — La défense de procéder sans l'assistance d'un conseil peut être provoquée par ceux qui ont droit de demander l'interdiction ; leur demande doit être instruite et jugée de la même manière.

Cette défense ne peut être levée qu'en observant les mêmes formalités.

Art. 515. — Aucun jugement, en matière d'interdiction, ou de nomination de conseil, ne pourra être rendu, soit en première instance, soit en cause d'appel, que sur les conclusions du ministère public.

LIVRE DEUXIÈME :
DES BIENS, ET DES DIFFÉRENTES MODIFICATIONS DE LA PROPRIÉTÉ

TITRE PREMIER : DE LA DISTINCTION DES BIENS

Art. 516. — Tous les biens sont meubles ou immeubles.

CHAPITRE PREMIER : DES IMMEUBLES

Art. 517. — Les biens sont immeubles, ou par leur nature, ou par leur destination, ou par l'objet auquel ils s'appliquent.

Art. 518. — Les fonds de terre et les bâtiments sont immeubles par leur nature.

Art. 519. — Les moulins à vent ou à eau, fixés sur piliers et faisant partie du bâtiment, sont aussi immeubles par leur nature.

Art. 520. — Les récoltes pendantes par les racines, et les fruits des arbres non encore recueillis, sont pareillement immeubles.

Dès que les grains sont coupés et les fruits détachés, quoique non enlevés, ils sont meubles.

Si une partie seulement de la récolte est coupée, cette partie seule est meuble.

Art. 521. — Les coupes ordinaires des bois taillis ou de futaies mises en coupes réglées, ne deviennent meubles qu'au fur et à mesure que les arbres sont abattus.

Art. 522. — Les animaux que le propriétaire du fonds livre au fermier ou au métayer pour la culture, estimés ou non, sont censés immeubles tant qu'ils demeurent attachés au fonds par l'effet de la convention.

Ceux qu'il donne à cheptel à d'autres qu'au fermier ou métayer sont meubles.

Art. 523. — Les tuyaux servant à la conduite des eaux dans une maison ou autre héritage, sont immeubles et font partie du fonds auquel ils sont attachés.

Art. 524. — Les objets que le propriétaire d'un fonds y a placés pour le service et l'exploitation de ce fonds sont immeubles par destination.

Ainsi, sont immeubles par destination, quand ils ont été placés par le propriétaire pour le service et l'exploitation du fonds :

- les animaux attachés à la culture ;
- les ustensiles aratoires ;
- les semences données aux fermiers ou colons partiaires ;
- les pigeons des colombiers ;
- les lapins de garennes ;
- les ruches à miel ;
- les poissons des étangs ;
- les pressoirs, chaudières, alambics, cuves et tonnes ;
- les ustensiles nécessaires à l'exploitation des forges, papeterie et autres usines ;
- les pailles et engrais.

Sont aussi immeubles par destination, tous effets mobiliers que le propriétaire a attachés au fonds à perpétuelle demeure.

Art. 525. — Le propriétaire est censé avoir attaché à son fonds des effets mobiliers à perpétuelle demeure, quand ils y sont scellés en plâtre ou à chaux ou à ciment, ou lorsqu'ils ne peuvent être détachés sans être fracturés et détériorés, ou sans briser ou détériorer la partie du fonds à laquelle ils sont attachés.

Les glaces d'un appartement sont censées mises à perpétuelle demeure, lorsque le parquet sur lequel elles sont attachées fait corps avec la boiserie.

Il en est de même des tableaux et autres ornements.

Quant aux statues, elles sont immeubles lorsqu'elles sont placées dans une niche pratiquée exprès pour les recevoir, encore qu'elles puissent être enlevées sans fracture ou détérioration.

Art. 526. — Sont immeubles, par l'objet auquel ils s'appliquent :

- l'usufruit des choses immobilières ;
- les servitudes ou services fonciers ;
- les actions qui tendent à revendiquer un immeuble.

CHAPITRE II : DES MEUBLES

Art. 527. — Les biens sont meubles par leur nature, ou par la détermination de la loi.

Art. 528. — Sont meubles par leur nature, les corps qui peuvent se transporter d'un lieu à un autre, soit qu'ils se meuvent par eux-mêmes, comme les animaux, soit qu'ils ne puissent changer de place que par l'effet d'une force étrangère, comme les choses inanimées.

Art. 529. — Sont meubles par la détermination de la loi, les obligations et actions qui ont pour objet des sommes exigibles ou des effets mobiliers, les actions ou intérêts dans les compagnies de finance, de commerce ou d'industrie, encore que des immeubles dépendant de ces entreprises appartiennent aux compagnies. Ces actions ou intérêts sont réputés meubles à l'égard de chaque associé seulement, tant que dure la société.

Sont aussi meubles par la détermination de la loi, les rentes perpétuelles ou viagères, soit sur l'État, soit sur des particuliers.

Art. 530. — Toute rente établie à perpétuité pour le prix de la vente d'un immeuble, ou comme condition de la cession à titre onéreux ou gratuit d'un fonds immobilier est essentiellement rachetable.

Il est néanmoins permis au créancier de régler clauses et conditions du rachat.

Il lui est aussi permis de stipuler que la rente ne pourra lui être remboursée qu'après un certain terme, lequel ne peut jamais excéder trente ans : toute stipulation contraire est nulle.

Art. 531. — Les bateaux, bacs, navires, moulins et bains sur bateaux, et généralement toutes usines non fixées par des piliers, et ne faisant point partie de la maison, sont meubles : la saisie de quelques-uns de ces objets peut cependant, à cause de leur importance, être soumise à des formes particulières, ainsi qu'il sera expliqué dans le Code de procédure civile.

Art. 532. — Les matériaux provenant de démolition d'un édifice, ceux assemblés pour en construire un nouveau, sont meubles jusqu'à ce qu'ils soient employés par l'ouvrier dans une construction.

Art. 533. — Le mot *meuble*, employé seul dans les dispositions de la loi ou de l'homme sans autre addition ni désignation, ne comprend pas l'argent comptant, les pierreries, les dettes actives, les livres, les médailles, les instruments des sciences, des arts et métiers, le linge de corps, les chevaux, équipages, armes, grains, vins, foins et autres denrées ; il ne comprend pas aussi ce qui fait l'objet d'un commerce ;

Art. 534. — Les mots meubles meublants ne comprennent que les meubles destinés à l'usage et à l'ornement des appartements comme tapisseries, lits, sièges, glaces, pendules, tables, porcelaines, et autres objets de cette nature.

Les tableaux et les statues qui font partie du meuble d'un appartement y sont aussi compris, mais non les collections de tableaux qui peuvent être dans les galeries ou pièces particulières.

Il en est de même des porcelaines : celles seulement qui font partie de la décoration d'un appartement sont comprises sous la dénomination de meubles meublants.

Art. 535. — L'expression bien meuble, celle de mobilier ou d'effets mobiliers, comprennent généralement tout ce qui est censé meuble d'après les règles ci-dessus établies.

La vente ou le don d'une maison meublée ne comprend que les meubles meublants.

Art. 536. — La vente ou le don d'une maison, avec tout ce qui s'y trouve, ne comprend pas l'argent comptant, ni les dettes actives et autres droits dont les titres peuvent être déposés dans la maison ; tous les autres effets mobiliers y sont compris.

CHAPITRE III : DES BIENS DANS LEURS RAPPORTS AVEC CEUX QUI LES POSSÈDENT

Art. 537. — Les particuliers ont la libre disposition des biens qui leur appartiennent, sous les modifications établies par les lois.

Les biens qui n'appartiennent pas à des particuliers, sont administrés et ne peuvent être aliénés que dans les formes et suivant les règles qui leur sont particulières.

Art. 538. — Les chemins, routes et rues à la charge de l'État, les fleuves et rivières navigables ou flottables, les rivages, lais et relais de la mer, les ports, les havres, les rades, et généralement toutes les portions du territoire français *[tchadien]* qui ne sont pas susceptibles d'une propriété privée, sont considérés comme des dépendances du domaine public.

Art. 539. — Tous les biens vacants et sans maître, et ceux des personnes qui décèdent sans héritiers, ou dont les successions sont abandonnées, appartiennent au domaine public.

Art. 540. — Les portes, murs, fosses, remparts des places de guerre et des forteresses, font aussi partie du domaine public.

Art. 541. — Il en est de même des terrains, des fortifications et remparts des places qui ne sont plus places de guerre : ils appartiennent à l'État, s'ils n'ont été valablement aliénés, ou si la propriété n'en a pas été prescrite contre lui.

Art. 542. — Les biens communaux sont ceux à la propriété ou au produit desquels les habitants d'une ou plusieurs communes ont un droit acquis ;

Art. 543. On peut avoir sur les biens, ou un droit de propriété, ou un simple droit de jouissance, ou seulement des services fonciers à prétendre.

TITRE DEUXIÈME : DE LA PROPRIÉTÉ

Art. 544. — La propriété est le droit de jouir et de disposer des choses de la manière la plus absolue, pourvu qu'on n'en fasse pas un usage prohibé par les lois ou par les règlements.

Art. 545. — Nul ne peut être contraint de céder sa propriété, si ce n'est pour cause d'utilité publique, et moyennant une juste et préalable indemnité.

Art. 546. — La propriété d'une chose, soit mobilière, soit immobilière donne droit sur tout ce qu'elle produit, et sur ce qui s'y unit accessoirement, soit naturellement, soit artificiellement.

Ce droit s'appelle *droit d'accession*.

CHAPITRE PREMIER : DU DROIT D'ACCESSION SUR CE QUI EST PRODUIT PAR LA CHOSE

Art. 547. — Les fruits naturels ou industriels de la terre,

Les fruits civils,

Le croit des animaux, appartiennent au propriétaire par droit d'accession.

Art. 548. — Les fruits produits par la chose n'appartiennent au propriétaire qu'à la charge de rembourser les frais des labours, travaux et semences faits par des tiers.

Art. 549. — Le simple possesseur ne fait les fruits siens que dans le cas où il possède de bonne foi : dans le cas contraire, il est tenu de rendre les produits avec la chose au propriétaire qui la revendique ;

Art. 550. — Le possesseur est de bonne foi quand il possède comme propriétaire, en vertu d'un titre translatif de propriété dont il ignore les vices.

Il cesse d'être de bonne foi du moment où ces vices lui sont connus.

CHAPITRE II : DU DROIT D'ACCESSION SUR CE QUI S'UNIT ET S'INCORPORE À LA CHOSE

Art. 551. — Tout ce qui s'unit et s'incorpore à la chose appartient au propriétaire, suivant les règles qui seront ci-après établies.

Section première : Du droit d'accession relativement aux choses immobilières

Art. 552. — La propriété du sol emporte la propriété du dessus et du dessous.

Le propriétaire peut faire au-dessus toutes les plantations et constructions qu'il juge à propos, sauf les exceptions établies au titre *Des servitudes ou services fonciers*.

Il peut faire au-dessus toutes les constructions et fouilles qu'il jugera à propos, et tirer de ces fouilles tous les produits qu'elles peuvent fournir, sauf les modifications résultant des lois et règlements relatifs aux mines et des lois et règlements de police.

Art. 553. — Toutes constructions, plantations et ouvrages sur un terrain ou dans l'intérieur, sont présumés faits par le propriétaire à ses frais et lui appartenir, si le contraire n'est prouvé ; sans préjudice de la propriété qu'un tiers pourrait avoir acquise ou pourrait acquérir par prescription, soit d'un souterrain sous le bâtiment d'autrui, soit de toute autre partie du bâtiment.

Art. 554. — Le propriétaire du sol qui a fait des constructions, plantations et ouvrages avec des matériaux qui ne lui appartenaient pas, doit en payer la valeur ; il peut aussi être condamné à des dommages-intérêts, s'il y a lieu : mais le propriétaire des matériaux n'a pas le droit de les enlever.

Art. 555. — Lorsque les plantations, constructions et ouvrages ont été faits par un tiers et avec ses matériaux, le propriétaire du fonds a droit ou de les retenir, ou d'obliger ce tiers à les enlever.

Si le propriétaire du fonds demande la suppression des plantations et constructions, elle est aux frais de celui qui les a faites, sans aucune indemnité pour lui ; il peut même être condamné à des dommages-intérêts, s'il y a lieu, pour le préjudice que peut avoir éprouvé le propriétaire du fonds. Si le propriétaire préfère conserver ces plantations et constructions, il doit le remboursement de la valeur des matériaux et du prix de la main-d'œuvre, sans égard à la plus ou moins grande augmentation de valeur que le fonds a pu recevoir. Néanmoins, si les plantations, constructions et ouvrages ont été faits par un tiers évincé, qui n'aurait pas été condamné à la restitution des fruits, attendu sa bonne foi, le propriétaire ne pourra demander la suppression desdits ouvrages, plantations et constructions ; mais il aura le choix ou de rembourser la valeur des matériaux et du prix de la main-d'œuvre, ou de rembourser une somme égale à celle dont le fonds a augmenté de valeur.

Art. 556. — Les atterrissements et accroissements qui se forment successivement et imperceptiblement aux fonds riverains d'un fleuve ou d'une rivière s'appellent alluvion.

L'alluvion profite au propriétaire riverain soit qu'il s'agisse d'un fleuve ou d'une rivière navigable, flottable ou non ; à la charge, dans le premier cas, de laisser le marchepied ou chemin de halage, conformément aux règlements.

Art. 557. — Il en est de même des relais que forme l'eau courante qui se retire insensiblement de l'une de ses rives en se portant sur l'autre : le propriétaire de la rive découverte profite de l'alluvion, sans que le riverain du côté opposé y puisse venir réclamer le terrain qu'il a perdu.

Ce droit n'a pas lieu à l'égard des relais de la mer.

Art. 558. — L'alluvion n'a pas lieu à l'égard des lacs et étangs, dont le propriétaire conserve toujours le terrain que l'eau couvre quand elle est à la hauteur de la décharge de l'étang, encore que le volume de l'eau vienne à diminuer.

Réciproquement, le propriétaire de l'étang n'acquiert aucun droit sur les terres riveraines que son eau vient à couvrir dans les crues extraordinaires.

Art. 559. — Si un fleuve ou une rivière navigable ou non, enlève par une force subite une partie considérable et reconnaissable d'un champ riverain, et la porte vers un champ inférieur ou sur la rive opposée, le propriétaire de la partie enlevée peut réclamer sa propriété ; mais il est tenu de former sa demande dans l'année : après ce délai, il n'y sera plus recevable, à moins que le propriétaire du champ auquel la partie enlevée a été unie, n'eût pas encore pris possession de celle-ci.

Art. 560. — Les îles, îlots, atterrissements, qui se forment dans le lit des fleuves ou des rivières flottables ou flottantes, appartiennent à l'État s'il n'y a titre ou prescription contraire.

Art. 561. — Les îles et atterrissements qui se forment dans les rivières non navigables et non flottables appartiennent aux propriétaires riverains du côté où l'île s'est formée : si l'île n'est pas formée d'un seul côté, elle appartient aux propriétaires riverains des deux côtés, à partir de la ligne qu'on suppose tracée au milieu de la rivière ;

Art. 562. — Si une rivière ou un fleuve, en se formant un bras nouveau, coupe et embrasse le champ d'un propriétaire riverain, et en fait une île, ce propriétaire conserve la propriété de son champ, encore que l'île se soit formée dans un fleuve ou dans une rivière navigable ou flottable.

Art. 563. — Si un fleuve ou une rivière navigable flottable ou non se forme un nouveau cours en abandonnant son ancien lit, les propriétaires des fonds nouvellement occupés prennent, à titre d'indemnité l'ancien lit abandonné, chacun dans la proportion du terrain qui lui a été enlevé.

Art. 564. — Les pigeons, lapins, poissons, qui passent dans un autre colombier, garenne ou étang, appartiennent au propriétaire de ces objets, pourvu qu'ils n'y aient point été attirés par fraude et artifice.

Section II : Du droit d'accession relativement aux choses mobilières

Art. 565. — Le droit d'accession, quand il a pour objet deux choses mobilières appartenant à deux maîtres différents, est entièrement subordonné aux principes de l'équité naturelle.

Les règles suivantes serviront d'exemple au juge pour se déterminer, dans les cas non prévus, suivant les circonstances particulières.

Art. 566. — Lorsque deux choses appartenant à différents maîtres, qui ont été unies de manière à former un tout, sont néanmoins séparables, en sorte que l'une puisse subsister sans l'autre, le toute appartient au maître de la chose qui forme la partie principale, à la charge de payer à l'autre la valeur de la chose qui a été unie.

Art. 567. — Est réputée partie principale celle à laquelle l'autre n'a été unie que pour l'usage, l'ornement ou le complément de la première.

Art. 568. — Néanmoins, quand la chose unie est beaucoup plus précieuse que la chose principale, et quand elle a été employée à l'insu du propriétaire, celui-ci peut demander que la chose unie soit séparée pour lui être rendue, même quand il pourrait en résulter quelque dégradation de la chose à laquelle elle a été jointe.

Art. 569. — Si de deux choses unies pour former un seul tout, l'une ne peut point être regardée comme l'accessoire de l'autre, celle-là est réputée principale qui est la plus considérable en valeur, ou en volume, si les valeurs sont à peu près égales.

Art. 570. — Si un artisan ou une personne quelconque a employé une matière qui ne lui appartenait pas, à former une chose d'une nouvelle espèce, soit que la matière puisse ou non reprendre sa première forme, celui qui en était le propriétaire a le droit de réclamer la chose qui en a été formée, en remboursant le prix de la main-d'œuvre.

Art. 571. — Si cependant la main-d'œuvre était tellement importante qu'elle surpassât de beaucoup la valeur de la matière employée, l'industrie serait alors réputée la partie principale, et l'ouvrier aurait le droit de retenir la chose travaillée, en remboursant le prix de la matière au propriétaire.

Art. 572. — Lorsqu'une personne a employé en partie la matière qui lui appartenait, et en partie celle qui ne lui appartenait pas, à former une chose d'une espèce nouvelle, sans que ni l'une ni l'autre des deux matières soit entièrement détruite, mais de manière qu'elles ne puissent pas se séparer sans inconvénient, la chose est commune aux deux propriétaires, en raison, quant à l'un, de la matière qui lui appartenait, quant à l'autre, en raison à la fois et de la matière qui lui appartenait, et du prix de sa main-d'œuvre.

Art. 573. — Lorsqu'une chose a été formée par le mélange de plusieurs matières appartenant à différents propriétaires, mais dont aucune ne peut être regardée comme la matière principale, si les matières peuvent être séparées, celui à l'insu duquel les matières ont été mélangées peut en demander la division.

Si les matières ne peuvent plus être séparées sans inconvénient, ils en acquièrent en commun la propriété dans la proportion de la quantité, de la qualité et de la valeur des matières appartenant à chacun d'eux.

Art. 574. — Si la matière appartenant à l'un des propriétaires était de beaucoup supérieure à l'autre par la quantité et le prix, en ce cas le propriétaire de la matière supérieure en valeur pourrait réclamer la chose provenue du mélange, en remboursant à l'autre la valeur de sa matière ;

Art. 575. — Lorsque la chose reste en commun entre les propriétaires des matières dont elle a été formée, elle doit être licitée au profit commun.

Art. 576. — Dans les cas où le propriétaire dont la matière a été employée, à son insu, à former une chose d'une autre espèce, peut réclamer la propriété de cette chose, il a le choix de demander la restitution de sa matière en même nature, quantité, poids, mesure et bonté, ou sa valeur.

Art. 577. — Ceux qui auront employé des matières appartenant à d'autres, et à leur insu, pourront aussi être condamnés à des dommages-intérêts, s'il y a lieu sans préjudice des poursuites par voie extraordinaire, si le cas y échet.

TITRE TROISIÈME : DE L'USUFRUIT, DE L'USAGE ET DE L'HABITATION

CHAPITRE PREMIER : DE L'USUFRUIT

Art. 578. — L'usufruit est le droit de jouir des choses dont un autre a la propriété, comme le propriétaire lui-même, mais à la charge d'en conserver substance.

Art. 579. — L'usufruit est établi par la loi, ou par la volonté de l'homme ;

Art. 580. — L'usufruit peut être établi, ou purement, ou à certain jour, ou à condition.

Art. 581. — Il peut être établi sur toute espèce de biens meubles ou immeubles.

Section première : Des droits de l'usufruitier

Art. 582. — L'usufruitier a le droit de jouir de toute espèce de fruits, soit naturels, soit industriels, soit civils, que peut produire l'objet dont il a l'usufruit.

Art. 583. — Les fruits naturels sont ceux qui sont le produit spontané de la terre. Le produit et le croit des animaux sont aussi des fruits naturels.

Les fruits industriels d'un fonds sont ceux qu'on obtient par culture.

Art. 584. — Les fruits civils sont les loyers des maisons, les intérêts des sommes exigibles, les arrérages des rentes.

Les prix des baux à ferme sont aussi rangés dans la classe des fruits civils.

Art. 585. — Les fruits naturels et industriels pendants par branches ou par racines au moment où l'usufruit et ouvert, appartiennent à l'usufruitier.

Ceux qui sont dans le même état au moment où finit l'usufruit, appartiennent au propriétaire, sans récompense de part ni d'autre des labours et des semences, mais aussi sans préjudice de la portion des fruits qui pourrait être acquise au colon partiaire, s'il en existait un au commencement ou à la fin de l'usufruit.

Art. 586. — Les fruits civils sont réputés s'acquérir jour par jour, et appartiennent à l'usufruitier à la proportion de la durée de son usufruit. Cette règle s'applique aux prix des baux à ferme, comme aux loyers des maisons et aux autres fruits civils.

Art. 587. — Si l'usufruit comprend des choses dont on ne peut faire usage sans les consommer, comme l'argent, les grains, les liqueurs, l'usufruitier a le droit de s'en servir, mais à la charge d'en rendre de pareille quantité, qualité et valeur, ou leur estimation, à la fin de l'usufruit.

Art. 588. — L'usufruit d'une rente viagère donne aussi à l'usufruitier, pendant la durée de son usufruit, le droit d'en percevoir les arrérages, sans être tenu à aucune restitution.

Art. 589. — Si l'usufruit comprend des choses qui, sans se consommer de suite, se détériorent peu à peu par l'usage, comme du linge, des meubles meublants, l'usufruitier a le droit de s'en servir pour l'usage auquel elles sont destinées, et n'est obligé de les rendre, à la fin de l'usufruit, que dans l'état où elles se trouvent, non détériorées par son dol ou par sa faute.

Art. 590. — Si l'usufruit comprend des bois taillis, l'usufruitier est tenu d'observer l'ordre et la quotité des coupes, conformément à l'aménagement ou l'usage constant des propriétaires ; sans indemnité toutefois en faveur de l'usufruitier ou de ses héritiers, pour les coupes ordinaires, soit de taillis, soit de baliveaux, soit de futaie, qu'il n'aurait pas faites pendant sa jouissance.

Les arbres qu'on peut tirer d'une pépinière sans la dégrader, ne font aussi partie de l'usufruit qu'à la charge par l'usufruitier de se conformer aux usages des lieux pour le remplacement.

Art. 591. — L'usufruitier profite encore, toujours en se conformant aux époques et à l'usage des anciens propriétaires des parties de bois de haute futaie qui ont été mises en coupes réglées, soit que ces coupes se fassent périodiquement sur une certaine étendue de terrain soit qu'elles se fassent d'une certaine quantité d'arbres pris indistinctement sur toute la surface du domaine.

Art. 592. — Dans tous les autres cas, l'usufruitier ne peut toucher aux arbres de haute futaie : il peut seulement employer pour faire les réparations dont il est tenu, les arbres arrachés ou brisés par accident ; il peut même, pour cet objet, en faire abattre s'il est nécessaire, mais à la charge d'en faire constater la nécessité avec le propriétaire.

Art. 593. — Il peut prendre, dans les bois, des échalas pour les vignes ; il peut aussi prendre, sur les arbres des produits annuels ou périodiques ; le tout suivant l'usage du pays ou la coutume des propriétaires.

Art. 594. — Les arbres fruitiers qui meurent, ceux mêmes qui sont arrachés ou brisés par accident appartiennent à l'usufruitier, à la charge de les remplacer par d'autres.

Art. 595. — L'usufruitier peut jouir par lui-même, donner à ferme à un autre, ou même vendre ou céder son droit à titre gratuit. S'il donne à ferme, il doit se conformer, pour les époques où les baux doivent être renouvelés, et pour leur durée, aux règles établies pour le mari à l'égard des biens de la femme, au titre *Du contrat de mariage et des droits respectifs des époux*.

Art. 596. — L'usufruitier jouit de l'augmentation survenue par alluvion à l'objet dont il a l'usufruit.

Art. 597. — Il jouit des droits de servitude, de passage, et généralement de tous les droits dont le propriétaire peut jouir, et il en jouit comme le propriétaire lui-même.

Art. 598. — Il jouit aussi, de la même manière que le propriétaire des mines et carrières qui sont en exploitation à l'ouverture de l'usufruit ; et néanmoins, s'il s'agit d'une exploitation qui ne puisse être faite sans une concession, l'usufruitier ne pourra en jouir qu'après en avoir obtenu la permission du Président de la République.

Il n'a aucun droit aux mines et carrières non encore ouvertes, ni aux tourbières dont l'exploitation n'est point encore commencée, ni au trésor qui pourrait être découvert pendant la durée de l'usufruit.

Art. 599. — Le propriétaire ne peut, par son fait ni de quelque manière que ce soit, nuire aux droits de l'usufruitier.

De son côté, l'usufruitier ne peut, à la cessation de l'usufruit, réclamer aucune indemnité pour les améliorations qu'il prétendrait avoir faites, encore que la valeur de la chose en fût augmentée.

Il peut cependant, ou ses héritiers, enlever les glaces, tableaux et autres ornements qu'il aurait fait placer, mais à la charge de rétablir les lieux dans leur premier état.

Section II : Des obligations de l'usufruitier

Art. 600. — L'usufruitier prend les choses dans l'état où elles sont ; mais il ne peut entrer en jouissance qu'après avoir fait dresser, en présence du propriétaire, ou lui dûment appelé un inventaire des meubles et un état des immeubles sujets à l'usufruit.

Art. 601. — Il donne caution de jouir en bon père de famille, s'il n'en est dispensé par l'acte constitutif de l'usufruit ; cependant les père et mère ayant l'usufruit légal du bien de leurs enfants, le vendeur ou le donateur, sous réserve d'usufruit, ne sont pas tenus de donner caution.

Art. 602. — Si l'usufruitier ne trouve pas de caution, les immeubles sont donnés à ferme ou mis en séquestre ;

Les sommes comprises dans l'usufruit sont placées ;

Les denrées sont vendues, et le prix en provenant est pareillement placé ;

Les intérêts de ces sommes et les prix des fermes appartiennent, dans ce cas, à l'usufruitier.

Art. 603. — À défaut d'une caution de la part de l'usufruitier, le propriétaire peut exiger que les meubles qui dépérissent par l'usage soient vendus, pour le prix en être placé comme celui des denrées ; et alors l'usufruitier jouit de l'intérêt pendant son usufruit : cependant l'usufruitier pourra demander, et les juges pourront ordonner, suivant les circonstances, qu'une partie des meubles nécessaires pour son usage lui soit délaissée, sous sa simple caution juratoire, et à la charge de les représenter à l'extinction de l'usufruit.

Art. 604. — Le retard de donner caution ne prive pas l'usufruitier des fruits auxquels il peut avoir droit ; ils lui sont dus du moment où l'usufruit a été ouvert ;

Art. 605. — L'usufruitier n'est tenu qu'aux réparations d'entretien.

Les grosses réparations demeurent à la charge du propriétaire, à moins qu'elles n'aient été occasionnées par le défaut de réparation d'entretien, depuis l'ouverture de l'usufruit ; auquel cas l'usufruitier en est aussi tenu.

Art. 606. — Les grosses réparations sont celles des gros murs et des voûtes, le rétablissement des poutres et des couvertures entières ;

Celui des digues et des murs de soutènement et de clôture aussi en entier.

Toutes les autres réparations sont d'entretien.

Art. 607. — Ni le propriétaire, ni l'usufruitier, ne sont tenus de rebâtir ce qui est tombé de vétusté, ou ce qui a été détruit par cas fortuit.

Art. 608. — L'usufruitier est tenu, pendant sa jouissance, de toutes les charges annuelles de l'héritage, tel que les contributions et autres qui dans l'usage sont censées charges des fruits.

Art. 609. — À l'égard des charges qui peuvent être imposées sur la propriété pendant la durée de l'usufruit, l'usufruitier et le propriétaire y contribuent ainsi qu'il suit :

Le propriétaire est obligé de les payer, et l'usufruitier doit lui tenir compte des intérêts ;
Si elles sont avancées par l'usufruitier, il a la répétition du capital à la fin de l'usufruit.
Art. 610. — Le legs fait par un testateur, d'une rente viagère ou pension alimentaire, doit être acquitté par le légataire universel de l'usufruit dans son intégrité, et par le légataire à titre universel de l'usufruit dans la proportion de sa jouissance, sans aucune répétition de leur part.

Art. 611. — L'usufruitier à titre particulier n'est pas tenu des dettes auxquelles le fonds est hypothéqué : s'il est forcé de les payer, il a son recours contre le propriétaire, sauf ce qui est dit à l'article 1020, au titre *Des donations entre vifs et des testaments*.

Art. 612. — L'usufruitier, ou universel, ou à titre universel, doit contribuer avec le propriétaire au payement des dettes, ainsi qu'il suit :

On estime la valeur du fonds sujet à usufruit ;
On fixe ensuite la contribution aux dettes à raison de cette valeur.
Si l'usufruitier veut avancer la somme pour laquelle le fonds doit contribuer, le capital lui en est restitué à la fin de l'usufruit, sans aucun intérêt.

Si l'usufruitier ne veut pas faire cette avance, le propriétaire a le choix, ou de payer cette somme, et, dans ce cas, l'usufruitier lui tient compte des intérêts pendant la durée de l'usufruit, ou de faire vendre jusqu'à due concurrence une portion des biens soumis à l'usufruit.

Art. 613. — L'usufruitier n'est tenu que des frais de procès qui concernent la jouissance, et des autres condamnations auxquelles ces procès pourraient donner lieu.

Art. 614. — Si, pendant la durée de l'usufruit, un tiers commet quelque usurpation sur le fonds, ou attente autrement aux droits du propriétaire, l'usufruitier est tenu de le dénoncer à celui-ci :

Faute de ce, il est responsable de tout le dommage qui peut en résulter pour le propriétaire, comme il le serait de dégradations commises par lui-même.

Art. 615. — Si l'usufruit n'est établi que sur un animal qui vient à périr sans la faute de l'usufruitier, celui-ci n'est pas tenu d'en rendre un autre, ni d'en payer l'estimation.

Art. 616. — Si le troupeau sur lequel un usufruit a été établi, périt entièrement par accident ou par maladie, et sans faute de l'usufruitier, celui-ci n'est tenu envers le propriétaire que de lui rendre compte des cuirs ou de leur valeur.

Si le troupeau ne périt pas entièrement, l'usufruitier est tenu de remplacer, jusqu'à concurrence du croît, les têtes des animaux qui ont péri.

Section III : Comment l'usufruit prend fin

Art. 617. — L'usufruit s'éteint :

- par la mort naturelle et par la mort civile de l'usufruitier ;
- par l'expiration du temps pour lequel il a été accordé ;
- par la consolidation ou la réunion sur la même tête, des deux qualités d'usufruitier et de propriétaire ;
- par le non-usage du droit pendant trente ans ;
- par la perte totale de la chose sur laquelle l'usufruit est établi.

Art. 618. — L'usufruit peut aussi cesser par l'abus que l'usufruitier fait de sa jouissance, soit en commettant des dégradations sur le fonds, soit en le laissant dépérir faute d'entretien.

Les créanciers de l'usufruitier peuvent intervenir dans les contestations, pour la conservation de leurs droits ; ils peuvent offrir la réparation des dégradations commises, et des garanties pour l'avenir ;

Les juges peuvent, suivant la gravité des circonstances, ou prononcer l'extinction absolue de l'usufruit, ou n'ordonner la rentrée du propriétaire dans la jouissance de l'objet qui en est grevé, que sous la charge de payer annuellement à l'usufruitier, ou à ses ayants cause, une somme déterminée, jusqu'à l'instant où l'usufruit aurait dû cesser.

Art. 619. — L'usufruit qui n'est pas accordé à des particuliers ne dure que trente ans.

Art. 620. — L'usufruit accordé jusqu'à ce qu'un tiers ait atteint un âge fixe dure jusqu'à cette époque, encore que le tiers soit mort, avant l'âge fixé.

Art. 621. — La vente de la chose sujette à usufruit ne fait aucun changement dans le droit de l'usufruitier ; il continue de jouir de son usufruit s'il n'y a pas formellement renoncé.

Art. 622. — Les créanciers de l'usufruitier peuvent faire annuler la renonciation qu'il aurait faite à leur préjudice.

Art. 623. — Si une partie seulement de la chose soumise à l'usufruit est détruite, l'usufruit se conserve sur ce qui reste.

Art. 624. — Si l'usufruit n'est établi que sur un bâtiment, et que ce bâtiment soit détruit par un incendie ou autre accident, ou qu'il s'écroule de vétusté, l'usufruitier n'aura le droit de jouir ni du sol ni des matériaux ;

Si l'usufruit était établi sur un domaine dont le bâtiment faisait partie, l'usufruitier jouirait du sol et des matériaux.

CHAPITRE II : DE L'USAGE ET DE L'HABITATION

Art. 625. — Les droits d'usage et d'habitation s'établissent et se perdent de la même manière que l'usufruit.

Art. 626. — On ne peut en jouir, comme dans le cas de l'usufruit, sans donner préalablement caution, et sans faire des états et inventaires.

Art. 627. — L'usager, et celui qui a un droit d'habitation doivent jouir en bons pères de famille.

Art. 628. — Les droits d'usage et d'habitation se règlent par le titre qui les a établis, et reçoivent, d'après ses dispositions, plus ou moins d'étendue.

Art. 629. — Si le titre ne s'explique pas sur l'étendue de ces droits, ils sont réglés ainsi qu'il suit :

Art. 630. — Celui qui a l'usage des fruits d'un fonds ne peut en exiger qu'autant qu'il lui en faut pour ses besoins et ceux de sa famille.

Il peut en exiger pour les besoins mêmes des enfants qui lui sont survenus depuis la concession de l'usage.

Art. 631. — L'usager ne peut céder ni louer son droit à un autre.

Art. 632. — Celui qui a un droit d'habitation dans une maison peut y demeurer avec sa famille, quand même il n'aurait pas été marié à l'époque où ce droit lui a été donné.

Art. 633. — Le droit d'habitation se restreint à ce qui est nécessaire pour l'habitation de celui à qui ce droit est concédé, et de sa famille.

Art. 634. — Le droit d'habitation ne peut être ni cédé ni loué.

Art. 635. — Si l'usager absorbe tous les fruits du fonds, ou s'il occupe la totalité de la maison, il est assujetti aux frais de culture, aux réparations d'entretien, et au payement des contributions, comme l'usufruitier.

S'il ne prend qu'une partie des fruits, ou s'il n'occupe qu'une partie de la maison, il contribue au prorata de ce dont il jouit.

Art. 636. — L'usage des bois et forêts est réglé par des lois particulières.

TITRE QUATRIÈME : DES SERVITUDES OU SERVICES FONCIERS

Art. 637. — Une servitude est une charge imposée sur un héritage pour l'usage et l'utilité d'un héritage appartenant à un autre propriétaire.

Art. 638. — La servitude n'établit aucune prééminence d'un héritage sur l'autre.

Art. 639. — Elle dérive ou de la situation naturelle des lieux, ou des obligations imposées par la loi, ou des conventions entre les propriétaires.

CHAPITRE PREMIER : DES SERVITUDES QUI DÉRIVENT DE LA SITUATION DES LIEUX

Art. 640. — Les fonds inférieurs sont assujettis envers ceux qui sont plus élevés, à recevoir les eaux qui en découlent naturellement sans que la main de l'homme y ait contribué.

Le propriétaire inférieur ne peut point élever de digue qui empêche cet écoulement.

Le propriétaire supérieur ne peut rien faire qui aggrave la servitude du fonds inférieur.

Art. 641. — Celui qui a une source dans son fonds peut en user à sa volonté. Sauf le droit que le propriétaire du fonds inférieur pourrait avoir acquis par titre ou par prescription.

Art. 642. — La prescription dans ce cas, ne peut s'acquérir que par une jouissance non interrompue pendant l'espace de trente années, à compter du moment où le propriétaire du fonds inférieur a fait et terminé des ouvrages apparents destinés à faciliter la chute et le cours de l'eau dans sa propriété.

Art. 643. — Le propriétaire de la source ne peut en changer le cours lorsqu'il fournit aux habitants d'une commune, village ou hameau, l'eau qui leur est nécessaire ; mais si les habitants n'en ont pas acquis ou prescrit l'usage, le propriétaire peut réclamer une indemnité, laquelle est réglée par experts.

Art. 644. — Celui dont la propriété borde une eau courante, autre que celle qui est déclarée dépendance du domaine public par l'article 538 au titre *De la distinction des biens*, peut s'en servir à son passage pour l'irrigation de ses propriétés.

Celui dont cette eau traverse l'héritage, peut même en user dans l'intervalle qu'elle y parcourt, mais à la charge de la rendre, à la sortie de ses fonds, à son cours ordinaire.

Art. 645. — S'il s'élève une contestation entre les propriétaires auxquels ces eaux peuvent être utiles, les tribunaux, en prononçant, doivent concilier l'intérêt de l'agriculture avec le respect dû à la propriété ; et, dans tous les cas, les règlements particuliers et locaux sur le cours et l'usage des eaux doivent être observés ;

Art. 646. — Tout propriétaire peut obliger son voisin au bornage de leurs propriétés contiguës.

Le bornage se fait à frais communs.

Art. 647. — Tout propriétaire peut clore son héritage, sauf l'exception portée en l'article 682.

Art. 648. — Le propriétaire qui veut se clore perd son droit au parcours et vaine pâture, en proportion du terrain qu'il y soustrait.

CHAPITRE II : DES SERVITUDES ÉTABLIES PAR LA LOI

Art. 649. — Les servitudes établies par la loi ont pour objet l'utilité publique ou communale, ou l'utilité des particuliers.

Art. 650. — Celles établies pour l'utilité publique ou communale ont pour objet le marchepied le long des rivières navigables ou flottables, la construction ou réparation des chemins et autres ouvrages publics ou communaux.

Tout ce qui concerne cette espèce de servitude est déterminé par des lois ou des règlements particuliers.

Art. 651. — La loi assujettit les propriétaires à différentes obligations l'un à l'égard de l'autre, indépendamment de toute convention.

Art. 652. — Partie de ces obligations est réglée par les lois sur la police rurale ;

Les autres sont relatives au mur et au fossé mitoyens, au cas où il y a lieu à contre-mur, aux vues sur la propriété du voisin, à l'égout des toits, au droit de passage.

Section première : Du mur et du fossé mitoyens

Art. 653. — Dans les villes et les campagnes, tout mur servant de séparation entre bâtiments jusqu'à l'héberge, ou entre cours et jardins, et même entre enclos dans les champs, est présumé mitoyen, s'il n'y a titre ou marque du contraire.

Art. 654. — Il y a marque de non-mitoyenneté lorsque la sommité du mur est droite et à plomb de son parement d'un côté, et présente de l'autre un plan incliné :

Lors encore qu'il n'y a que d'un côté ou un chaperon ou des filets et corbeaux de pierre qui y auraient été mis en bâtissant le mur.

Dans ces cas, le mur est censé appartenir exclusivement au propriétaire du côté duquel sont l'égout ou les corbeaux et filets de pierre.

Art. 655. — La réparation et la reconstruction du mur mitoyen sont à la charge de tous ceux qui y ont droit, et proportionnellement au droit de chacun.

Art. 656. — Cependant tout copropriétaire d'un mur mitoyen peut se dispenser de contribuer aux réparations et reconstructions en abandonnant le droit de mitoyenneté, pourvu que le mur mitoyen ne soutienne pas un bâtiment qui lui appartienne.

Art. 657. — Tout copropriétaire peut faire bâtir contre un mur mitoyen, et y faire placer des poutres ou solives dans toute l'épaisseur du mur, à cinquante-quatre millimètres (deux pouces) près, sans préjudice du droit qu'a le voisin de faire réduire à l'ébauchoir la poutre jusqu'à la moitié du mur, dans le cas où il voudrait lui-même asseoir des poutres dans le même lieu, ou y adosser une cheminée.

Art. 658. — Tout copropriétaire peut faire exhausser le mur mitoyen ; mais il doit payer seul la dépense de l'exhaussement, les réparations d'entretien au-dessus de la hauteur de la clôture commune, et en outre l'indemnité de la charge en raison de l'exhaussement et suivant la valeur.

Art. 659. — Si le mur mitoyen n'est pas en état de supporter l'exhaussement, celui qui veut l'exhausser doit le faire reconstruire en entier à ses frais, et l'excédent d'épaisseur doit se prendre de son côté.

Art. 660. — Le voisin qui n'a pas contribué à l'exhaussement peut en acquérir la mitoyenneté en payant la moitié de dépense qu'il a coûtée, et la valeur de la moitié du sol fourni pour l'excédent d'épaisseur, s'il y en a.

Art. 661. — Tout propriétaire joignant un mur, a de même la faculté de le rendre mitoyen en tout ou en partie, en remboursant au maître du mur la moitié de sa valeur, ou la moitié de la valeur de la portion qu'il veut rendre mitoyenne, et moitié de la valeur du sol sur lequel le mur est bâti.

Art. 662. — L'un des voisins ne peut pratiquer dans le corps d'un mur mitoyen aucun enfoncement, ni y appliquer ou appuyer aucun ouvrage sans le consentement de l'autre, ou sans avoir, à son refus, fait régler par experts les moyens nécessaires pour que le nouvel ouvrage ne soit pas nuisible aux droits de l'autre.

Art. 663. — Chacun peut contraindre son voisin, dans les villes et faubourgs, à contribuer aux constructions et réparations de la clôture faisant séparations de leurs maisons, cours et jardins assis ès dites villes et faubourgs ; la hauteur de la clôture sera fixée suivant les règlements particuliers ou les usages constants et reconnus ; et, à défaut d'usages et de règlements, tout mur de séparation entre voisins, qui sera construit ou rétabli à l'avenir, doit avoir au moins trente-deux décimètres (dix pieds) de hauteur, compris le chaperon, dans les villes de cinquante mille âmes et au-dessus, et vingt-six décimètres (huit pieds) dans les autres.

Art. 664. — Lorsque les différents étages d'une maison appartiennent à divers propriétaires, si les titres de propriété ne règlent pas le mode de réparations et reconstructions, elles doivent être faites ainsi qu'il suit :

Les gros murs et le toit sont à la charge de tous les propriétaires, chacun en proportion de la valeur de l'étage qui lui appartient.

Le propriétaire de chaque étage fait le plancher sur lequel il marche.

Le propriétaire du premier étage fait l'escalier qui y conduit ; le propriétaire du second étage fait, à partir du premier, l'escalier qui conduit chez lui, et ainsi de suite.

Art. 665. — Lorsqu'on reconstruit un mur mitoyen ou une maison, les servitudes actives et passives se continuent à l'égard du nouveau mur ou de la nouvelle maison, sans toutefois qu'elles puissent être aggravées, et pourvu que la reconstruction se fasse avant que la prescription soit acquise.

Art. 666. — Tous fossés entre deux héritages sont présumés mitoyens s'il n'y a titre ou marque contraire.

Art. 667. — Il y a marque de non-mitoyenneté lorsque la levée ou le rejet de la terre se trouve d'un côté seulement du fossé.

Art. 668. — Le fossé est censé appartenir exclusivement à celui du côté duquel le rejet se trouve.

Art. 669. — Le fossé mitoyen doit être entretenu à frais communs.

Art. 670. — Toute haie qui sépare des héritages est réputée mitoyenne à moins qu'il n'y ait qu'un seule des héritages en état de clôture, ou s'il y a titre ou possession suffisante ou contraire.

Art. 671. — Il n'est permis de planter des arbres de haute tige qu'à la distance prescrite par les règlements particuliers actuellement existants, ou par les usages constants et reconnus ; et, à défaut de règlements et usages, qu'à la distance de deux mètres de la ligne séparative des deux héritages pour les arbres à haute tige et à la distance d'un demi-mètre pour les autres arbres et haies vives.

Art. 672. – Le voisin peut exiger que les arbres et haies plantés à une moindre distance soient arrachés. – Celui sur la propriété duquel avancent les branches des arbres du voisin peut contraindre celui-ci à couper ces branches. – Si ce sont les racines qui avancent sur son héritage, il a le droit de les y couper lui-même.

Art. 673 (L. *12 février 1921, J.O. A.E.F.*, 1922, p. 195). — Celui sur la propriété duquel avancent les branches des arbres, arbustes et arbrisseaux du voisin peut contraindre celui-ci à couper. Les fruits tombés naturellement de ces arbres lui appartiennent.

Si ce sont des racines, ronces ou brindilles qui avancent sur son héritage, il a le droit de les couper lui-même à la limite de la ligne séparative.

Le droit de couper les racines, ronces et brindilles ou de faire couper les branches des arbres, arbustes et arbrisseaux est imprescriptible.

Section II : De la distance et des ouvrages intermédiaires requis pour certaines constructions

Art. 674. — Celui qui fait creuser un puits ou une fosse d'aisances près d'un mur mitoyen ou non ;

Celui qui veut y construire cheminée ou âtre, forge, four ou fourneau ;

Y, adosser une étable,

Ou établir contre ce mur un magasin de sel ou amas de matières corrosives,

Est obligé à laisser la distance prescrite par les règlements et usages particuliers sur ces objets, ou à faire les ouvrages prescrits par les mêmes règlements et usage, pour éviter de nuire au voisin.

Section III : Des vues sur la propriété de son voisin

Art. 675. — L'un des voisins ne peut, sans le consentement de l'autre, pratiquer dans le mur mitoyen aucune fenêtre ou ouverture, en quelque manière que ce soit, même à verre dormant.

Art. 676. — Le propriétaire d'un mur non mitoyen, joignant immédiatement l'héritage d'autrui, peut pratiquer dans ce mur des jours ou fenêtres à fer maillé et verre dormant.

Ces fenêtres doivent être garnies d'un treillis de fer, dont les mailles auront un décimètre (environ trois pouces huit lignes) d'ouverture au plus, et d'un châssis à verre dormant.

Art. 677. — Ces fenêtres ou jours ne peuvent être établis qu'à vingt-six décimètres (huit pieds) au-dessus du plancher ou sol de la chambre qu'on veut éclairer, si c'est à rez-de-chaussée, et à dix-neuf décimètres (six pieds) au-dessus du plancher pour les étages supérieurs.

Art. 678. — On ne peut avoir des vues droites ou fenêtres d'aspect, ni balcons ou autres semblables saillies sur l'héritage clos ou non clos de son voisin, s'il n'y a dix-neuf décimètres (six pieds) de distance entre le mur où on les pratique et ledit héritage.

Art. 679. — On ne peut avoir des vues par côté ou obliques sur le même héritage, s'il n'y a six décimètres (deux pieds) de distance.

Art. 680. — La distance dont il est parlé dans les deux articles précédents, se compte depuis le parement extérieur du mur où l'ouverture se fait, et, s'il y a balcons ou autres semblables saillies, depuis leur ligne extérieure jusqu'à la ligne de séparation des deux propriétés.

Section IV : De l'égout des toits

Art. 681. — Tout propriétaire doit établir des toits de manière que les eaux pluviales s'écoulent sur son terrain ou sur la voie publique ; il ne peut les faire verser sur le fonds de son voisin.

Section V : Du droit de passage

Art. 682. — Le propriétaire dont les fonds sont enclavés, et qui n'a aucune issue sur la voie publique, peut réclamer un passage sur les fonds de ses voisins pour l'exploitation de son héritage, à la charge d'une indemnité proportionnée au dommage qu'il peut occasionner.

Art. 683. — Le passage doit régulièrement être pris du côté où le trajet est le plus court du fonds enclavé à la voie publique.

Art. 684. — Néanmoins il doit être fixé dans l'endroit le moins dommageable à celui sur le fonds duquel il est accordé.

Art. 685. — L'action en indemnité, dans le cas prévu par l'article 682, est prescriptible ; et le passage doit être continué, quoique l'action en indemnité ne soit plus recevable.

CHAPITRE III : DES SERVITUDES ÉTABLIES PAR LE FAIT DE L'HOMME

Section première : Des diverses espèces de servitudes qui peuvent être établies sur les biens

Art. 686. — Il est permis aux propriétaires d'établir sur leurs propriétés, ou en faveur de leurs propriétés, telles servitudes que bon leur semble, pourvu néanmoins que les services établis ne soient imposés ni à la personne, ni en faveur de la personne, mais seulement à un fonds et pour un fonds, et pourvu que ces services n'aient d'ailleurs rien de contraire à l'ordre public.

L'usage et l'étendue des servitudes ainsi établies se règlent par le titre qui les constitue ; à défaut de titre, par les règles ci-après.

Art. 687. — Les servitudes sont établies ou pour l'usage des bâtiments, ou pour celui des fonds de terre.

Celles de la première espèce s'appellent *urbaines*, soit que les bâtiments auxquels elles sont dues, soient situés à la ville ou à la campagne.

Celles de la seconde espèce se nomment *rurales*.

Art. 688. — Les servitudes sont ou continues, ou discontinues.

Les servitudes continues sont celles dont l'usage est ou peut être continuel sans avoir besoin du fait actuel de l'homme : tels sont les conduites d'eau, les égouts, les vues, et autres de cette espèce.

Les servitudes discontinues sont celles qui ont besoin du fait actuel de l'homme, pour être exercées : tels sont les droits de passage, puisage, pacage, et autres semblables.

Art. 689. — Les servitudes sont apparentes, ou non apparentes.

Les servitudes apparentes sont celles qui s'annoncent par des ouvrages extérieurs, tels qu'une porte, une fenêtre, un aqueduc.

Les servitudes non apparentes sont celles qui n'ont pas de signe extérieur de leur existence, comme, par exemple, la prohibition de bâtir sur un fonds, ou de ne bâtir qu'à une hauteur déterminée.

Section II : Comment s'établissent les servitudes

Art. 690. — Les servitudes continues et apparentes s'acquièrent par titre, ou par la possession de trente ans.

Art. 691. — Les servitudes continues non apparentes, et les servitudes discontinues, apparentes ou non apparentes, ne peuvent s'établir que par titres.

La possession même immémoriale ne suffit pas pour les établir ; sans cependant qu'on puisse attaquer aujourd'hui les servitudes de cette nature déjà acquises par la possession, dans les pays où elles pouvaient s'acquérir de cette manière.

Art. 692. — La destination du père de famille vaut titre à l'égard des servitudes continues et apparentés.

Art. 693. — Il n'y a destination du père de famille que lorsqu'il est prouvé que les deux fonds actuellement divisés ont appartenu au même propriétaire, et que c'est par lui que les choses ont été mises dans l'état duquel résulte la servitude.

Art. 694. — Si le propriétaire de deux héritages entre lesquels il existe un signe apparent de servitude dispose de l'un des héritages sans que le contrat ne contienne aucune convention relative à la servitude, elle continue d'exister activement ou passivement en faveur du fonds aliéné ou sur le fonds aliéné.

Art. 695. — Le titre constitutif de la servitude, à l'égard de celles qui ne peuvent s'acquérir par la prescription, ne peut être remplacé que par un titre récognitif de la servitude, et émané du propriétaire du fonds asservi.

Art. 696. — Quand on établit une servitude, on est censé accorder tout ce qui est nécessaire pour en user.

Ainsi la servitude de puiser de l'eau à la fontaine d'autrui, emporte nécessairement le droit de passage.

Section III : Des droits du propriétaire du fonds auquel la servitude est due

Art. 697. — Celui auquel est due une servitude, a droit de faire tous les ouvrages nécessaires pour en user et pour la conserver.

Art. 698. — Ces ouvrages sont à ses frais, et non à ceux du propriétaire du fonds assujetti, à moins que le titre d'établissement de la servitude ne dise le contraire.

Art. 699. — Dans le cas même où le propriétaire du fonds assujetti est chargé par le titre de faire à ses frais les ouvrages nécessaires pour l'usage ou la conservation de la servitude, il peut toujours s'affranchir de la charge, en abandonnant le fonds assujetti au propriétaire du fonds auquel la servitude est due.

Art. 700. — Si l'héritage pour lequel la servitude a été établie vient à être divisé, la servitude reste due pour chaque portion, sans néanmoins que la condition du fonds assujetti soit aggravée.

Ainsi, par exemple, s'il s'agit d'un droit de passage, tous les copropriétaires seront obligés de l'exercer par le même endroit.

Art. 701. — Le propriétaire du fonds débiteur de la servitude ne peut rien faire qui tende à en diminuer l'usage ou à le rendre plus incommode.

Ainsi, il ne peut changer l'état des lieux, ni transporter l'exercice de la servitude, dans un endroit différent de celui où elle a été primitivement assignée.

Mais cependant, si cette assignation primitive était devenue plus onéreuse au propriétaire du fonds assujetti, ou si elle l'empêchait d'y faire des réparations avantageuses, il pourrait offrir au propriétaire de l'autre fonds un endroit aussi commode pour l'exercice de ses droits, et celui-ci ne pourrait pas le refuser.

Art. 702. — De son côté, celui qui a un droit de servitude, ne peut en user que suivant son titre, sans pouvoir faire ni dans le fonds qui doit la servitude, ni dans le fonds à qui elle est due, de changement qui aggrave la condition du premier.

Section IV : Comment les servitudes s'éteignent

Art. 703. — Les servitudes cessent lorsque les choses se trouvent en tel état qu'on ne peut plus en user.

Art. 704. — Elles revivent si les choses sont rétablies de manière qu'on puisse en user ; à moins qu'il ne se soit déjà écoulé un espace-temps suffisant pour faire présumer l'extinction de la servitude, ainsi qu'il est dit à l'article 707.

Art. 705. — Toute servitude est éteinte lorsque le fonds à qui elle est due, et celui qui la doit, sont réunis dans la même main.

Art. 706. — La servitude est éteinte par le non-usage pendant trente ans.

Art. 707. — Les trente ans commencent à courir, selon les diverses espèces de servitudes, ou du jour où l'on a cessé d'en jouir, lorsqu'il s'agit de servitudes discontinues, ou du jour où il a été fait un acte contraire à la servitude, lorsqu'il s'agit de servitudes continues.

Art. 708. — Le mode de la servitude peut se prescrire comme la servitude même, et de la même matière.

Art. 709. — Si l'héritage en faveur duquel la servitude est établie appartient à plusieurs par indivis, la jouissance de l'un empêche la prescription à l'égard de tous.

Art. 710. — Si parmi les copropriétaires, il s'en trouve un contre lequel la prescription n'ait pu courir, comme un mineur, il aura conservé le droit de tous les autres.

LIVRE TROISIÈME :
DES DIFFÉRENTES MANIÈRES DONT ON ACQUIERT LA PROPRIÉTÉ

DISPOSITIONS GÉNÉRALES

Art. 711. — La propriété des biens s'acquiert et se transmet par succession, par donation entre vifs ou testamentaire, et par l'effet des obligations.

Art. 712. — La propriété s'acquiert aussi par accession ou incorporation, et par prescription.

Art. 713. — Les biens qui n'ont pas de maîtres appartiennent à l'État.

Art. 714. — Il est des choses qui n'appartiennent à personne et dont l'usage est commun à tous.

Des lois de police règlent la manière d'en jouir.

Art. 715. — La faculté de chasser ou de pêcher est également réglée par des lois particulières.

Art. 716. — La propriété d'un trésor appartient à celui qui le trouve dans son propre fonds :

Si le trésor est trouvé dans le fonds d'autrui, il appartient pour moitié à celui qui l'a découvert, et pour l'autre moitié au propriétaire du fonds.

Le trésor est toute chose cachée ou enfouie sur laquelle personne ne peut justifier sa propriété, et qui est découverte par le pur effet du hasard.

Art. 717. — Les droits sur les effets jetés à la mer, sur les objets que la mer rejette, de quelque nature qu'ils puissent être, sur les plantes et herbages qui croissent sur les rivages de la mer, sont aussi réglés par des lois particulières.

Il en est de même des choses perdues dont le maître ne se représente pas.

TITRE PREMIER : DES SUCCESSIONS

CHAPITRE PREMIER : DE L'OUVERTURE DES SUCCESSIONS ET DE LA SAISIE DES HÉRITIERS

Art. 718. — Les successions s'ouvrent par la mort naturelle.

Art. 719. – *Abrogé par L.* 31 mai 1854.

Art. 720. — Si plusieurs personnes respectivement appelées à la succession l'une de l'autre, périssent dans un même événement, sans qu'on puisse reconnaître laquelle est décédée la première, la présomption de survie est déterminée par les circonstances du fait, et, à leur défaut, par la force de l'âge ou du sexe.

Art. 721. — Si ceux qui ont péri ensemble avaient moins de quinze ans, le plus âgé sera présumé avoir survécu.

S'ils étaient tous au-dessus de soixante ans, le moins âgé sera présumé avoir survécu.

Si les uns avaient moins de quinze ans et les autres plus de soixante, les premiers seront présumés avoir survécu.

Art. 722. — Si ceux qui ont péri ensemble avaient quinze ans accomplis et moins de soixante, le mâle est toujours présumé avoir survécu, lorsqu'il y a égalité d'âge, ou si la différence qui existe n'excède pas une année.

S'ils étaient du même sexe, la présomption de survie, qui donne ouverture à la succession dans l'ordre de la nature, doit être admise : ainsi le plus jeune est présumé avoir survécu au plus âgé.

Art. 723 (*L. 25 mars 1896, B.A.S.* 1895, p. 210). La loi règle l'ordre de succéder entre les héritiers légitimes et les héritiers naturels. À leur défaut, les biens passent à l'époux survivant, et, s'il n'y en a pas, à l'État.

Art. 724 (*L. 25 mars 1896*). — Les héritiers légitimes et les héritiers naturels sont saisis de plein droit des biens, droits et actions du défunt, sous l'obligation d'acquitter toutes les charges de la succession.

L'époux survivant et l'État doivent se faire envoyer en possession.

CHAPITRE II : DES QUALITÉS REQUISES POUR SUCCÉDER

Art. 725. — Pour succéder, il faut nécessairement exister à l'instant de l'ouverture de la succession.

Ainsi, sont incapables de succéder :

1° Celui qui n'est pas encore conçu ;
2° L'enfant qui n'est pas né viable.

Art. 726. — Abrogé par L. 14 juillet 1819.

Art. 727. — Sont indignes de succéder, et, comme tels, exclus des successions :

1° Celui qui sera condamné pour avoir donné ou tenté de donner la mort au défunt ;
2° Celui qui a porté contre le défunt une accusation capitale jugée calomnieuse ;
3° L'héritier majeur qui, instruit du meurtre du défunt, ne l'aura pas dénoncé à la justice.

Art. 728. — Le défaut de dénonciation ne peut être opposé aux ascendants et descendants du meurtrier, ni à ses alliés au même degré, ni à son époux ou à son épouse, ni à ses frères ou sœurs, ni à ses oncles et tantes, ni à ses neveux et nièces.

Art. 729. — L'héritier exclu de la succession pour cause d'indignité, est tenu de rendre tous les fruits et les revenus dont il a eu la jouissance depuis l'ouverture de la succession.

Art. 730. — Les enfants de l'indigne, venant à la succession de leur chef, et sans le secours de la représentation, ne sont pas exclus pour la faute de leur père ; mais celui-ci ne peut, en aucun cas, réclamer, sur les biens de cette succession, l'usufruit que la loi accorde aux pères et mères sur les biens de leurs enfants.

CHAPITRE III : DES DIVERS ORDRES DE SUCCESSION

Section première : Dispositions générales

Art. 731. — Les successions sont déférées aux enfants et descendants du défunt, à ses ascendants et à ses parents collatéraux, dans l'ordre et suivant les règles ci-après déterminées.

Art. 732. — La loi ne considère ni la nature ni l'origine des biens pour en régler la succession.

Art. 733. — Toute succession échue à des ascendants ou à des collatéraux se divise en deux parts égales : l'une pour les parents de la ligne paternelle, l'autre pour les parents de la ligne maternelle.

Les parents utérins ou consanguins ne sont pas exclus par les germains ; mais ils ne prennent part que dans leur ligne, sauf ce qui sera dit à l'article 752. Les germains prennent part dans les deux lignes.

Il ne se fait aucune dévolution d'une ligne à l'autre, que lorsqu'il ne se trouve aucun ascendant ni collatéral de l'une des deux lignes.

Art. 734. — Cette première division opérée entre les lignes paternelle et maternelle, il ne se fait plus de division entre les diverses branches ; mais la moitié dévolue à chaque ligne appartient à l'héritier ou aux héritiers les plus proches en degrés, sauf le cas de la représentation, ainsi qu'il sera dit ci-après.

Art. 735. — La proximité de parenté s'établit par le nombre de générations ; chaque génération s'appelle *degré*.

Art. 736. — La suite des degrés forme la ligne : on appelle *ligne directe* la suite des degrés entre personnes qui descendent l'une de l'autre ; *ligne collatérale*, la suite des degrés entre personnes qui ne descendent pas les unes des autres, mais qui descendent d'un auteur commun.

On distingue la ligne directe, en ligne directe descendante et ligne directe ascendante.

La première est celle qui lie le chef avec ceux qui descendent de lui ; la deuxième est celle qui lie une personne avec ceux dont elle descend ;

Art. 737. — En ligne directe, on compte autant de degrés qu'il y a de générations entre les personnes : ainsi le fils est, à l'égard du père, au premier degré ; le petit-fils, au second ; et réciproquement du père et de l'aïeul à l'égard des fils et petit-fils.

Art. 738. — En ligne collatérale, les degrés se comptent par les générations, depuis l'un des parents jusques et non compris l'auteur commun, et depuis celui-ci jusqu'à l'autre parent ;

Ainsi, deux frères sont au deuxième degré ; l'oncle et le neveu sont au troisième degré ; les cousins germains au quatrième : ainsi de suite.

Section II : De la représentation

Art. 739. — La représentation est une fiction de la loi, dont l'effet est de faire entre les représentants dans la place, dans le degré et dans les droits du représenté.

Art. 740. — La représentation a lieu à l'infini dans la ligne directe descendante.

Elle est admise dans tous les cas, soit que les enfants du défunt concourent avec les descendants d'un enfant prédécédé, soit que tous les enfants du défunt étant morts avant lui, les descendants desdits enfants se trouvent entre eux en degrés égaux ou inégaux.

Art. 741. — La représentation n'a pas lieu en faveur des ascendants ; le plus proche, dans chacune des deux lignes, exclut toujours le plus éloigné.

Art. 742. — En ligne collatérale, la représentation est admise en faveur des enfants et descendants de frères ou sœurs du défunt, soit qu'ils viennent à sa succession concurremment avec des oncles ou tantes, soit que tous les frères et sœurs du défunt étant prédécédés, la succession se trouve dévolue à leurs descendants en degrés égaux ou inégaux.

Art. 743. — Dans tous les cas où la représentation est admise, le partage s'opère par souche :

Si une même souche a produit plusieurs branches, la subdivision se fait aussi par souche dans chaque branche, et les membres de la même branche partagent entre eux par tête.

Art. 744. — On ne représente pas les personnes vivantes, mais seulement celles qui sont mortes naturellement.

On peut représenter celui à la succession duquel on a renoncé.

Section III : Des successions déférées aux descendants

Art. 745. — Les enfants ou leurs descendants succèdent à leurs père et mère, aïeuls, aïeules, ou autres ascendants, sans distinction de sexe ni de primogéniture, et encore qu'ils soient issus de différents mariages.

Ils succèdent par égales portions et par tête, quand ils sont tous au premier degré et appelés de leur chef : ils succèdent par souche, lorsqu'ils viennent tous ou en partie par représentation.

Section IV : Des successions déférées aux ascendants

Art. 746. — Si le défunt n'a laissé ni postérité, ni frère, ni sœur, ni descendants d'eux, la succession se divise par moitié entre les ascendants de la ligne paternelle et les ascendants de la ligne maternelle.

L'ascendant qui se trouve au degré le plus proche recueille la moitié affectée à sa ligne, à l'exclusion de tous autres.

Les ascendants au même degré succèdent par tête.

Art. 747. — Les ascendants succèdent, à l'exclusion de tous autres, aux choses par eux données à leurs enfants ou descendants décédés sans postérité, lorsque les objets donnés se retrouvent en nature dans la succession.

Si les objets ont été aliénés, les ascendants recueillent le prix qui peut en être dû. Ils succèdent aussi à l'action en reprise que pouvait avoir le donataire.

Art. 748. — Lorsque les père et mère d'une personne morte sans postérité lui ont survécu, si elle a laissé des frères, sœurs, ou des descendants d'eux, la succession se divise en deux portions égales, dont moitié seulement est déférée au père et à la mère, qui la partagent entre eux également.

L'autre moitié appartient aux frères, sœurs ou descendants d'eux, ainsi qu'il sera expliqué dans la section 5 du présent chapitre.

Art. 749. — Dans le cas où la personne morte sans postérité laisse des frères, sœurs, ou des descendants d'eux, si le père ou la mère est prédécédé, la portion qui lui aurait été dévolue conformément au précédent article, se réunit à la moitié déférée aux frères, sœurs ou à leurs représentants, ainsi qu'il sera expliqué à la section 5 du présent chapitre.

Section V : Des successions collatérales

Art. 750. — En cas de prédécès des père et mère d'une personne morte sans postérité, ses frères, sœurs ou leurs descendants sont appelés à la succession, à l'exclusion des ascendants et des autres collatéraux.

Ils succèdent, ou de leur chef, ou par représentation, ainsi qu'il a été réglé dans la section 2 du présent chapitre.

Art. 751. — Si les père et mère de la personne morte sans postérité lui ont survécu, ses frères, sœurs ou leurs représentants ne sont appelés qu'à la moitié de la succession. Si le père ou la mère seulement a survécu, ils sont appelés à recueillir les trois quarts

Art. 752. — Le partage de la moitié ou des trois quarts dévolus aux frères ou sœurs, aux termes de l'article précédent, s'opère entre eux par égales portions, s'ils sont tous du même lit ; s'ils sont de lits différents, la division se fait par moitié entre les deux lignes paternelle et maternelle du défunt ; les germains prennent part dans les deux lignes, et les utérins ou consanguins chacun dans leur ligne seulement ; s'il n'y a de frères ou sœurs que d'un côté, ils succèdent à la totalité, à l'exclusion de tous autres parents de l'autre ligne.

Art. 753. — À défaut de frères ou sœurs ou de descendants d'eux, et à défaut d'ascendants dans l'une ou l'autre ligne, la succession est déférée pour moitié aux ascendants survivants ; et pour l'autre moitié, aux parents les plus proches de l'autre ligne.

S'il y a concours de parents collatéraux au même degré, ils partagent par tête.

Art. 754. — Dans le cas de l'article précédent, le père ou la mère survivant à l'usufruit du tiers des biens auxquels il ne succède pas en propriété.

Art. 755. (*L. 31 décembre 1917. J.O. C., 1931, p. 764*) — Les parents collatéraux au-delà du sixième degré ne succèdent pas, à l'exception, toutefois, des descendants de frères et sœurs du défunt.

Toutefois, les parents collatéraux succèdent jusqu'au douzième degré lorsque le défunt n'était pas capable de tester et n'était pas frappé d'interdiction légale.

À défaut de parents au degré successible dans une ligne et de conjoint contre lequel il n'existe pas de jugement de séparation de corps passé en force de chose jugée, les parents de l'autre ligne succèdent pour le tout.

Section VI : Des successions déférées aux enfants naturels légalement reconnus et des droits de leurs père et mère dans leur succession

(L.25 mars 1896, B.A.S., 1896, p. 210)

Art. 756. — La loi n'accorde de droit aux enfants naturels sur les biens de leurs père et mère décédés que lorsqu'ils ont été légalement reconnus. Les enfants naturels légalement reconnus sont appelés en qualité d'héritiers à la succession de leur père ou de leur mère décédée.

Art. 757.- La loi n'accorde aucun droit aux enfants naturels sur les biens des parents de leur père ou de leur mère.

Art. 758. — Le droit héréditaire de l'enfant naturel dans la succession de ses père et mère est fixé ainsi qu'il suit :

Si le père ou la mère a laissé des descendants légitimes, ce droit est de la moitié de la portion héréditaire qu'il aurait eue s'il eut été légitime.

Art. 759. — Le droit est des trois quarts, lorsque les père ou mère ne laissent pas de descendants, mais bien des ascendants ou des frères ou sœurs ou des descendants légitimes de frères ou sœurs.

Art. 760. — L'enfant naturel a droit à la totalité des biens lorsque ses père et mère ne laissent ni descendants, ni ascendants, ni frères ou sœurs, ni descendants légitimes de frères ou sœurs.

Art. 761. — En cas de prédécès des enfants naturels, leurs enfants et descendants peuvent réclamer les droits fixés par les articles précédents.

Art. 762. — Les dispositions des articles 756, 758, 759, et 760 ne sont pas applicables aux enfants adultérins ou incestueux.

La loi ne leur accorde que des aliments.

Art. 763. — Ces aliments sont réglés eu égard aux facultés du père et de la mère, au nombre et à la qualité des héritiers légitimes.

Art. 764. — Lorsque le père ou la mère de l'enfant adultérin ou incestueux lui aura fait apprendre un art mécanique, ou lorsque l'un d'eux lui aura assuré des aliments de son vivant, l'enfant ne pourra élever aucune réclamation contre leur succession.

Art. 765. — La succession de l'enfant naturel décédé sans postérité est dévolue au père ou à la mère qui l'a reconnu, ou, par moitié, à tous les deux, s'il a été reconnu par les deux.

CHAPITRE IV : DES SUCCESSIONS IRRÉGULIÈRES

Section première : Des droits des frères et sœurs sur les biens des enfants naturels

(L. 25 mars 1896).

Art. 766. — En cas de prédécès des père et mère de l'enfant naturel décédé sans postérité, les biens qu'il en avait reçus passent aux frères et sœurs légitimes, s'ils se retrouvent en nature dans la succession ; les actions en reprise, s'il en existe, ou le prix des biens aliénés, s'il en est encore dû, retournent également aux frères et sœurs légitimes. Tous les autres biens passent aux frères et sœurs naturels ou à leurs descendants.

Section II : Des droits du conjoint survivant et de l'État

Art. 767 (*L. 9 mars 1891, B.A.S.*, 1891, p. 151). — Lorsque le défunt ne laisse ni parents au degré successible, ni enfants naturels, les biens de sa succession appartiennent en pleine propriété au conjoint non divorcé qui lui survit et contre lequel n'existe pas de jugement de séparation de corps passé en force de chose jugée.

(*L. 3 décembre 1930, J.O. C.*, 1931, p. 765). — Lorsque le défunt ne laisse comme héritiers que des parents au degré successible dans l'une des deux lignes, paternelle ou maternelle, la part de la succession qui aurait été attribuée aux parents de l'autre ligne est dévolue au conjoint contre lequel il n'existe pas de jugement de séparation de corps passé en force de chose jugée ; la disposition de l'article 754 du présent Code n'est pas applicable à l'encontre du conjoint survivant.

(*L. 29 avril 1925, J.O. C.*, 1931, p. 251). — Le conjoint survivant non divorcé qui ne succède pas à la pleine propriété et contre lequel n'existe pas de jugement de séparation de corps passé en force de chose jugée a, sur la succession du prédécédé, un droit s'usufruit qui est :

D'un quart, si le défunt laisse un ou plusieurs enfants issus du mariage ;

D'une part d'enfant légitime le moins prenant, sans qu'elle puisse excéder le quart, et si le défunt a des enfants nés d'un précédent mariage ;

De moitié, si le défunt laisse des enfants naturels ou descendants légitimes d'enfants naturels des frères et sœurs, ou des descendants des frères et sœurs, ou des ascendants ;

De la totalité dans tous les autres cas, quels que soient le nombre et la qualité des héritiers.

(*L. 9 mars 1891*). — Le calcul sera opéré sur une masse faite de tous les biens existant au décès du de cujus, auxquels seront réunis fictivement ceux dont il aurait disposé, soit par acte entre vifs, soit par acte testamentaire, au profit de successibles, sans dispense de rapport.

Mais l'époux survivant ne pourra exercer son droit que sur les biens dont le prédécédé n'aura disposé ni par actes entre vifs, ni par acte testamentaire, et sans préjudicier aux droits de réserve ni aux droits de retour.

Il cessera de l'exercer dans le cas où il aurait reçu du défunt des libéralités, même faites par préciput, et hors part, dont le montant atteindrait celui des droits que la présente loi lui attribue, et, si ce montant était inférieur, il ne pourrait réclamer que le complément de son usufruit.

Jusqu'au partage définitif, les héritiers peuvent exiger, moyennant sûretés suffisantes, que l'usufruit de l'époux survivant soit converti en une rente viagère équivalente. S'ils sont en désaccord, la conversion sera facultative pour les tribunaux.

En cas de nouveau mariage, l'usufruit du conjoint cesse s'il existe des descendants du défunt.

Art. 768. — À défaut de conjoint survivant, la succession est acquise à l'État.

Art. 769. — Le conjoint survivant et l'administration des Domaines qui prétendent droit à la succession, sont tenus de faire apposer les scellés, et de faire faire inventaire dans les formes prescrites pour l'acceptation des successions sous bénéfice d'inventaire.

Art. 770. — Ils doivent demander l'envoi en possession au tribunal de première instance dans le ressort duquel la succession est ouverte. Le tribunal ne peut statuer sur la demande qu'après trois publications et affiches dans les formes usitées, et après avoir entendu le procureur de la République.

Art. 771. — L'époux survivant est encore tenu de faire emploi du mobilier, ou de donner caution suffisante pour en assurer la restitution, au cas où il se présenterait des héritiers du défunt, dans l'intervalle de trois ans : après ce délai, la caution est déchargée.

Art. 772. — L'époux survivant ou l'administration des Domaines qui n'aurait pas rempli les formalités qui leur sont respectivement prescrites pourront être condamnés aux dommages et intérêts envers les héritiers, s'il s'en représente.

Art. 773. *Abrogé par L. 25 mars 1896* (B.A.S., 1896, p. 210).

CHAPITRE V : DE L'ACCEPTATION ET DE LA RÉPUDIATION DES SUCCESSIONS

Section première : *De l'acceptation*

Art. 774. — Une succession peut être acceptée purement et simplement ou sous bénéfice d'inventaire ;

Art. 775. — Nul n'est tenu d'accepter une succession qui lui est échue.

Art. 776 (L. 18 février 1938, J.O. C., 1938, p. 578). — Les successions échues aux mineurs et aux interdits ne pourront être valablement acceptées que conformément aux dispositions du titre *De la minorité, de la tutelle et de l'émancipation*.

Art. 777. — L'effet de l'acceptation remonte au jour de l'ouverture de la succession.

Art. 778. — L'acceptation peut être expresse ou tacite : elle est expresse quand on prend le titre ou la qualité d'héritier dans un acte authentique ou privé ; elle est tacite, quand l'héritier fait un acte qui suppose nécessairement son intention d'accepter, et qu'il n'aurait droit de faire qu'en sa qualité d'héritier.

Art. 779. — Les actes purement conservatoires, de surveillance et d'administration provisoire, ne sont pas des actes d'addition d'hérédité, si l'on n'y a pas pris le titre ou la qualité d'héritiers.

Art. 780. — La donation, vente ou transport que fait de ses droits successifs un des cohéritiers, soit à un étranger, soit à tous ses cohéritiers, soit à quelques-uns d'eux, emporte de sa part acceptation de la succession.

Il en est de même :

1° de la renonciation, même gratuite, que fait un des héritiers au profit d'un ou de plusieurs de ses cohéritiers.
2° De la renonciation qu'il fait même au profit de tous ses cohéritiers indistinctement, lorsqu'il reçoit le prix de sa renonciation.

Art. 781. — Lorsque celui à qui une succession est échue, est décédé sans l'avoir répudiée ou sans l'avoir acceptée expressément ou tacitement, ses héritiers peuvent l'accepter ou la répudier de son chef.

Art. 782. — Si ces héritiers ne sont pas d'accord pour accepter ou pour répudier la succession, elle doit être acceptée sous bénéfice d'inventaire.

Art. 783. — Le majeur ne peut attaquer l'acceptation expresse ou tacite qu'il a faite d'une succession que dans le cas où cette acceptation aurait été la suite d'un dol pratiqué envers lui : il ne peut jamais réclamer sous prétexte de lésion, excepté seulement dans le cas où la succession se trouverait absorbée ou diminué de plus de moitié, par la découverte d'un testament inconnu au moment de l'acceptation.

Section II : De la renonciation aux successions

Art. 784. — La renonciation à une succession ne se présume pas : elle ne peut plus être faite qu'au greffe du tribunal de première instance dans l'arrondissement duquel la succession s'est ouverte, sur un registre particulier tenu à cet effet.

Art. 785. — L'héritier qui renonce, est censé n'avoir jamais été héritier.

Art. 786. — La part du renonçant accroît à ses cohéritiers ; s'il est seul, elle est dévolue au degré subséquent.

Art. 787. — On ne vient jamais par représentation d'un héritier qui a renoncé : si le renonçant est seul héritier de son degré, ou si tous ses cohéritiers renoncent, les enfants viennent de leur chef et succèdent par tête.

Art. 788. — Les créanciers de celui qui renonce au préjudice de leurs droits peuvent se faire autoriser en justice à accepter la succession du chef de leur débiteur, en son lieu et place.

Dans ce cas, la renonciation n'est annulée qu'en faveur des créanciers, et jusqu'à concurrence seulement de leurs créances : elle ne l'est pas au profit de l'héritier qui a renoncé.

Art. 789. — La faculté d'accepter ou de répudier une succession se prescrit par le laps de temps requis pour la prescription la plus longue des droits immobiliers.

Art. 790. — Tant que la prescription du droit d'accepter n'est pas acquise contre les héritiers qui ont renoncé, ils ont la faculté d'accepter encore la succession, si elle n'a pas été déjà acceptée par d'autres héritiers ; sans préjudice néanmoins des droits qui peuvent être acquis à des tiers sur les biens de la succession, soit par prescription, soit par actes valablement faits avec le curateur à la succession vacante.

Art. 791. — On ne peut, même par contrat de mariage, renoncer à la succession d'un homme vivant ni aliéner les droits éventuels qu'on peut avoir à cette succession.

Art. 792. — Les héritiers qui auraient diverti ou recélé des effets d'une succession, sont déchus de la faculté d'y renoncer : ils demeurent héritiers purs et simples, nonobstant leur renonciation, sans pouvoir prétendre aucune part dans les objets divertis ou recélés.

Section III : Du bénéfice d'inventaire, de ses effets, et des obligations de l'héritier bénéficiaire

Art. 793. — La déclaration d'un héritier, qu'il entend ne prendre cette qualité que sous bénéfice d'inventaire, doit être faite au greffe du tribunal de première instance dans l'arrondissement duquel la succession s'est ouverte : elle doit être inscrite sur le registre destiné à recevoir les actes de renonciation.

Art. 794. — Cette déclaration n'a d'effet qu'autant qu'elle est précédée ou suivie d'un inventaire fidèle et exact des biens de la succession, dans les formes réglées par les lois sur la procédure, et dans les délais qui seront ci-après déterminés.

Art. 795. — L'héritier a trois mois pour faire inventaire, à compter du jour de l'ouverture de la succession.

Il a de plus, pour délibérer sur son acceptation ou sur sa renonciation, un délai de quarante jours, qui commencent à courir du jour de l'expiration des trois mois donnés pour l'inventaire, ou du jour de la clôture de l'inventaire, s'il a été terminé avant les trois mois.

Art. 796. — Si cependant il existe dans la succession des objets susceptibles de dépérir ou dispendieux à conserver, l'héritier peut, en sa qualité d'habile à succéder, et sans qu'on puisse en indure de sa part une acceptation, se faire autoriser par la justice à procéder à la vente de ces effets.

Cette vente doit être faite par l'officier public, après les affiches et publications réglées par les lois sur la procédure.

Art. 797. — Pendant la durée des délais pour faire inventaire et pour délibérer, l'héritier ne peut être contraint à prendre, qualité, et il ne peut être obtenu contre lui de condamnation : s'il renonce lorsque les délais sont expirés ou avant, les frais par lui faits légitimement jusqu'à cette époque sont à la charge de la succession.

Art. 798. — Après l'expiration des délais ci-dessus, l'héritier, en cas de poursuite dirigée contre lui, peut demander un nouveau délai, que le tribunal saisi de la contestation accorde ou refuse suivant les circonstances.

Art. 799. — Les frais de poursuite, dans le cas de l'article précédent, sont à la charge de la succession, si l'héritier justifie, ou qu'il n'avait pas eu connaissance du décès, ou que les délais ont été insuffisants, soit à raison de la situation des biens, soit à raison des contestations survenues : s'il n'en justifie pas, les frais restent à sa charge personnelle.

Art. 800. — L'héritier conserve néanmoins, après l'expiration des délais accordés par l'article 795, même de ceux donnés par le juge, conformément à l'article 798, la faculté de faire encore inventaire et de se porter héritier bénéficiaire, s'il n'a pas fait d'ailleurs acte d'héritier, ou s'il n'existe pas contre lui de jugement passé en force de chose jugée, qui le condamne en qualité d'héritier pur et simple.

Art. 801. — L'héritier qui s'est rendu coupable de recel, ou qui a omis, sciemment, et de mauvaise foi, de comprendre dans l'inventaire des effets de la succession, est déchu du bénéfice d'inventaire.

Art. 802. — L'effet du bénéfice d'inventaire est de donner à l'héritier l'avantage :

1° De n'être tenu du payement des dettes de la succession que jusqu'à concurrence de la valeur des biens qu'il a recueillis, même de pouvoir se décharger du payement des dettes en abandonnant tous les biens de la succession aux créanciers et aux légataires.
2° De ne pas confondre ses biens personnels avec ceux de la succession, et de conserver contre elle le droit de réclamer le payement de ses créances.

Art. 803. — L'héritier bénéficiaire est chargé d'administrer les biens de la succession, et doit rendre compte de son administration aux créanciers et aux légataires il ne peut être contraint sur ses biens personnels qu'après avoir été mis en demeure de présenter son compte, et faute d'avoir satisfait à cette obligation.

Après l'apurement du compte, il ne peut être contraint sur ses biens personnels que jusqu'à concurrence seulement des sommes dont il se trouve reliquataire.

Art. 804. — Il n'est tenu que des fautes graves dans l'administration dont il est chargé.

Art. 805. — Il ne peut vendre les meubles de la succession que par le ministère d'un officier public, aux enchères, et après les affiches et publications accoutumées.

S'il les représente en nature, il n'est tenu que de la dépréciation ou de la détérioration causée par sa négligence.

Art. 806. — Il ne peut vendre les immeubles que dans les formes prescrites par les lois sur la procédure ; il est tenu d'en déléguer le prix aux créanciers hypothécaires qui se sont fait connaître.

Art. 807. — Il est tenu, si les créanciers ou autres personnes intéressées l'exigent, de donner caution bonne et solvable de la valeur du mobilier compris dans l'inventaire, et de la portion du prix des immeubles non déléguées aux créanciers hypothécaires.

Faute par lui de fournir cette caution, les meubles sont vendus, et leur prix est déposé, ainsi que la portion non déléguée du prix des immeubles pour être employés à l'acquit des charges de la succession.

Art. 808. — S'il y a des créanciers opposants, l'héritier bénéficiaire ne peut payer que dans l'ordre et de la manière réglés par le juge.

S'il n'y a pas de créanciers opposants, il paye les créanciers et les légataires à mesure qu'ils se présentent.

Art. 809. — Les créanciers non opposants qui ne se présentent qu'après l'apurement du compte et le payement du reliquat, n'ont de recours à exercer que contre les légataires. Dans l'un et l'autre cas, le recours se prescrit par le laps de trois ans, à compter du jour de l'apurement du compte et du payement du reliquat.

Art. 810. — Les frais de scellés, s'il en a été opposé, d'inventaire et de compte, sont à la charge de la succession.

Section IV : Des successions vacantes

Art. 811. — Lorsqu'après l'expiration des délais pour faire inventaire et pour délibérer, il ne se présente personne qui réclame une succession, qu'il n'y a pas d'héritiers connus, ou que les héritiers connus y ont renoncé, cette succession est réputée vacante.

Art. 812. — Le tribunal de première instance dans l'arrondissement duquel elle est ouverte, nomme un curateur sur la demande des personnes intéressées, ou sur la réquisition du procureur de la République.

Art. 813. — Le curateur à une succession vacante est tenu, avant tout, d'en faire constater l'état par un inventaire : il en exerce et poursuit les droits ; il répond aux demandes formées contre elle ; il administre, sous la charge de faire verser le numéraire qui se trouve dans la succession, ainsi que les deniers provenant du prix des meubles ou immeubles vendus, dans la caisse du receveur de la Régie nationale, pour la conservation des droits, et à la charge de rendre compte à qui il appartiendra.

Art. 814. — Les dispositions de la section 3 du présent chapitre, sur les formes de l'inventaire, sur le mode d'administration et sur les comptes à rendre de la part de l'héritier bénéficiaire, sont, au surplus, communes aux curateurs à successions vacantes.

Dispositions nouvelles : Ordonnance 67-006 1967-03-21 PR.-MJ portant réforme de l'organisation judiciaire

Art. 70 *: Lorsque les parties seront de statuts civils différents, les règles suivantes seront appliquées :*

(...)

4° Les successions sont régies par la loi du défunt ;

Art. 72 *: Les coutumes doivent être écartées lorsqu'elles sont contraires à l'ordre public de l'État.*

Constitution du 31 mars 1996 modifiée par la Loi constitutionnelle n° 008/PR/2005 du 15/07/2005

Art. 156 *: Jusqu'à leur codification, les règles coutumières et traditionnelles ne s'appliquent que dans les communautés où elles sont reconnues.*

Toutefois, les coutumes contraires à l'ordre public ou celles qui prônent l'inégalité entre les citoyens sont interdites.

À défaut de consentement, la loi nationale est seule applicable.

Art. 157 *: Les règles coutumières et traditionnelles régissant les régimes matrimoniaux et les successions ne peuvent s'appliquer qu'avec le consentement des parties concernées.*

À défaut de consentement, la loi nationale est seule applicable.

Il en est de même en cas de conflit entre deux ou plusieurs règles coutumières.

CHAPITRE VI : DU PARTAGE ET DES RAPPORTS

Section première : De l'action en partage et de sa forme

Art. 815. — Nul ne peut être contraint à demeurer dans l'indivision, et le partage peut être toujours provoqué, nonobstant prohibition et conventions contraires.

On peut cependant convenir de suspendre le partage pendant un temps limité : cette convention ne peut être obligatoire au-delà de cinq ans ; mais elle peut être renouvelée.

Art. 816. — Le partage peut être demandé même quand l'un des cohéritiers aurait joui séparément de partie des biens de la succession, s'il n'y a eu un acte de partage, ou possession suffisante pour acquérir la prescription.

Art. 817 (*L. 15 décembre 1921, J.O., A.E.F.*, 1922, p. 54). — L'action en partage, à l'égard des cohéritiers mineurs ou interdits, peut être exercée par leurs tuteurs spécialement autorisés par un conseil de famille. Cette autorisation n'est pas nécessaire dans le cas où la demande en partage est introduite par voie de requête collective présentée par tous les intéressés.

À l'égard des cohéritiers absents, l'action appartient aux parents envoyés en possession.

Art. 818. — Le mari peut, sans le concours de sa femme, provoquer le partage des objets meubles ou immeubles à elle échus qui tombent dans la communauté à l'égard des objets qui ne tombent pas en communauté, le mari ne peut en provoquer le partage sans le concours de sa femme ; il peut seulement, s'il a le droit de jouir de ses biens, demander un partage provisionnel.

Les cohéritiers de la femme ne peuvent provoquer le partage définitif qu'en mettant en cause le mari et la femme.

Art. 819. — Si tous les héritiers sont présents et majeurs, l'apposition de scellés sur les effets de la succession n'est pas nécessaire, et le partage peut être fait dans la forme et par tel acte que les parties intéressées jugent convenable.

Si tous les héritiers ne sont pas présents, s'il y a parmi eux des mineurs ou des interdits, le scellé doit être apposé dans le plus bref délai, soit à la requête des héritiers, soit à la diligence du procureur de la République près le tribunal de première instance, soit d'office par le juge de paix dans l'arrondissement duquel la succession est ouverte.

Art. 820. — Les créanciers peuvent aussi requérir l'apposition des scellés, en vertu d'un titre exécutoire ou d'une permission du juge.

Art. 821. — Lorsque le scellé a été apposé, tous créanciers peuvent y former opposition, encore qu'ils n'aient ni titre exécutoire ni permission du juge.

Les formalités pour la levée des scellés et la confection de l'inventaire sont réglées par les lois sur la procédure.

Art. 822 (*L. 15 décembre 1921*). — L'action en partage et les contestations qui s'élèvent dans le cours des opérations sont soumises au tribunal du lieu de l'ouverture de la succession ; c'est devant ce tribunal qu'il est procédé aux licitations et que doivent être portées les demandes relatives à la garantie des lots entre copartageants et celles en rescision du partage.

(*L. 15 décembre 1921*). — Si toutes les parties sont d'accord, le tribunal peut être saisi de la demande en partage par une requête collective signée par leurs avoués. S'il y a lieu à licitation, la requête contiendra une mise à prix qui servira d'estimation. Dans ce cas, le jugement est rendu en chambre du conseil et n'est pas susceptible d'appel si les conclusions de la requête sont admises par le tribunal sans modification.

Art. 823. — Si l'un des cohéritiers refuse de consentir au partage, ou s'il s'élève des contestations soit sur le mode d'y procéder, soit sur la manière de le terminer, le tribunal prononce comme en matière sommaire ou commet, s'il y a lieu, pour les opérations de partage, un des juges, sur le rapport duquel il décide les contestations.

Art. 824. — L'estimation des immeubles est faite par experts choisis par les parties intéressées, ou, à leur refus, nommés d'office.

Le procès-verbal des experts doit présenter les bases de l'estimation ; il doit indiquer si l'objet estimé peut-être commodément partagé ; de quelle manière ; fixer enfin, en cas de division, chacune des parts qu'on peut en former, et leur valeur.

Art. 825. — L'estimation des meubles, s'il n'y a pas eu de prisée faite dans un inventaire régulier, doit être faite par gens à ce connaissant, à juste prix et sans crue.

Art. 826. — Chacun des cohéritiers peut demander sa part en nature des meubles et immeubles de la succession : néanmoins, s'il y a des créanciers saisissants ou opposants, ou si la majorité des cohéritiers juge la vente nécessaire pour l'acquit des dettes et charges de la succession, les meubles sont vendus publiquement en la forme ordinaire.

Art. 827. — Si les immeubles ne peuvent pas se partager commodément, il doit être procédé à la vente par licitation devant le tribunal.

Art. 828. — Après que les meubles et immeubles ont été estimés et vendus, s'il y a lieu, le juge-commissaire renvoie les parties devant un notaire dont elles conviennent ou nommé d'office, si les parties ne s'accordent pas sur le choix.

On procède, devant cet officier, aux comptes que les copartageants peuvent se devoir, à la formation de la masse générale, à la composition des lots, et aux fournissements à faire à chacun des copartageants.

Art. 829. — Chaque cohéritier fait rapport à masse, suivant les règles qui seront ci-après établies, des dons qui lui ont été faits, et des sommes dont il est débiteur.

Art. 830. — Si le rapport n'est pas fait en nature, les cohéritiers à qui il est dû, prélèvent une portion égale sur la masse de la succession.

Les prélèvements se font, autant que possible en objets de même nature, qualité et bonté que les objets non rapportés en nature.

Art. 831. — Après ces prélèvements, il est procédé, sur ce qui reste dans la masse à la composition d'autant de lots égaux qu'il y a d'héritiers copartageants, ou de souches copartageantes.

Art. 832. — Dans la formation et la composition des lots, on doit éviter de morceler les héritages et de diviser les exploitations et il convient de faire entrer dans chaque lot, s'il se peut, la même quantité de meubles, d'immeubles, de droits ou de créances de même nature et valeur.

Art. 833. — L'inégalité des lots en nature se compense par un retour, soit en rente, soit en argent.

Art. 834. — Les lots sont faits par l'un des cohéritiers, s'ils peuvent convenir entre eux sur le choix, et si celui qu'ils avaient choisi accepte la commission ; dans le cas contraire, les lots sont faits par un expert que le juge-commissaire désigne.

Ils sont ensuite tirés au sort.

Art. 835. — Avant de procéder au titrage des lots, chaque copartageant est admis à proposer ses réclamations contre leur formation.

Art. 836. — Les règles établies pour la division des masses à partager, sont également observées dans la subdivision à faire entre les souches copartageantes.

Art. 837. — Si, dans les opérations renvoyées devant un notaire, il s'élève des contestations, le notaire dressera procès-verbal des difficultés et des dires respectifs des parties, les renverra devant le commissaire nommé pour le partage ; et, au surplus, il sera procédé suivant les formes prescrites par les lois sur la procédure.

Art. 838. — Si tous les cohéritiers ne sont pas présents, ou s'il y a parmi eux des interdits, ou des mineurs, même émancipés, le partage doit être fait en justice, conformément aux règles prescrites par les articles 819 et suivants, jusques et compris l'article précédent. S'il y a plusieurs mineurs qui aient des intérêts opposés dans le partage, il doit leur être donné à chacun un tuteur spécial et particulier.

Art. 839. — S'il y a lieu à licitation, dans le cas du précédent article, elle ne peut être faite qu'en justice avec les formalités prescrites pour l'aliénation des biens des mineurs. Les étrangers y sont toujours admis.

Art. 840. — Les partages faits conformément aux règles ci-dessus prescrites, soit par les tuteurs, avec l'autorisation du conseil de famille, soit par les mineurs émancipés, assistés de leurs curateurs, soit au nom des absents ou non présents, sont définitifs : ils ne sont que provisionnels, si les règles prescrites n'ont pas été observées.

Art. 841. — Toute personne, même parente du défunt, qui n'est pas successible, et à laquelle un cohéritier aurait cédé son droit à la succession, peut être écartée du partage, soit par tous les cohéritiers, soit par un seul, en lui remboursant le prix de la cession.

Art. 842. — Après le partage, remise doit être faite à chacun des copartageants, des titres particuliers aux objets qui lui seront échus.

Les titres d'une propriété divisée restent à celui qui a la plus grande part, à la charge d'en aider ceux de ses copartageants qui y auront intérêt, quand il en sera requis.

Les titres communs à toute l'hérédité seront remis à celui que tous les héritiers ont choisi pour en être le dépositaire, à la charge d'en aider les copartageants, à toute réquisition. S'il y a difficulté sur ce choix, il est réglé par le juge.

Section II : Des rapports

Art. 843 (*L. 24 mars 1898, J.O. A.E.F.*, 1920, p. 96). — Tout héritier, même bénéficiaire, venant à une succession, doit rapporter à ses cohéritiers tout ce qu'il a reçu du défunt, par donations entre vifs, directement ou indirectement : il ne peut retenir les dons à lui faits par le défunt, à moins qu'ils ne lui aient été faits expressément par préciput et hors part, ou avec dispense du rapport.

Les legs faits à un héritier sont réputés faits par préciput et hors part, à moins que le testateur n'ait exprimé la volonté contraire, auquel cas le légataire ne peut réclamer son legs qu'en moins prenant.

Art. 844 (L. 24 mars 1898). — Les dons faits par préciput ou avec dispense de rapport ne peuvent être retenus ni les legs réclamés par l'héritier venant à partage que jusqu'à concurrence de la quotité disponible ; l'excédent est sujet à rapport.

Art. 845. — L'héritier qui renonce à la succession, peut cependant retenir le don entre vifs, ou réclamer le legs à lui fait, jusqu'à concurrence de la portion disponible.

Art. 846. — Le donataire qui n'était pas héritier présomptif lors de la donation, mais qui se trouve successible au jour de l'ouverture de la succession, doit également le rapport, à moins que le donateur ne l'en ait dispensé.

Art. 847. — Les dons et legs faits au fils de celui qui se trouve successible à l'époque de l'ouverture de la succession, sont toujours réputés faits avec dispense du rapport.

Le père venant à la succession du donateur n'est pas tenu de les rapporter.

Art. 848. — Pareillement, le fils venant de son chef à la succession du donateur, n'est pas tenu de rapporter le don fait à son père, même quand il aurait accepté la succession de celui-ci : mais si le fils ne vient que par représentation, il doit rapporter ce qui avait été donné à son père, même dans le cas où il aurait répudié sa succession.

Art. 849. — Les don et legs faits au conjoint d'un époux successible, sont réputés faits avec dispense du rapport.

Si les dons et legs sont faits conjointement à deux époux, dont l'un seulement est successible, celui-ci en rapporte la moitié ; si les dons sont faits à l'époux successible, il les rapporte en entier.

Art. 850. — Le rapport ne se fait qu'à la succession du donateur.

Art. 851. — Le rapport est dû de ce qui a été employé pour l'établissement d'un des cohéritiers, ou pour le payement de ses dettes.

Art. 852. — Les frais de nourriture, d'entretien, d'éducation, d'apprentissage, les frais ordinaires d'équipement, ceux de noces et présents d'usage, ne doivent pas être rapportés.

Art. 853. — Il en est de même des profits que l'héritier a pu retirer de conventions passées avec le défunt, si ces conventions en présentaient aucun avantage indirect, lorsqu'elles ont été faites.

Art. 854. — Pareillement, il n'est pas dû de rapport pour les associations faites sans fraude entre le défunt et l'un de ses héritiers, lorsque les conditions en ont été réglées par un acte authentique.

Art. 855. — L'immeuble qui a péri par cas fortuit et sans la faute du donataire n'est sujet à rapport.

Art. 856. — Les fruits et les intérêts des choses sujettes à rapport ne sont dus qu'à compter du jour de l'ouverture de la succession.

Art. 857. — Le rapport n'est dû que par le cohéritier à son cohéritier : il n'est pas dû aux légataires ni aux créanciers de la succession.

Art. 858. — Le rapport se fait en nature ou en moins prenant.

Art. 859. — Il peut être exigé en nature à l'égard des immeubles, toutes les fois que l'immeuble donné n'a pas été aliéné par le donataire, et qu'il n'y a pas, dans la succession, d'immeuble de même nature, valeur et bonté, dont on puisse former des lots à peu près égaux pour les autres cohéritiers.

Art. 860. — Le rapport n'a lieu qu'en moins prenant quand le donataire a aliéné l'immeuble avant l'ouverture de la succession ; il est dû de la valeur de l'immeuble à l'époque de l'ouverture.

Art. 861. — Dans tous les cas il doit être tenu compte au donataire des impenses qui ont amélioré la chose, eu égard à ce dont sa valeur se trouve augmentée au temps du partage.

Art. 862. — Il doit être pareillement tenu compte au donataire des impenses nécessaires qu'il a faites pour la conservation de la chose, encore qu'elles n'aient point amélioré le fonds.

Art. 863. — Le donataire, de son côté, doit tenir compte des dégradations et détériorations qui ont diminué la valeur de l'immeuble, par son fait ou par sa faute et négligence.

Art. 864. — Dans le cas où l'immeuble a été aliéné par le donataire, les améliorations faites par l'acquéreur doivent être imputées conformément aux trois articles précédents.

Art. 865. — Lorsque le rapport se fait en nature, les biens se réunissent à la masse de la succession, francs et quittes de toutes charges créées par le donataire ; mais les créanciers ayant hypothèque peuvent intervenir au partage, pour s'opposer à ce que le rapport se fasse en fraude de leurs droits.

Art. 866. — Lorsque le don d'un immeuble à un successible avec dispenses de rapport excède la portion disponible, le rapport de l'excédent se fait en nature si le retranchement de cet excédent peut s'opérer commodément. Dans le cas contraire, si l'excédent est de plus de moitié de la valeur de l'immeuble, le donataire doit rapporter l'immeuble en totalité, sauf à prélever sur la masse la valeur de la portion disponible : si cette portion excède la moitié de la valeur de l'immeuble, le donataire peut retenir l'immeuble en totalité sauf à moins prendre et à récompenser ses cohéritiers en argent autrement.

Art. 867. — Le cohéritier qui fait le rapport en nature d'un immeuble peut en retenir la possession jusqu'au remboursement effectif des sommes qui lui sont dues pour impenses ou améliorations.

Art. 868. — Le rapport du mobilier ne se fait qu'en moins prenant. Il se fait sur le pied de la valeur du mobilier lors de la donation, d'après l'état estimatif annexé à l'acte ; et à défaut de cet état, d'après une estimation par experts, à juste prix et sans crue.

Art. 869. — Le rapport de l'argent donné se fait en moins prenant dans le numéraire de la succession.

En cas d'insuffisance, le donataire peut se dispenser de rapporter du numéraire, en abandonnant, jusqu'à due concurrence, du mobilier, et à défaut de mobilier, des immeubles de la succession.

Section III : Du payement des dettes

Art. 870. — Les cohéritiers contribuent entre eux au payement des dettes et charges de la succession, chacun dans la proportion de ce qu'il y prend.

Art. 871. — Le légataire à titre universel contribue avec les héritiers au prorata de son émolument ; mais le légataire particulier n'est pas tenu des dettes et charges, sauf toutefois l'action hypothécaire sur l'immeuble légué.

Art. 872. — Lorsque des immeubles d'une succession sont grevés de rentes par hypothèque spéciale, chacun des cohéritiers peut exiger que les rentes soient remboursées et les immeubles rendus libres avant qu'il soit procédé à la formation des lots. Si les cohéritiers partagent la succession dans l'état où elle se trouve, l'immeuble grevé doit être estimé au même taux que les autres immeubles ; il est fait déduction du capital de la rente sur le prix total ; l'héritier dans le lot duquel tombe cet immeuble, demeure chargé du service de la rente, et il doit en garantir ses cohéritiers.

Art. 873. — Les héritiers sont tenus des dettes et charges de la succession, personnellement pour leur part et portion virile, et hypothécairement pour le tout ; sauf leur recours, soit contre leurs cohéritiers, soit contre les légataires universels, à raison de la part pour laquelle ils doivent y contribuer.

Art. 874. — Le légataire particulier qui a acquitté la dette dont l'immeuble légué était grevé demeure subrogé aux droits du créancier contre les héritiers et successeurs à titre universel.

Art. 875. — Le cohéritier ou successeur à titre universel, qui, par l'effet de l'hypothèque, a payé au-delà de sa part de la dette commune, n'a de recours contre les autres cohéritiers ou successeurs à titre universel, que pour la part que chacun d'eux doit personnellement en supporter, même dans le cas où le cohéritier qui a payé la dette se serait fait subroger aux droits des créanciers ; sans préjudicie néanmoins des droits d'un cohéritier qui, par l'effet du bénéfice d'inventaire, aurait conservé la faculté de réclamer le payement de sa créance personnelle, comme tout autre créancier.

Art. 876. — En cas d'insolvabilité d'un des cohéritiers ou successeurs à titre universel, sa part dans la dette hypothécaire est répartie sur tous les autres, au marc franc.

Art. 877. — Les titres exécutoires contre le défunt sont pareillement exécutoires contre l'héritier personnellement ; et néanmoins les créanciers ne pourront en poursuivre l'exécution que huit jours après la signification de ces titres à la personne ou au domicile de l'héritier.

Art. 878. — Ils peuvent demander, dans tous les cas, et contre tout créancier, la séparation du patrimoine du défunt d'avec le patrimoine de l'héritier.

Art. 879. — Ce droit ne peut cependant plus être exercé, lorsqu'il y a novation dans la créance contre le défunt, par l'acceptation de l'héritier pour débiteur.

Art. 880. — Il se prescrit, relativement aux meubles, par le laps de trois ans.

À l'égard des immeubles, l'action peut être exercée tant qu'ils existent dans la main de l'héritier.

Art. 881. — Les créanciers de l'héritier ne sont point admis à demander la séparation des patrimoines contre les créanciers de la succession.

Art. 882. — Les créanciers d'un copartageant, pour éviter que le partage ne soit fait en fraude de leurs droits, peuvent s'opposer à ce qu'il y soit procédé hors de leur présence : ils ont le droit d'y intervenir à leurs frais : mais ils ne peuvent attaquer un partage consommé, à moins toutefois qu'il n'y ait été procédé sans eux et au préjudice d'une opposition qu'ils auraient formée.

Section IV : Des effets du partage, et de la garantie des lots

Art. 883. — Chaque cohéritier est censé avoir succédé seul et immédiatement à tous les effets compris dans son lot, ou à lui échus sur la licitation, et n'avoir jamais eu la propriété des autres effets de la succession.

Art. 884. — Les cohéritiers demeurent respectivement garants, les unes envers les autres, des troubles et évictions seulement qui procèdent d'une cause antérieure au partage.

La garantie n'a pas lieu, si l'espèce d'éviction soufferte a été exceptée par une clause particulière et expresse de l'acte de partage ; elle cesse, si c'est par sa faute que le cohéritier souffre l'éviction.

Art. 885. — Chacun des cohéritiers est personnellement obligé, en proportion de sa part héréditaire, d'indemniser son cohéritier de la perte que lui a causé l'éviction.

Si l'un des héritiers se trouve insolvable, la portion dont il est tenu doit être également répartie entre le garanti et tous les cohéritiers solvables.

Art. 886. — La garantie de la solvabilité du débiteur d'une rente ne peut être exercée que dans les cinq ans qui suivent le partage. Il n'y a pas lieu à garantie à raison de l'insolvabilité du débiteur, quand elle n'est pas survenue que depuis le partage consommé.

Section V : De la rescision en matière de partage

Art. 887. — Les partages peuvent être rescindés pour cause de violence ou de dol.

Il peut aussi y avoir lieu à rescision, lorsqu'un des cohéritiers établit, à son préjudice une lésion de plus du quart. La simple émission d'un objet de la succession ne donne pas ouverture à l'action en rescision, mais seulement à un supplément à l'acte de partage.

Art. 888. — L'action en rescision est admise contre tout acte qui a pour objet de faire cesser l'indivision entre cohéritiers, encore qu'il fût qualifié de vente, d'échange et de transaction, ou de toute autre manière.

Mais après le partage, ou l'acte qui en tient lieu, l'action en rescision n'est plus admissible contre la transaction faite sur les difficultés réelles que présentait le premier acte, même quand il n'y aurait pas eu à ce sujet de procès commencé.

Art. 889. — L'action n'est pas admise contre une vente de droits successifs faite sans fraude à l'un des héritiers, à ses risques et périls, par ses autres cohéritiers, ou par l'un d'eux.

Art. 890. — Pour juger s'il y a eu lésion, on estime les objets suivant leur valeur à l'époque du partage.

Art. 891. — Le défendeur à la demande en rescision peut en arrêter le cours et empêcher un nouveau partage, en offrant et en fournissant au demandeur le supplément de sa portion d'héréditaire, soit en numéraire, soit en nature.

Art. 892. — Le cohéritier qui a aliéné son lot en tout ou partie, n'est plus recevable à intenter l'action en rescision pour dol ou violence, si l'aliénation qu'il a faite est postérieure à la découverte du dol, ou à la cessation de la violence.

TITRE DEUXIÈME : DES DONATIONS ENTRE VIFS ET DES TESTAMENTS

CHAPITRE PREMIER : DISPOSITIONS GÉNÉRALES

Art. 893. — On ne pourra disposer de ses biens, à titre gratuit, que par donation entre vifs ou par testament, dans les formes ci-après établies.

Art. 894. — La donation entre vifs est un acte par lequel le donateur se dépouille actuellement et irrévocablement de la chose donnée, en faveur du donataire qui l'accepte.

Art. 895. — Le testament est un acte par lequel le testateur dispose, pour le temps où il n'existera plus, de tout ou partie de ses biens, et qu'il peut révoquer.

Art. 896. — Les substitutions sont prohibées.

Toute disposition par laquelle le donataire, l'héritier institué, ou le légataire, sera chargé de conserver et de rendre à un tiers, sera nulle, même à l'égard du donataire de l'héritier institué, ou du légataire.

Art. 897. — Sont exceptées des deux premiers paragraphes de l'article précédent les dispositions permises aux pères et mères et aux frères et sœurs, au chapitre 6 du présent titre.

Art. 898. — La disposition par laquelle un tiers serait appelé à recueillir le don, l'hérédité ou le legs, dans le cas où le donataire, l'héritier institué ou le légataire, ne le recueillerait pas, ne sera pas regardée comme une substitution, et sera valable.

Art. 899. — Il en sera de même de la disposition entre vifs ou testamentaire par laquelle l'usufruit sera donné à l'un, et la nue-propriété à l'autre.

Art. 900. — Dans toute disposition entre vifs ou testamentaire, les conditions impossibles, celles qui seront contraires aux lois et aux mœurs, seront réputées non écrites.

CHAPITRE II : DE LA CAPACITÉ DE DISPOSER OU DE RECEVOIR PAR DONATION ENTRE VIFS OU PAR TESTAMENT

Art. 901. — Pour faire une donation entre vifs ou un testament, il faut être sain d'esprit.

Art. 902. — Toutes personnes peuvent disposer et recevoir, soit par donation entre vifs, soit par testament, excepté celles que la loi en déclare incapables.

Art. 903. — Le mineur âgé de moins de seize ans ne pourra aucunement disposer, sauf ce qui est réglé au chapitre 9 du présent titre.

Art. 904. — Le mineur parvenu à l'âge de seize ans ne pourra disposer que par testament, et jusqu'à concurrence seulement de la moitié des biens dont la loi permet au majeur de disposer.

(*L. 28 octobre 1916, J.O. A.E.F.*, 1917, p. 2). — Toutefois, s'il est appelé sous les drapeaux pour une campagne de guerre, il pourra, pendant la durée des hostilités, disposer de la même quotité que s'il était majeur, en faveur de l'un quelconque de ses parents ou de plusieurs d'entre eux jusqu'au sixième degré inclusivement ou encore en faveur de son conjoint survivant.

À défaut de parents au sixième degré inclusivement, le mineur pourra disposer comme ferait un majeur.

Art. 905. — *Abrogé* par L. 18 février 1938, J.O. C., 1938, p. 579.

Art. 906. — Pour être capable de recevoir entre vifs, il suffit d'être conçu au moment de la donation.

Pour être capable de recevoir par testament, il suffit d'être conçu à l'époque du décès du testateur.

Néanmoins la donation ou le testament n'auront leur effet qu'autant que l'enfant sera né viable.

Art. 907. — Le mineur, quoique parvenu à l'âge de seize ans, ne pourra, même par testament, disposer au profit de son tuteur.

Le mineur, devenu majeur, ne pourra disposer, soit par donation entre vifs, soit par testament, au profit de celui qui aura été son tuteur, si le compte définitif de la tutelle n'a été préalablement rendu et apuré.

Sont exceptés, dans les deux cas ci-dessus, les ascendants des mineurs, qui sont ou qui ont été leurs tuteurs.

Art. 908 *(L. 25 mars 1896, B.A.S., 1896, p. 210)*. — Les enfants naturels légalement reconnus ne pourront rien recevoir par donation entre vifs au-delà de ce qui leur est accordé au titre Des successions. Cette incapacité ne pourra été invoquée que par les descendants du donateur, par ses ascendants, par ses frères et sœurs et les descendants légitimes de ses frères et sœurs.

Le père ou la mère qui les ont reconnus pourront leur léguer tout ou partie de la quotité disponible sans toutefois qu'en aucun cas lorsqu'ils se trouvent en concours avec des descendants légitimes, un enfant naturel puisse recevoir plus qu'une part d'enfant légitime le moins prenant.

Les enfants adultérins ou incestueux ne pourront rien recevoir par donation entre vifs ou par testament au-delà de ce qui leur est accordé par les articles 762, 763 et 764.

Art. 909. — Les docteurs en médecine ou en chirurgie, les officiers de santé et les pharmaciens qui auront traité une personne pendant la maladie dont elle meurt, ne pourront profiter des dispositions entre vifs ou testamentaires qu'elle aurait faites en leur faveur pendant le cours de cette maladie.

Sont exceptés :

1° Les dispositions rémunératoires faites à titre particulier, eu égard aux facultés du disposant et aux services rendus ;

2° Les dispositions universelles, dans le cas de parenté jusqu'au quatrième degré inclusivement, pourvu toutefois que le décédé n'ait pas d'héritiers en ligne directe ; à moins que celui au profit de qui la disposition a été faite, ne soit lui-même du nombre de ces héritiers.

Les mêmes règles seront observées à l'égard du ministre du Culte.

Art. 910. — Les dispositions entre vifs ou par testament, au profit des hospices, des pauvres d'une commune, ou d'établissements d'utilité publique, n'auront leur effet qu'autant qu'elles seront autorisées par un décret du Président de la République.

Art. 911. — Toute disposition au profit d'un incapable sera nulle, soit qu'on la déguise sous forme d'un contrat onéreux, soit qu'on la fasse sous le nom de personnes interposées.

Seront réputées personnes interposées les père et mère, les enfants et les descendants, et l'époux de la personne incapable.

Art. 912. – *Abrogé par L. 14 juillet 1819.*

CHAPITRE III : DE LA PORTION DE BIENS DISPONIBLES, ET DE LA RÉDUCTION

Section première : De la portion de biens disponibles

Art. 913. — Les libéralités, soit par actes entre vifs, soit par testament, ne pourront excéder la moitié des biens du disposant, s'il ne laisse à son décès qu'un enfant légitime : le tiers, s'il laisse deux enfants ; le quart, s'il en laisse trois ou un plus grand nombre.

(*L. 25 mars 1896, B.A.S.*, 1896, p. 210). — L'enfant naturel légalement reconnu a droit à une réserve. Cette réserve est une quotité de celle qu'il aurait eue s'il eût été légitime, calculée en observant la proportion qui existe entre la portion attribuée à l'enfant naturel au cas de succession (*ab intestat*), et celle qu'il aurait eue dans le même cas s'il eût été légitime.

Sont compris dans le présent article, sous le nom d'enfants, les descendants en quelque degré que ce soit. Néanmoins, ils ne sont comptés que pour l'enfant qu'ils représentent dans la succession du disposant.

Art. 914 (*L. 25 mars 1896*). — Les libéralités par acte entre vifs ou par testament, ne pourront excéder la moitié des biens, si, à défaut d'enfant, le défunt laisse un ou plusieurs ascendants dans chacune des lignes paternelle ou maternelle, et les trois quarts, s'il ne laisse d'ascendants que dans une ligne.

Les biens ainsi réservés au profit des ascendants seront par eux recueillis dans l'ordre où la loi les appelle à succéder ; ils auront seuls droit à cette réserve, dans tous les cas où un partage en concurrence avec des collatéraux ne leur donnerait pas la quotité de biens à laquelle elle est fixée.

Art. 915 (*L. 25 mars 1896*). — Lorsque, à défaut d'enfants légitimes, le défunt laisse à la fois un ou plusieurs enfants naturels et des ascendants dans les deux lignes ou dans une seule, les libéralités par actes entre vifs et par testament ne pourront excéder la moitié des biens du disposant s'il n'y a qu'un enfant naturel, le tiers s'il y en a deux, le quart s'il y en a trois ou un plus grand nombre. Les biens ainsi réservés seront recueillis par les ascendants jusqu'à concurrence d'un huitième de la succession, et le surplus par les enfants naturels.

Art. 916. — À défaut d'ascendants et de descendants, les libéralités par actes entre vifs ou testamentaires pourront épuiser la totalité des biens.

Art. 917. — Si la disposition par acte entre vifs ou par testament est d'un usufruit ou d'une rente viagère dont la valeur excède la quotité disponible, les héritiers au profit desquels la loi fait une réserve, auront l'option, ou d'exécuter cette disposition, ou de faire l'abandon de la propriété de la quotité disponible.

Art. 918. — La valeur en pleine propriété des biens aliénés, soit à charge de rente viagère, soit à fonds perdu, ou avec réserve d'usufruit, à l'un des successibles en ligne directe, sera imputée sur la portion disponible ; et l'excédent, s'il y en a, sera rapporté à la masse. Cette imputation et ce rapport ne pourront être demandés par ceux des autres successibles en ligne directe qui auraient consenti à ces aliénations, ni, dans aucun cas, par les successibles en ligne collatérale.

Art. 919 (*L. 24 mars 1898, J.O. A.E.F.*, 1920, p. 96). — La quotité disponible pourra être donnée en tout ou en partie, soit par acte entre vifs, soit par testament, aux enfants ou autres successibles du donateur, sans être sujette au rapport par le donataire ou le légataire venant à la succession, pourvu qu'en ce qui touche les dons la disposition ait été faite expressément à titre du préciput et hors part.

La déclaration que le don est à titre de préciput et hors part pourra être faite, soit par l'acte qui contiendra la disposition, soit postérieurement dans la forme des dispositions entre vifs ou testamentaires.

Section II : De la réduction des donations et legs

Art. 920. — Les dispositions soit entre vifs, soit à cause de mort, qui excèderont la quotité disponible, seront réductibles à cette quotité lors de l'ouverture de la succession.

Art. 921. — La réduction des dispositions entre vifs ne pourra être demandée que par ceux au profit desquels la loi fait la réserve, par leurs héritiers ou ayants cause : les donataires, les légataires, ni les créanciers du défunt, ne pourront demander cette réduction, ni en profiter.

Art. 922. — La réduction se détermine en formant une masse de tous les biens existant au décès du donateur ou testateur. On y réunit fictivement ceux dont il a été disposé par donations entre vifs, d'après leur état et leur valeur à l'époque des donations et leur valeur au temps du décès du donateur. On calcule sur tous ces biens, après en avoir déduit les dettes, quelle est, eu égard à la qualité des héritiers qu'il laisse, la quotité dont il a pu disposer.

Art. 923. — Il n'y aura jamais lieu à réduire les donations entre vifs, qu'après avoir épuisé la valeur de tous les biens compris dans les dispositions testamentaires ; et lorsqu'il y aura lieu à cette réduction, elle se fera en commençant par la dernière donation, et ainsi de suite en remontant des dernières aux plus anciennes.

Art. 924. — Si la donation entre vifs réductible a été faite à l'un des successibles, il pourra retenir, sur les biens donnés, la valeur de la portion qui lui appartiendrait, comme héritier, dans les biens non disponibles, s'ils sont de la même nature.

Art. 925. — Lorsque la valeur des donations entre vifs excédera ou égalera la quotité disponible, toutes les dispositions testamentaires seront caduques.

Art. 926. — Lorsque les dispositions testamentaires excéderont, soit la quotité disponible, soit la portion de cette quotité qui resterait après avoir déduit la valeur des donations entre vifs, la réduction sera faite au marc le franc, sans aucune distinction entre les legs universels et les legs particuliers.

Art. 927. — Néanmoins dans tous les cas où le testateur aura expressément déclaré qu'il entend que tel legs soit acquitté de préférence aux autres, cette préférence aura lieu ; et le legs qui en sera l'objet ne sera réduit qu'autant que la valeur des autres ne remplirait pas la réserve légale.

Art. 928. — Le donataire restituera les fruits de ce qui excédera la portion disponible, à compter du jour du décès du donateur, si la demande en réduction a été faite dans l'année ; sinon, du jour de la demande.

Art. 929. — Les immeubles à recouvrer par l'effet de la réduction, le seront sans charge de dettes ou hypothèques créées par le donataire.

Art. 930. — L'action en réduction ou revendication pourra être exercée par les héritiers contre les tiers détenteurs des immeubles faisant partie des donations et aliénés par les donataires, de la même manière et dans le même ordre que contre les donataires eux-mêmes, et discussion préalablement faite de leurs biens. Cette action devra être exercée suivant l'ordre des dates des aliénations, en commençant par la plus récentes.

CHAPITRE IV : DES DONATIONS ENTRE VIFS

Section première : De la forme des donations entre vifs

Art. 931. — Tous actes portant donation entre vifs seront passés devant notaires, dans la forme ordinaire des contrats ; et il en sera minute, sous peine de nullité.

Art. 932. — La donation entre vifs n'engagera le donateur, et ne produira aucun effet, que du jour qu'elle aura été acceptée en termes exprès.

L'acceptation pourra être faite du vivant du donateur, par un acte postérieur et authentique dont il restera minute ; mais alors la donation n'aura d'effet, à l'égard du donateur, que du jour où l'acte qui constatera cette acceptation lui aura été notifié.

Art. 933. — Si le donataire est majeur, l'acceptation doit être faite par lui, ou, en son nom, par la personne fondée de sa procuration, portant pouvoir d'accepter la donation faite, ou un pouvoir général d'accepter les donations qui auraient été ou qui pourraient être faites.

Cette procuration devra être passée devant notaires, et une expédition devra en être annexée à la minute de la donation, ou à la minute de l'acceptation qui serait faite par acte séparé.

Art. 934. – *Abrogé par L. 18 février 1938, J.O. C., 1938, p. 579.*

Art. 935. — La donation faite à un mineur non émancipé ou à un interdit devra être acceptée par son tuteur, conformément à l'article 468, au titre *De la minorité, de la tutelle et de l'émancipation.*

Le mineur émancipé pourra accepter avec l'assistance de son curateur.

Néanmoins les père et mère du mineur émancipé ou non émancipé, ou les autres ascendants, même du vivant des père et mère, quoiqu'ils ne soient ni tuteurs ni curateurs du mineur, pourront accepter pour lui.

Art. 936. — Le sourd-muet qui saura écrire, pourra accepter lui-même ou par un fondé de pouvoir.

S'il ne sait pas écrire, l'acceptation doit être faite par un curateur nommé à cet effet, suivant les règles établies au titre *De la minorité, de la tutelle et de l'émancipation.*

Art. 937. — Les donations faites au profit d'hospices, des pauvres d'une commune, ou d'établissements d'utilité publique, seront acceptées par les administrateurs de ces communes ou établissements, après y avoir été dûment autorisés.

Art. 938. — La donation dûment acceptée sera parfaite par le seul consentement des parties ; et la propriété des objets donnés sera transférée au donataire, sans qu'il soit besoin d'autre tradition.

Art. 939. — Lorsqu'il y aura donation de biens susceptibles d'hypothèques, la transcription des actes contenant la donation et l'acceptation, ainsi que la notification de l'acceptation qui aurait eu lieu par acte séparé, devra être faite aux bureaux des hypothèques dans l'arrondissement desquels les biens sont situés.

Art. 940. — Cette transcription sera faite à la diligence du mari, lorsque les biens auront été donnés à sa femme ; et si le mari ne remplit pas cette formalité, la femme pourra y faire procéder sans autorisation.

Lorsque la donation sera faite à des mineurs, à des interdits ou à des établissements publics, la transcription sera faite à la diligence des tuteurs, curateurs ou administrateurs.

Art. 941. — Le défaut de transcription pourra être opposé par toutes personnes ayant intérêt, excepté toutefois celles qui sont chargées de faire faire la transcription, ou leurs ayants cause, et le donateur.

Art. 942. — Les mineurs, les interdits, les femmes mariées, ne sont point restitués contre le défaut d'acceptation ou de transcription des donations ; sauf leur recours contre leurs tuteurs ou maris, s'il y échet et sans que la restitution puisse avoir lieu, dans le cas même où lesdits tuteurs et maris se trouveraient insolvables.

Art. 943. — La donation entre vifs ne pourra comprendre que les biens présents du donateur ; si elle comprend des biens à venir, elle sera nulle à cet égard.

Art. 944. — Toute donation entre vifs faite sous des conditions dont l'exécution dépend de la seule volonté du donateur, sera nulle.

Art. 945. — Elle sera pareillement nulle, si elle a été faite sous la condition d'acquitter d'autres dettes ou charges que celles qui existaient à l'époque de la donation, ou qui seraient exprimées, soit dans l'acte de donation, soit dans l'état qui devrait y être annexé.

Art. 946. — En cas que le donateur se soit réservé la liberté de disposer d'un effet compris dans la donation, ou d'une somme fixe sur les biens donnés, s'il meurt sans en avoir disposé, ledit effet ou ladite somme appartiendra aux héritiers du donateur, nonobstant toutes clauses et stipulations à ce contraire.

Art. 947. — Les quatre articles précédents ne s'appliquent point aux donations dont est fait mention aux chapitres 8 et 9 du présent titre.

Art. 948. — Tout acte de donation d'effets mobiliers ne sera valable que pour les effets dont un état estimatif, signé du donateur, et du donataire, ou de ceux qui acceptent pour lui, aura été annexé à la minute de la donation.

Art. 949. — Il est permis au donateur de faire la réserve à son profit, ou de disposer au profit d'un autre, de la jouissance ou de l'usufruit des biens meubles ou immeubles donnés.

Art. 950. — Lorsque la donation d'effets mobiliers aura été faite avec réserve d'usufruit, le donataire sera tenu, à l'expiration de l'usufruit, de prendre les effets donnés qui se trouveront en nature, dans l'état où ils seront ; et il aura action contre le donateur ou ses héritiers, pour raison des objets non existants, jusqu'à concurrence de la valeur qui leur aura été donnée dans l'état estimatif.

Art. 951. — Le donateur pourra stipuler le droit de retour des objets donnés, soit pour le cas du prédécès du donataire seul, soit pour le cas du prédécès du donataire et de ses descendants.

Ce droit ne pourra être stipulé qu'au profit du donateur seul.

Art. 952. — L'effet du droit de retour sera de résoudre toutes les aliénations des biens donnés, et de faire revenir ces biens au donateur, francs et quittes de toutes charges et hypothèques, sauf néanmoins l'hypothèque de la dot et des conventions matrimoniales, si les autres biens de l'époux donataire ne suffisent pas, et dans le cas seulement où la donation lui aura été faite par le même contrat de mariage duquel résultent ces droits et hypothèques ;

Section II : Des exceptions à la règle de l'irrévocabilité des donations entre vifs

Art. 953. — La donation entre vifs ne pourra être révoquée que pour cause d'inexécution des conditions sous lesquelles elle aura été faite, pour cause d'ingratitude, et pour cause de survenance d'enfant.

Art. 954. — Dans le cas de la révocation pour cause d'inexécution des conditions, les biens rentreront dans les mains du donateur, libres de toutes charges et hypothèques du chef du donataire ; et le donateur aura, contre les tiers détenteurs des immeubles donnés, tous les droits qu'il aurait contre le donataire lui-même.

Art. 955. — La donation entre vifs ne pourra être révoquée pour cause d'ingratitude que dans les cas suivants :

1° Si le donataire a attenté à la vie du donateur ;
2° S'il s'est rendu coupable envers lui de sévices, délits ou injures graves ;
3° S'il lui refuse des aliments.

Art. 956. — La révocation pour cause d'inexécution des conditions, ou pour cause d'ingratitude, n'aura jamais lieu de plein droit.

Art. 957. — La demande en révocation pour cause d'ingratitude devra être formée dans l'année, à compter du jour du délit imputé par le donateur au donataire, ou du jour que le délit aura pu être connu par le donateur.

Cette révocation ne pourra être demandée par le donateur contre les héritiers du donataire, ni par les héritiers du donateur contre le donataire, à moins que, dans ce dernier cas, l'action n'ait été intentée par le donateur, ou qu'il ne soit décédé dans l'année du délit.

Art. 958. — La révocation pour cause d'ingratitude ne préjudiciera ni aux aliénations faites par le donataire, ni aux hypothèques et autres charges réelles qu'il aura pu imposer sur l'objet de la donation, pourvu que le tout soit antérieur à l'inscription qui aurait été faite de l'extrait de la demande en révocation, en marge de la transcription prescrite par l'article 939.

Dans le cas de révocation, le donataire sera condamné à restituer la valeur des objets aliénés, eu égard au temps de la demande, et les fruits, à compter du jour de cette demande.

Art. 959. — Les donations en faveur de mariages ne seront pas révocables pour cause d'ingratitude.

Art. 960. — Toutes donations entre vifs faites par personnes qui n'avaient point d'enfants ou des descendants actuellement vivants dans le temps de la donation, de quelque valeur que ces donations puissent être, et à quelque titre qu'elles aient été faits, et encore qu'elles fussent mutuelles ou rémunératoires, même celles qui auraient été faits en faveur de mariage, par autres que par les ascendants aux conjoints, ou par les conjoints l'un à l'autre, demeureront révoquées de plein droit par la survenance d'un enfant légitime du donateur, même d'un posthume ou par la légitimation d'un enfant naturel par mariage subséquent, s'il est né depuis la donation.

Art. 961. — Cette révocation aura lieu, encore que l'enfant du donateur ou de la donatrice fût conçu au temps de la donation.

Art. 962. — La donation demeurera pareillement révoquée, lors même que le donataire serait entré en possession des biens donnés, et qu'il y aurait été laissé par le donateur depuis la survenance de l'enfant ; sans néanmoins que le donataire soit tenu de restituer les fruits par lui perçus, de quelque nature qu'ils soient, si ce n'est du jour que la naissance de l'enfant ou sa légitimation par mariage subséquent lui aura été notifiée par exploit ou autre acte en bonne forme ; et ce, quand même la demande pour rentrer dans les biens donnés n'aurait été formée que postérieurement à cette notification.

Art. 963. — Les biens compris dans la donation révoquée de plein droit rentreront dans le patrimoine du donateur, libres de toutes charges et hypothèques du chef du donataire, sans qu'ils puissent demeurer affectés, même subsidiairement, à la restitution de la dot de la femme de ce donataire, de ses reprises ou autres conventions matrimoniales ; ce qui aura lieu quand même la donation aurait été faite en faveur du mariage du donataire et insérée dans le contrat, et que le donateur se serait obligé comme caution, par la donation, à l'exécution du contrat de mariage.

Art. 964. — Les donations ainsi révoquées ne pourront revivre ou avoir de nouveau leur effet, ni par la mort de l'enfant du donateur, ni par aucun acte confirmatif ; et si le donateur veut donner les mêmes biens au même donataire, soit avant ou après la mort de l'enfant par la naissance duquel la donation avait été révoquée, il ne le pourra faire que par une nouvelle disposition.

Art. 965. — Toute clause ou convention par laquelle le donateur aurait renoncé à la révocation de la donation pour survenance d'enfant, sera regardée comme nulle, et ne pourra produire aucun effet.

Art. 966. — Le donataire, ses héritiers ou ayants cause, ou autres détenteurs des choses données, ne pourront opposer la prescription pour faire valoir la donation révoquée par la survenance d'enfant, qu'après une possession de trente années, qui ne pourront commencer à courir que du jour de la naissance du dernier enfant du donateur, même posthume ; et ce sans préjudice des interruptions, telles que de droit.

CHAPITRE V : DES DISPOSITIONS TESTAMENTAIRES

Section première : Des règles générales sur la forme des testaments.

Art. 967. — Toute personne pourra disposer par testament, soit sous le titre d'institution d'héritier, soit sous le titre de legs, soit sous toute autre dénomination propre à manifester sa volonté.

Art. 968. — Un testament ne pourra être fait dans le même acte par deux ou plusieurs personnes, soit au profit d'un tiers, soit à titre de disposition réciproque et mutuelle.

Art. 969. — Un testament pourra être olographe, ou fait par acte public ou dans la forme mystique.

Art. 970. — Un testament olographe ne sera point valable, s'il n'est écrit en entier, daté et signé de la main du testateur : il n'est assujetti à aucune autre forme.

Art. 971 (*L. 8 décembre 1950, J.O. C.*, 1952, p. 175). — Le testament par acte public est reçu par deux notaires, ou par un notaire, en présence de deux témoins.

Art. 972 (*L. 8 décembre 1950*). — Si le testament est reçu par deux notaires, il leur est dicté par le testateur, l'un de ces notaires l'écrit lui-même ou le fait écrire à la main ou mécaniquement.

S'il n'y a qu'un notaire, il doit également être dicté par le testateur, le notaire l'écrit lui-même ou le fait écrire à la main ou mécaniquement.

Dans l'un et l'autre cas, il doit être donné lecture au testateur. Il est fait de toute mention expresse.

Art. 973 (*L. 8 décembre 1950*). — Ce testament doit être signé par le testateur en présence des témoins et du notaire, si le testateur déclare qu'il ne sait ou ne peut signer, il sera fait dans l'acte mention expresse de sa déclaration, ainsi que la cause qui l'empêche de signer.

Le testament devra être signé par les témoins et par le notaire.

Art. 974. — Le testament devra être signé par les témoins ; et néanmoins, dans les campagnes, il suffira qu'un des deux témoins signe, si le testament est reçu par deux notaires, et que deux des quatre témoins signent, s'il est reçu par un notaire.

Art. 975. — Ne pourront être pris pour témoins du testament par acte public, ni les légataires, à quelque titre qu'ils soient, ni leurs parents ou alliés jusqu'au quatrième degré inclusivement, ni les clercs des notaires par lesquels les actes seront reçus.

Art. 976 (*L. 8 décembre 1950*). — Lorsque le testateur voudra faire un testament mystique, le papier qui contiendra les dispositions ou le papier qui servira d'enveloppe s'il y en a une, sera clos, cacheté et scellé.

Le testateur le présentera ainsi clos, cacheté et scellé au notaire et à deux témoins ou il fera clore, cacheter et sceller en leur présence, et il déclarera que le contenu de ce papier est son testament, signé de lui, et écrit par lui ou par un autre, en affirmant, dans ce dernier cas, qu'il en a personnellement vérifié le libellé, il indiquera dans les cas, le mode d'écriture (employé à la main ou mécaniquement).

Le notaire en dressera en brevet, l'acte de suscription qu'il écrira ou qu'il fera écrire à la main ou mécaniquement sur ce papier ou sur la feuille qui servira d'enveloppe et portera la date et l'indication du lieu où il a été passé, la description du pli et de l'empreinte du sceau et mention de toutes les formalités ci-dessus, cet acte sera signé tant par le testateur que par le notaire et les témoins.

Tout ce que dessus sera fait de suite et sans divertir à autres actes.

En cas que le testateur par un empêchement survenu depuis la signature du testament ne puisse signer l'acte de suscription, il sera fait mention de la déclaration qu'il en aura faite et du motif qu'il en aura donné.

Art. 977 (*L. 8 décembre 1950*). — Si le testateur ne sait signer ou s'il n'a pu le faire lorsqu'il a fait écrire ses dispositions, il sera procédé comme il est dit à l'article précédent. Il sera fait, en outre, mention à l'acte de souscription que le testateur a déclaré ne savoir signer ou n'avoir pu le faire lorsqu'il a fait écrire ses dispositions.

Art. 978. — Ceux qui ne savent ou ne peuvent lire, ne pourront faire de dispositions dans la forme du testament mystique.

Art. 979. (*L. 8 décembre 1950*). — En cas que le testateur ne puisse parler, mais qu'il puisse écrire, il pourra faire un testament mystique à la charge expresse que le testament sera signé de lui et écrit par lui ou par un autre, qu'il le présentera au notaire et aux témoins, et qu'en haut de l'acte de souscription il écrira, en leur présence, que le papier qu'il présente est son testament et signera. Il sera fait mention dans l'acte de souscription que le testateur a écrit et signé ces mots en présence du notaire et des témoins et sera au surplus observé tout ce qui est prescrit par l'article 976 et n'est pas contraire au présent article.

Dans tous les cas prévus au présent article ou aux articles précédents le testament mystique dans lequel n'auront point été observés les formalités légales, et qui sera nul comme tel, vaudra cependant comme testament olographe, si toutes les conditions requises pour sa validité comme testament olographe sont remplies même s'il a été qualifié de testament mystique.

Art. 980 (*L. 8 décembre 1950*). — Les témoins appelés pour être présents aux testaments devront être *Français [Tchadiens]* et majeurs, savoir signer et avoir la jouissance de leurs droits civils. Ils pourront être de l'un ou de l'autre sexe, mais le mari et la femme ne pourront être témoins dans le même acte.

Section II : Des règles particulières sur la forme de certains testaments.

Art. 981 (*L. 17 mai 1900, B.A.S.*, 1900, p. 689). — Les testaments des militaires, des marins de l'État et des personnes employées à la suite des armées pourront être reçus, dans les cas et conditions prévus à l'article 93, soit par un officier supérieur ou médecin militaire d'un grade correspondant, en présence de deux témoins ; soit par deux fonctionnaires de l'intendance ou officiers du commissariat ; soit par un de ces fonctionnaires ou officiers, en présence de deux témoins ; soit, enfin, dans un détachement isolé, par l'officier commandant ce détachement, assisté de deux témoins, s'il n'existe pas dans le détachement d'officier supérieur ou médecin militaire d'un grade correspondant, de fonctionnaire de l'intendance ou d'officier du commissariat.

Le testament de l'officier commandant un détachement isolé pourra être reçu par l'officier qui vient après lui dans l'ordre du service.

La faculté de tester dans les conditions prévues au présent article s'étendra aux prisonniers chez l'ennemi.

Art. 982. (*L. 17 mai 1900, B.A.S.*, 1900). — Les testaments mentionnés à l'article précédent pourront encore, si le testateur est malade ou blessé, être reçus, dans les hôpitaux ou les formations sanitaires militaires, tel que les définissent les règlements de l'armée, par le médecin-chef, quel que soit son grade, assisté de l'officier d'administration gestionnaire.

À défaut de cet officier d'administration, la présence de deux témoins sera nécessaire.

Art. 983 (*L. 8 juin 1893, B.A.S.*, 1893, p. 248). — Dans tous les cas, il sera fait un double original des testaments mentionnés aux deux articles précédents.

Si cette formalité n'a pu être remplie à raison de l'état de santé du testateur, il sera dressé une expédition du testament pour tenir lieu du second original ; cette expédition sera signée par les témoins et par les officiers instrumentaires. Il y sera fait mention des causes qui ont empêché de dresser le second original.

Dès que la communication sera possible, et dans le plus bref délai, les deux originaux ou l'original et l'expédition du testament seront adressés, séparément et par courriers différents, sous pli clos et cacheté, au ministre de la Guerre ou de la Marine, pour être déposés chez le notaire indiqué par le testateur ou, à défaut d'indication, chez le président de la chambre des notaires de l'arrondissement du dernier domicile.

Art. 984 (*L. 8 juin 1893*). — Le testament fait dans la forme ci-dessus établie sera nul six mois après que le testateur sera venu dans un lieu où il aura la liberté d'employer les formes ordinaires, à moins que, avant l'expiration de ce délai, il n'ait été de nouveau placé dans une des situations spéciales prévues à l'article 93. Le testament sera alors valable pendant la durée de cette situation spéciale et pendant un nouveau délai de six mois après son expiration.

Art. 985. — Les testaments faits dans un lieu avec lequel toute communication sera interceptée à cause de la peste ou autre maladie contagieuse pourront être faits devant le juge de paix, ou devant l'un des officiers municipaux de la commune, en présence de deux témoins.

Art. 986. — Cette disposition aura lieu tant à l'égard de ceux qui seraient attaqués de ces maladies que ceux qui seraient dans les lieux qui en sont infectés, encore qu'ils ne fussent pas actuellement malades.

Art. 987. — Les testaments mentionnés aux deux précédents articles deviendront nuls six mois après que les communications auront été rétablies dans le lieu où le testateur se trouve, ou six mois après qu'il aura passé dans un lieu où elles ne seront point interrompues.

Art. 988 (*L. 8 juin 1893*). — Au cours d'un voyage maritime, soit en route, soit pendant un arrêt dans un port, lorsqu'il y aura impossibilité de communiquer avec la terre ou lorsqu'il n'existera pas dans le port, si l'on est à l'étranger, d'agent diplomatique ou consulaire français *[tchadien]*, investi des fonctions de notaire, les testaments des personnes présentes à bord seront reçus, en présence de deux témoins : sur les bâtiments de l'État, par l'officier d'administration ou, à son défaut, par le commandant ou celui qui en remplit les fonctions, et sur les autres bâtiments, par le capitaine, maître ou patron, assisté du second du navire, ou de leur défaut, par ceux qui les remplacent.

L'acte indiquera celle des circonstances prévues dans laquelle il aura été reçu.

Art. 989 (*L. 8 juin 1893*). — Sur les bâtiments de l'État, le testament de l'officier d'administration sera, dans les circonstances prévues à l'article précédent, reçu par le commandant ou par celui qui en remplit les fonctions, et, s'il n'y a pas d'officier d'administration, le testament du commandant sera reçu par celui qui vient après lui dans l'ordre du service.

Sur les autres bâtiments, le testament du capitaine, maître ou patron, ou celui du second, seront dans les mêmes circonstances, reçus par les personnes qui viennent après eux dans l'ordre du service.

Art. 990 (*L. 8 juin 1893*). — Dans tous les cas, il sera fait un double original des testaments mentionnés aux deux articles précédents.

Si cette formalité n'a pu être remplie à raison de l'état de santé du testateur, il sera dressé une expédition du testament pour tenir lieu du second original ; cette expédition sera signée par les témoins et par les officiers instrumentaires. Il y sera fait mention des causes qui ont empêché de dresser le second original.

Art. 991 (*L. 8 juin 1893*). — Au premier arrêt dans un port étranger où se trouve un agent diplomatique ou consulaire français *[tchadien]*, il sera fait remise, sous plis clos et cacheté, de l'un des originaux ou de l'expédition du testament entre les mains de ce fonctionnaire, qui l'adressera au ministre de la Marine afin que le dépôt puisse en être effectué comme il est dit à l'article 983.

Art. 992 (*L. 8 juin 1893. B.A.S.*, 1893, p. 248). — À l'arrivée du bâtiment dans un port de *France [du Tchad]*, les deux originaux du testament, ou l'original et son expédition, ou l'original qui reste, en cas de transmission ou de remise effectuée pendant le cours du voyage, seront déposés, sous pli clos et cacheté, pour les bâtiments de l'État, au bureau des armements, et pour les autres bâtiments, au bureau de l'inscription maritime. Chacune de ces pièces sera adressée, séparément et par courriers différents, le ministre de la Marine qui en opérera la transmission comme il est dit à l'article 983.

Art. 993 (*L. 8 juin 1893*). — Il sera fait mention sur le rôle du bâtiment, en regard du nom du testateur, de la remise des originaux ou expédition du testament faite, conformément aux prescriptions des articles précédents, au consulat, au bureau des armements ou au bureau de l'inscription maritime.

Art. 994 (*L. 8 juin 1893*). — Le testament fait au cours d'un voyage maritime, en la forme prescrite par les articles 988 et suivants ne sera valable qu'autant que le testateur mourra à bord ou dans les six mois après qu'il sera débarqué dans un lieu où il aura pu le refaire dans les formes ordinaires.

Toutefois, si le testateur entreprend un nouveau voyage maritime avant l'expiration de ce délai, le testament sera valable pendant la durée de ce voyage et pendant un nouveau délai de six mois après que le testateur sera de nouveau débarqué.

Art. 995 (*L. 8 juin 1893*). — Les dispositions insérées dans un testament fait, au cours d'un voyage maritime, au profit des officiers du bâtiment autres que ceux qui seraient parents ou alliés du testateur, seront nulles et non avenues.

Il en sera ainsi, que le testament soit fait en la forme olographe ou qu'il soit reçu conformément aux articles 988 et suivants.

Art. 996 (*L. 8 juin 1893*). — Il sera donné lecture au testateur, en présence des témoins, des dispositions de l'article 984, 987 ou 994, suivant les cas, et mention de cette lecture sera faite dans le testament.

Art. 997 (*L. 8 juin 1893*). — Les testaments compris dans les articles ci-dessus de la présente section seront signés par le testateur, par ceux qui les auront reçus et par les témoins.

Art. 998 (*L. 8 juin 1893*). — Si le testateur déclare qu'il ne peut ou ne sait signer, il sera fait mention de sa déclaration, ainsi que de la cause qui l'empêche de signer.

Dans les cas où la présence de deux témoins est requise, le testament sera signé au moins par l'un d'eux, et il sera fait mention de la cause pour laquelle l'autre n'aura pas signé.

Art. 999 (*L. 8 juin 1893*). — Un Français *[Tchadien]*, qui se trouvera en pays étranger, pourra faire ses dispositions testamentaires, par acte sous signature privée, ainsi qu'il est prescrit en l'article 970, ou par acte authentique, avec les formes usitées dans le lieu où cet acte sera passé.

Art. 1000. — Les testaments faits en pays étranger ne pourront être exécutés sur les biens situés en *France [au Tchad]*, qu'après avoir été enregistrés au bureau du domicile du testateur, s'il en a conservé un, sinon au bureau de son dernier domicile connu en France *[au Tchad]*, ; et dans le cas où le testament contiendrait des dispositions d'immeubles qui y seraient situés, il devra être, en outre, enregistré au bureau de la situation de ces immeubles, sans qu'il puisse être exigé un double droit.

Art. 1001. — Les formalités auxquelles les divers testaments sont assujettis par les dispositions de la présente section et de la précédente doivent être observées à peine de nullité.

Section III : Des institutions d'héritier, et des legs en général.

Art. 1002. — Les dispositions testamentaires sont ou universelles, ou à titre universel, ou à titre particulier.

Chacune de ces dispositions, soit qu'elle ait été faite sous la dénomination d'institution d'héritier, soit qu'elle ait été faite sous la dénomination de leg, produira son effet suivant les règles ci-après établies pour les legs universels, pour les legs à titre universel et pour les legs particuliers.

Section 4 : Du legs universel

Art. 1003. — Le legs universel est la disposition testamentaire par laquelle le testateur donne à une ou plusieurs personnes l'universalité des biens qu'il laissera à son décès.

Art. 1004. — Lorsqu'au décès du testateur, il y a des héritiers auxquels une quotité de ces biens est réservée par la loi, ces héritiers sont saisis de plein droit, par sa mort, de tous les biens de la succession et le légataire universel est tenu de leur demander la délivrance des biens compris dans le testament.

Art. 1005. — Néanmoins, dans les mêmes cas, le légataire universel aura la jouissance des biens compris dans le testament, à compter du jour du décès, si la demande en délivrance a été faite dans l'année, depuis cette époque ; sinon, cette jouissance ne commencera que du jour de la demande formée en justice, ou du jour que la délivrance aurait été volontairement consentie.

Art. 1006. — Lorsqu'au décès du testateur il n'y aura pas d'héritiers auxquels une quotité de ses biens soit réservée par la loi, le légataire universel sera saisi de plein droit par la mort du testateur, sans être tenu de demander la délivrance.

Art. 1007. — Tout testament olographe sera, avant d'être mis en exécution, présenté au président du tribunal de première instance de l'arrondissement dans lequel la succession est ouverte. Ce testament sera ouvert, s'il est cacheté. Le président dressera procès-verbal de la présentation, de l'ouverture et de l'état du testament, dont il ordonnera le dépôt entre les mains du notaire par lui commis.

(L. 25 mars 1899, J.O. AEF., 1899, p. 192). — Dans les colonies *françaises* et les pays de protectorat, le testament olographe des personnes ayant conservé leur domicile en *France* ou dans une autre colonie sera présenté au président du tribunal de première instance du lieu du décès, ou au président du tribunal le plus voisin. Ce magistrat procédera à l'ouverture du testament et en constatera l'état dans un procès-verbal.

Le greffier dressera une copie figurée du testament et la déposera dans les minutes du greffe. Le testament et une expédition du procès-verbal d'ouverture seront ensuite transmis sous pli scellé, au président du tribunal du domicile du défunt, qui se conformera, pour l'ouverture et le dépôt, aux prescriptions contenues dans le paragraphe 1er. Les mêmes règles s'appliqueront au décès, en *France,* des personnes ayant leur domicile dans les colonies.

(L. 8 décembre 1950, J.O. C., 1952, p. 774) – Si le testament est dans la forme mystique, sa présentation, son ouverture, sa description et son dépôt seront faits de la même manière.

Art. 1008. — Dans le cas de l'article 1006, si le testament est olographe ou mystique, le légataire universel sera tenu de se faire envoyer en possession, par une ordonnance du président, mise au bas d'une requête à laquelle sera joint l'acte de dépôt.

Art. 1009. — Le légataire universel qui sera en concours avec un héritier auquel la loi réserve une quotité des biens, sera tenu des dettes et charges de la succession du testateur, personnellement pour sa part et portion, et hypothécairement pour le tout ; et il sera tenu d'acquitter tous les legs, sauf le cas de réduction, ainsi qu'il est expliqué aux articles 926 et 927.

Section V : Du legs à titre universel

Art. 1010. — Le legs à titre universel est celui par lequel le testateur lègue une quote-part des biens dont la loi permet de disposer, telle qu'une moitié, un tiers, ou tous ses immeubles, ou tout son mobilier, ou une quotité fixe de tous ses immeubles ou de tout son mobilier.

Tout autre legs ne forme qu'une disposition à titre particulier.

Art. 1011. — Les légataires à titre universel seront tenus de demander la délivrance aux héritiers auxquels une quotité des biens est réservée par la loi ; à leur défaut, aux légataires universels ; et à défaut de ceux-ci, aux héritiers appelés dans l'ordre établi au titre *Des successions*.

Art. 1012. — Le légataire à titre universel sera tenu, comme le légataire universel, des dettes et charges de la succession du testateur, personnellement pour sa part et portion, et hypothécairement pour le tout.

Art. 1013. — Lorsque le testateur n'aura disposé que d'une quotité de la portion disponible, et qu'il l'aura fait à titre universel, ce légataire sera tenu d'acquitter les legs particuliers par contribution avec les héritiers naturels.

Section VI : Des legs particuliers

Art. 1014. — Tout legs pur et simple donnera au légataire, du jour du décès du testateur, un droit à la chose léguée, droit transmissible à ses héritiers ou ayants cause.

Néanmoins le légataire particulier ne pourra se mettre en possession de la chose léguée, ni en prétendre les fruits ou intérêts, qu'à compter du jour de sa demande en délivrance, formée suivant l'ordre établi par l'article 1011, ou du jour auquel cette délivrance lui aurait été volontairement consenti.

Art. 1015. — Les intérêts ou fruits de la chose léguée pourront au profit du légataire, dès le jour du décès, et sans qu'il ait formé sa demande en justice :

1° Lorsque le testateur aura expressément déclaré sa volonté, à cet égard, dans le testament.

2° Lorsqu'une rente viagère ou une pension aura été légué à titre d'aliments.

Art. 1016. — Les frais de la demande en délivrance seront à la charge de la succession, sans néanmoins qu'il puisse en résulter de réduction de la réserve légale.

Les droits d'enregistrement seront dus par le légataire.

Le tout, s'il n'en a été autrement ordonné par le testament.

Chaque legs pourra être enregistré séparément, sans que cet enregistrement puisse profiter à aucun autre qu'au légataire ou à ses ayants cause.

Art. 1017. — Les héritiers du testateur, ou autres débiteurs d'un legs, seront personnellement tenus de l'acquitter, chacun au prorata de la part et portion dont ils profiteront dans la succession.

Ils en seront tenus hypothécairement pour le tout, jusqu'à concurrence de la valeur des immeubles de la succession dont ils seront détenteurs.

Art. 1018. — la chose léguée sera délivrée avec les accessoires nécessaires, et dans l'état où elle se trouvera au jour du décès du donateur.

Art. 1019. — Lorsque celui qui a légué la propriété d'un immeuble, l'a ensuite augmentée par des acquisitions, ces acquisitions, fussent-elles contiguës, ne seront pas censées, sans une nouvelle disposition, faire partie du legs.

Il en sera autrement des embellissements, ou des constructions nouvelles faites sur le fonds légué, ou d'un enclos dont le testateur aurait augmenté l'enceinte.

Art. 1020. — Si, avant le testament ou depuis, la chose léguée a été hypothéquée pour une dette de la succession, ou même pour la dette d'un tiers, ou si elle est grevée d'un usufruit, celui qui doit acquitter le legs n'est point tenu de la dégager, à moins qu'il n'ait été chargé de le faire par une disposition expresse du testateur.

Art. 1021. — Lorsque le testateur aura légué la chose d'autrui, le legs sera nul, soit que le testateur ait connu ou non qu'elle ne lui appartenait pas.

Art. 1022. — Lorsque le legs sera d'une chose indéterminée, l'héritier ne sera pas obligé de la donner de la meilleure qualité, et il ne pourra l'offrir de la plus mauvaise.

Art. 1023. — Le legs fait au créancier ne sera pas censé en compensation de sa créance, ni le legs fait au domestique en compensation de ses gages.

Art. 1024. — Le légataire à titre particulier ne sera point tenu des dettes de la succession, sauf la réduction du legs ainsi qu'il est dit ci-dessus, et sauf l'action hypothécaire des créanciers ;

Section VII : Des exécuteurs testamentaires

Art. 1025. — Le testateur pourra nommer un ou plusieurs exécuteurs testamentaires.

Art. 1026. — Il pourra leur donner la saisine du tout, ou seulement d'une partie de son mobilier ; mais elle ne pourra durer au-delà de l'an et jour à compter de son décès.

S'il ne la leur a pas donnée, ils ne pourront l'exiger.

Art. 1027. — L'héritier pourra faire cesser la saisine, en offrant de remettre aux exécuteurs testamentaires somme suffisante pour le paiement des legs mobiliers, ou en justifiant de ce paiement.

Art. 1028. — Celui qui ne peut s'obliger, ne peut pas être exécuteur testamentaire ;

Art. 1029. — *Abrogé par L. 18 février 1938, J.O.C., 1938, p. 579)*

Art. 1030. — Le mineur ne pourra être exécuteur testamentaire, même avec l'autorisation de son tuteur ou curateur.

Art. 1031. — Les exécuteurs testamentaires feront apposer les scellés, s'il y a des héritiers mineurs, interdits ou absents.

Ils feront faire, en présence de l'héritier présomptif, ou lui dûment appelé, l'inventaire des biens de la succession.

Ils provoqueront la vente du mobilier, à défaut des deniers suffisants, pour acquitter les legs.

Ils veilleront à ce que le testament soit exécuté ; et ils pourront, en cas de contestation sur son exécution, intervenir pour en soutenir la validité. Ils devront, à l'expiration de l'année du décès du testateur, rendre compte de leur gestion.

Art. 1032. — Les pouvoirs de l'exécuteur testamentaire ne passeront point à ses héritiers ;

Art. 1033. — S'il y a plusieurs exécuteurs testamentaires qui aient accepté, un seul pourra agir au défaut des autres ; et ils seront solidairement responsables du compte du mobilier qui leur a été confié, à moins que le testateur n'ait divisé leurs fonctions, et que chacun d'eux ne se soit renfermé dans celle qui lui était attribuée.

Art. 1034. — Les frais fait par l'exécuteur testamentaire pour l'apposition des scellés, l'inventaire, le compte et les autres frais relatifs à ses fonctions, seront à la charge de la succession.

Section VIII : De la révocation des testaments, et leur caducité

Art.1035. — Les testamentaires ne pourront être révoqués, en tout ou en partie, que par un testament postérieur, ou par un acte devant notaires, portant déclaration du changement de volonté.

Art. 1036. — Les testaments postérieurs qui ne révoqueront pas d'une manière expresse les précédents, n'annuleront, dans ceux-ci, que celles des dispositions y contenues qui se trouveront incompatibles avec les nouvelles, ou qui seront contraires.

Art. 1037. La révocation faite dans un testament postérieur aura tout son effet, quoique ce nouvel acte reste sans exécution par l'incapacité de l'héritier institué ou du légataire, ou par leur refus de recueillir.

Art. 1038. — Toute aliénation, celle même par vente avec faculté de rachat ou par échange, que fera le testateur de tout ou partie de la chose léguée, emportera la révocation du legs pour tout ce qui a été aliéné, encore que l'aliénation postérieure soit nulle, et que l'objet soit rentré dans la main du testateur.

Art. 1039. — Toute disposition testamentaire sera caduque, si celui en faveur de qui elle est faite, n'a pas survécu au testateur.

Art. 1040. — Toute disposition testamentaire faite sous une condition dépendante d'un événement incertain, et tel que, dans l'intention du testateur, cette disposition ne doive pas être exécutée qu'autant que l'événement arrivera ou n'arrivera pas, sera caduque, si l'héritier institué ou le légataire décède avant l'accomplissement de la condition.

Art. 1041. — La condition qui, dans l'intention du testateur, ne fait que suspendre l'exécution de la disposition, n'empêchera pas l'héritier institué, ou le légataire, d'avoir un droit acquis et transmissible à ses héritiers.

Art. 1042. — Le legs sera caduc, si la chose léguée a totalement péri pendant la vie du testateur.

Il en sera de même, si elle a péri depuis sa mort, sans le fait et la faute de l'héritier, quoique celui-ci ait été mis en retard de la délivrer, lorsqu'elle eût également dû périr entre les mains du légataire.

Art. 1043. — La disposition testamentaire sera caduque, lorsque l'héritier institué ou le légataire la répudiera, ou se trouvera incapable de la recueillir.

Art. 1044. — Il y aura lieu à accroissement au profit des légataires, dans le cas où le legs sera fait à plusieurs conjointement.

Le legs sera réputé fait conjointement, lorsqu'il le sera par une seule et même disposition, et que le testateur n'aura pas assigné la part de chacun des colégataires dans la chose léguée.

Art. 1045. — Il sera encore réputé fait conjointement, quand une chose qui n'est pas susceptible d'être divisée sans détérioration, aura été donnée par le même acte à plusieurs personnes, même séparément.

Art. 1046. — Les mêmes causes qui, suivant l'article 954 et les deux premières dispositions de l'article 955, autoriseront la demande en révocation de la donation entre vifs, seront admises pour la demande en révocation des dispositions testamentaires.

Art. 1047. — Si cette demande est fondée sur une injure grave faite à la mémoire du testateur, elle doit être intentée dans l'année, à compter du jour du délit.

CHAPITRE VI : DES DISPOSITIONS PERMISES EN FAVEUR DES PETITS-ENFANTS DU DONATEUR OU TESTATEUR, OU DES ENFANTS DE SES FRÈRES ET SŒURS

Art. 1048. — Les biens dont les pères et mères ont la faculté de disposer, pourront être par eux donnés, en tout ou partie, à un ou plusieurs de leurs enfants, par actes entre vifs ou testamentaires, avec la charge de rendre ces biens aux enfants nés et à naître, au premier degré seulement, desdits donataires.

Art. 1049. — Sera valable, en cas de mort sans enfants, la disposition que le défunt aura faite par acte entre vifs ou testamentaire, au profit d'un ou plusieurs de ses frères ou sœurs, de tout ou partie des biens qui ne sont point réservés par la loi dans sa succession, avec la charge de rendre ces biens aux enfants nés et à naître, au premier degré seulement, desdits frères ou sœurs donataires.

Art. 1050. — Les dispositions permises par les deux articles précédents, ne seront valables qu'autant que la charge de restitution sera au profit de tous les enfants nés et à naître du grevé, sans exception ni préférence d'âge ou de sexe.

Art. 1051. — Si, dans les cas ci-dessus, le grevé de restitution au profit de ses enfants, meurt, laissant des enfants au premier degré et des descendants d'un enfant prédécédé, ces derniers recueilleront, par représentation, la portion de l'enfant prédécédé.

Art. 1052. — Si l'enfant, le frère ou la sœur auxquels des biens auraient été donnés par acte entre vifs, sans charge de restitution, acceptent une nouvelle libéralité faite par acte entre vifs ou testamentaire, sous la condition que les biens précédemment donnés demeureront grevés de cette charge, il ne leur est plus permis de diviser les deux dispositions faites à leur profit et de renoncer à la seconde pour s'en tenir à la première, quand même ils offriraient de rendre les biens compris dans la seconde disposition.

Art. 1053. — Les droits des appelés seront ouverts à l'époque où, par quelque cause que ce soit, la jouissance de l'enfant, du frère ou de la sœur, grevés de restitution, cessera ; l'abandon anticipé de la jouissance au profit des appelés, ne pourra préjudicier aux créanciers du grevé antérieurs à l'abandon.

Art. 1054. — Les femmes des grevés ne pourront avoir, sur les biens à rendre, de recours subsidiaire, en cas d'insuffisance de biens libres, que pour le capital des deniers dotaux, et dans le cas seulement où le testateur l'aurait expressément ordonné.

Art. 1055. — Celui qui fera les dispositions autorisées par les articles précédents pourra, par le même acte, ou par un acte postérieur, en forme authentique, nommer un tuteur chargé de l'exécution de ces dispositions : ce tuteur ne pourra être dispensé que pour une des causes exprimées à la section 6 du chapitre 2 du titre *De la minorité, de la tutelle et de l'émancipation*.

Art. 1056. — À défaut de ce tuteur, il en sera nommé un à la diligence du grevé, ou de son tuteur s'il est mineur, dans le délai d'un mois, à compter du jour du décès du donateur ou testateur, ou du jour que, depuis cette mort, l'acte contenant la disposition aura été connu.

Art. 1057. — Le grevé qui n'aura pas satisfait à l'article précédent sera déchu au bénéfice de la disposition ; et dans ce cas, le droit pourra être déclaré ouvert au profit des appelés, à la diligence, soit des appelés s'ils sont majeurs, soit de leur tuteur ou curateur s'ils sont mineurs ou interdits, soit de tout parent des appelés majeurs, mineurs ou interdits, ou même d'office, à la diligence du procureur de la République près le tribunal de première instance du lieu où la succession est ouverte.

Art. 1058. — Après le décès de celui qui aura disposé à la charge de restitution, il sera procédé, dans les formes ordinaires, à l'inventaire de tous les biens et effets qui composeront sa succession, excepté néanmoins le cas où il ne s'agirait que d'un legs particulier. Cet inventaire contiendra la prisée à juste prix des meubles et effets mobiliers.

Art.1059. — Il sera fait à la requête du grevé de restitution, et dans le délai fixé au titre *Des successions*, en présence du tuteur nommé pour l'exécution. Les frais seront pris sur les biens compris dans la disposition.

Art. 1060. — Si l'inventaire n'a pas été fait à la requête du grevé dans le délai ci-dessus, il y sera procédé dans le mois suivant, à la diligence du tuteur nommé pour l'exécution, en présence du grevé ou de son tuteur.

Art. 1061. — S'il n'a point été satisfait aux deux articles précédents, il sera procédé au même inventaire, à la diligence des personnes désignées en article 1057, en y appelant le grevé ou son tuteur, et le tuteur nommé pour l'exécution.

Art. 1062. — Le grevé de restitution sera tenu de faire procéder à la vente, par affiches et enchères, de tous les meubles et effets compris dans la disposition, à l'exception néanmoins de ceux dont il est mention dans les deux articles suivants.

Art. 1063. — Les meubles meublants et autres choses mobilières qui auraient été compris dans la disposition, à la condition expresse de les conserver en nature, seront rendus dans l'état où ils se trouveront lors de la restitution.

Art. 1604. — Les bestiaux et ustensiles servant à faire valoir les terres, seront censés compris dans les donations entre vifs ou testamentaires desdites terres ; et le grevé sera seulement tenu de les faire priser et estimer, pour en rendre une égale valeur lors de la restitution.

Art. 1065. — Il sera fait par le grevé, dans le délai de six mois, à compter du jour de la clôture de l'inventaire, un emploi des deniers comptants, de ceux provenant du prix des meubles et effets qui auront été vendus, et de ce qui aura été reçu des effets actifs.

Ce délai pourra être prolongé, s'il y a lieu.

Art. 1066. — le grevé sera pareillement tenu de faire emploi des deniers provenant des effets actifs qui seront recouvrés et des remboursements de rentes ; et ce, dans trois mois au plus tard après qu'il aura reçu ces deniers.

Art. 1067. — Cet emploi sera fait conformément à ce qui aura été ordonné par l'auteur de la disposition, s'il a désigné la nature des effets dans lesquels l'emploi doit être fait ; sinon, il ne pourra l'être qu'en immeubles, ou avec privilège sur les immeubles.

Art. 1068. — L'emploi ordonné par les articles précédents sera fait en présence et à la diligence du tuteur nommé pour l'exécution.

Art. 1069. — Les disposition par actes entre vifs ou testamentaires, à charge de restitution, seront, à la diligence, soit du grevé, soit du tuteur nommé pour l'exécution, rendues publiques ; savoir, quant aux immeubles, par transcription des actes sur les registres, du bureau des hypothèques du lieu de la situation ; et quant aux sommes colloquées avec privilège sur des immeubles, par l'inscription sur les biens affectés au privilège.

Art. 1070. — Le défaut de transcription de l'acte contenant la disposition, pourra être opposé par les créanciers et tiers acquéreurs, même aux mineures ou interdits, sauf le recours contre le grevé et contre le tuteur à l'exécution, et sans que les mineures ou interdits puissent être restitués contre ce défaut de transcription, quand même le grevé et le tuteur se trouveraient insolvables.

Art. 1071. — Le défaut de transcription ne pourra être suppléé ni regardé comme couvert par la connaissance que les créanciers ou les tiers acquéreurs pourraient avoir eue de la disposition par d'autres voies que celles de la transcription.

Art. 1072. — Les donataires, les légataires, ni même les héritiers légitimes de celui qui aura fait la disposition, ni pareillement leurs donataires, légataires ou héritiers, ne pourront, en aucun cas, opposer aux appelés le défaut de transmission ou inscription.

Art. 1073. — Le tuteur nommé pour l'exécution sera personnellement responsable, s'il ne s'est pas, en tout point, conformé aux règles ci-dessus établies pour constater les biens, pour la vente du mobilier, pour l'emploi des deniers, pour la transcription et l'inscription, et, en général, s'il n'a pas fait toutes les diligences nécessaires pour que la charge de restitution soit bien et fidèlement acquittée.

Art. 1074. — Si le grevé est mineur, il ne pourra, dans le cas même de l'insolvabilité de son tuteur, être restitué contre l'inexécution des règles qui lui sont prescrites par les articles du présent chapitre.

CHAPITRE VII : DES PARTAGES FAITS PAR PÈRE, MÈRE OU AUTRES ASCENDANTS, ENTRE LEURS DESCENDANTS

Art. 1075. — Les père et mère et autres ascendants pourront faire entre leurs enfants et descendants, la distribution et le partage de leurs biens.

Art. 1076. — Ces partages pourront être faits par actes entre vifs ou testamentaires, avec les formalités, conditions et règles prescrites pour les donations entre vifs et testaments ;

Les partages faits par actes entre vifs ne pourront avoir pour objet que les biens présents.

Art. 1077. — Si tous les biens que l'ascendant laissera au jour de son décès n'ont pas été compris dans le partage, ceux de ces biens qui n'y auront pas été compris seront partagés conformément à la loi.

Art. 1078. — Si le partage n'est pas fait entre tous les enfants qui existeront à l'époque du décès et les descendants de ceux prédécédés, le partage sera nul pour le tout. Il en pourra être provoqué un nouveau dans la forme légale, soit par les enfants ou descendants qui n'y auront aucune part, soit même par ceux entre qui le partage aurait été fait.

Art. 1079. — Le partage fait par l'ascendant pourra être attaqué pour cause de lésion de plus du quart ; il pourra l'être aussi dans le cas où il résulterait du partage et des dispositions faites par préciput, que l'un des copartages aurait un avantage plus grand que la loi ne le permet.

Art. 1080. — L'enfant qui, pour une des causes exprimées en l'article précédent, attaquera le partage fait par l'ascendant, devra faire l'avance des frais de l'estimation ; et il les supportera en définitif, ainsi que les dépens de la contestation, si la réclamation n'est pas fondée.

CHAPITRE VIII : DES DONATIONS FAITES PAR CONTRAT DE MARIAGE AUX ÉPOUX, ET AUX ENFANTS À NAÎTRE DU MARIAGE

Art. 1081. — Toute donation entre vifs de biens présents, quoique faite par contrat de mariage aux époux, ou à l'un d'eux, sera soumise aux règles générales prescrites pour les donations faites à ce titre.

Elle ne pourra avoir lieu au profit des enfants à naître, si ce n'est dans les cas énoncés au chapitre VI du présent titre.

Art. 1082. — Les pères, mères, les autres ascendants, les parents collatéraux des époux, et même les étrangers, pourront, par contrat de mariage, disposer de tout ou partie des biens qu'ils laisseront au jour de leur décès, tant au profit desdits époux, qu'au profit des enfants à naître de leur mariage, dans le cas où le donateur survivrait à l'époux donataire.

Pareille donation, quoique faite au profit seulement des époux ou de l'un d'eux, sera toujours, dans ledit cas de survie du donateur, présumée faite au profit des enfants et descendants à naître du mariage.

Art. 1083. — La donation, dans la forme portée au précédent article, sera irrévocable, en ce sens seulement que le donateur ne pourra plus disposer, à titre gratuit, des objets compris dans la donation, si ce n'est pour sommes modiques, à titre de récompense ou autrement.

Art. 1084. — La donation par contrat de mariage pourra être faite cumulativement des biens présents et à venir, en tout ou partie, à la charge qu'il sera annexé à l'acte un état des dettes et charges du donateur existantes au jour de la donation ; auquel cas, il sera libre au donataire, lors du décès du donateur, de s'en tenir aux biens présents, en renonçant au surplus des biens du donateur.

Art. 1085. — Si l'état dont est mention au précédent article n'a point été annexé à l'acte contenant donation des biens présents et à venir, le donataire sera obligé d'accepter ou de répudier cette donation pour le tout. En cas d'acception, il ne pourra réclamer que les biens qui se trouveront existants au jour du décès du donateur, et il sera soumis au payement de toutes les dettes et charges de la succession.

Art. 1086. — La donation par contrat de mariage en faveur des époux et des enfants à naître de leur mariage, pourra encore être faite, à condition de payer indistinctement toutes les dettes et charges de la succession du donateur, ou sous d'autres conditions dont l'exécution dépendrait de sa volonté, par quelque personne que la donation soit faite ; le donataire sera tenu d'accomplir ces conditions, s'il n'aime mieux renoncer à la donation ; et en cas que le donateur, par contrat de mariage, se soit réservé la liberté de disposer d'un effet compris dans la donation de ses biens présents, ou d'une somme fixe à prendre sur ces mêmes biens, l'effet ou la somme s'il meurt sans en avoir disposé seront censés compris dans la donation et appartiendront au donataire ou à ses héritiers.

Art. 1087. — Les donations faites par contrats de mariage ne pourront être attaquées, ni déclarées nulles, sous prétexte de défaut d'acceptation.

Art. 1088. — Toute donation faite en faveur du mariage sera caduque, si le mariage ne s'ensuit pas.

Art. 1089. — Les donations faites à l'un des époux, dans les termes des articles 1082, 1084, et 1086 ci-dessus, deviendront caduques, si le donateur survit à l'époux donataire et à sa postérité.

Art. 1090. — Toutes donations faites aux époux par leur contrat de mariage, seront, lors de l'ouverture de la succession du donateur, réductibles à la portion dont la loi lui permettrait de disposer.

CHAPITRE IX : DES DISPOSITIONS ENTRE ÉPOUX, SOIT PAR CONTRAT DE MARIAGE, SOIT PENDANT LE MARIAGE

Art. 1091. — Les époux pourront, par contrat de mariage, se faire réciproquement ou l'un des deux à l'autre, telle donation qu'ils jugeront à propos, sous les modifications ci-après exprimées.

Art.1092. — Toute donation entre vifs de biens présents, faite entre époux par contrat de mariage, ne sera point censée faite sous la condition de survie du donataire, si cette condition n'est formellement exprimée ; et elle sera soumise à toutes les règles et formes ci-dessus prescrites pour ces sortes de donations.

Art. 1093. — La donation de biens à venir, ou de biens présents et à venir, faite entre époux par contrat de mariage, soit simple, soit réciproque, sera soumise aux règles établies par le chapitre précédent, à l'égard des donations pareilles qui leur seront faites par un tiers ; sauf qu'elle ne sera point transmissibles aux enfants issus du mariage, en cas de décès de l'époux donataire avant l'époux donateur.

Art. 1094 (*L. 3 décembre 1930, J.O. C.*, 1931, p. 765). — L'époux pourra, soit par contrat de mariage, soit pendant le mariage, pour le cas où il ne laisserait point d'enfants ni de descendants, disposer en faveur de l'autre époux, en propriété, de tout ce dont il pourrait disposer en faveur d'un étranger, et, en outre, de la nue-propriété de la portion réservée aux ascendants par l'article 914 du présent Code.

Et pour le cas où l'époux donateur laisserait des enfants ou ascendants, il pourra donner à l'autre époux, ou un quart en propriété et un autre quart en usufruit, ou la moitié de tous ses biens en usufruit seulement.

Art. 1095. — Le mineur ne pourra, par contrat de mariage, donner à l'autre époux, soit par donation simple, soit par donation réciproque, qu'avec le consentement et l'assistance de ceux dont le consentement est requis pour la validité de son mariage ; et avec ce consentement il pourra donner tout ce que la loi permet à l'époux majeur de donner à l'autre conjoint.

Art. 1096 (*L. 18 février 1938, J.O. C.*, 1938, p. 578). — Toutes donations faites entre époux, pendant le mariage, quoique qualifiées entre vifs, seront toujours révocables.

Ces donations ne seront point révoquées par la survenance d'enfants.

Art. 1097. — Les époux ne pourront, pendant le mariage, se faire, ni par acte entre vifs, ni par testament, aucune donation mutuelle et réciproque par un seul et même acte.

Art. 1098. — L'homme ou la femme qui, ayant des enfants d'un autre lit, contractera un second ou subséquent mariage, ne pourra donner à son nouvel époux qu'une part d'enfant légitime le moins prenant, et sans que, dans aucun cas, ces donations puissent excéder le quart des biens.

Article 1099. — Les époux ne pourront se donner indirectement au-delà de ce qui leur est permis par les dispositions ci-dessus.

Toute donation, ou déguisée, ou faite à personnes interposées, sera nulle.

Art. 1100. — Seront réputées faites à personnes interposées, les donations de l'un des époux aux enfants ou à l'un des enfants de l'autre époux issus d'un autre mariage, et celles faites par le donateur aux parents dont l'autre époux sera héritier présomptif au jour de la donation, encore que ce dernier n'ait point survécu à son parent donataire.

Ordonnance 67-006 1967-03-21 PR.-MJ portant réforme de l'organisation judiciaire

Art. 70 : Lorsque les parties seront de statuts civils différents, les règles suivantes seront appliquées :

(...)

5° Les donations sont soumises à la loi qui régit le donateur.

[2]TITRE TROISIÈME : DES CONTRATS OU OBLIGATIONS CONVENTIONNELLES EN GÉNÉRAL

CHAPITRE PREMIER : DISPOSITIONS PRÉLIMINAIRES

Art. 1101. — Le contrat est une convention par laquelle une ou plusieurs personnes s'obligent, envers une ou plusieurs autres, à donner, à faire ou ne pas faire quelque chose.

Art. 1102. — Le contrat est *synallagmatique* ou *bilatéral* lorsque les contractants s'obligent réciproquement les uns envers les autres.

Art. 1103. — Il est *unilatéral* lorsqu'une ou plusieurs personnes sont obligées envers une ou plusieurs autres, sans que de la part de ces dernières il y ait d'engagement.

Art. 1104. — Il est cumulatif lorsque chacune des parties s'engage à donner ou à faire une chose qui est regardée comme l'équivalent de ce qu'on lui donne, ou de ce qu'on fait pour elle.

Lorsque l'équivalent consiste dans la chance de gain ou de perte pour chacune des parties, d'après un événement incertain, le contrat est *aléatoire*.

Art. 1105. — Le contrat de *bienfaisance* est celui dans lequel l'une des parties procure à l'autre un avantage purement gratuit.

Art. 1106. — Le contrat à *titre onéreux* est celui qui assujettit chacune des parties à donner ou à faire quelque chose.

Art. 1107. — Les contrats, soit qu'ils aient une dénomination propre, soit qu'ils n'en aient pas, sont soumis à des règles générales qui sont l'objet du présent titre.

Les règles particulières à certains contrats sont établies sous les titres relatifs à chacun d'eux ; et les règles particulières aux transactions commerciales sont établies par les lois relatives au commerce.

CHAPITRE II : DES CONDITIONS ESSENTIELLES POUR LA VALIDITÉ DES CONVENTIONS

Art. 1108. — Quatre conditions sont essentielles pour la validité d'une convention :

- le consentement de la partie qui s'oblige ;
- sa capacité de contracter ;
- un objet certain qui forme la matière de l'engagement ;
- une cause licite dans l'obligation.

Section première : *Du consentement.*

Art. 1109. — Il n'y a point de consentement valable, si le consentement n'a pas été donné que par erreur, ou s'il a été extorqué par violence ou surpris par dol.

Art. 1110. — L'erreur n'est une cause de nullité de la convention que lorsqu'elle tombe sur la substance même de la chose qui en est l'objet.

Elle n'est point une cause de nullité, lorsqu'elle ne tombe que sur la personne avec laquelle on a intention de contracter, à moins que la considération de cette personne ne soit la cause principale de la convention.

Art. 1111. — La violence exercée contre celui qui a contracté l'obligation est une cause de nullité, encore qu'elle ait été exercée par un tiers autre que celui au profit duquel la convention a été faite.

Art. 1112. — Il y a violence, lorsqu'elle est de nature à faire impression sur une personne raisonnable, et qu'elle peut lui inspirer la crainte d'exposer sa personne ou sa fortune à un mal considérable et présent.

On a égard, en cette matière, à l'âge, au sexe et à la condition des personnes.

Art. 1113. — La violence est une cause de nullité du contrat, non seulement lorsqu'elle a été exercée sur la partie contractante, mais encore lorsqu'elle l'a été sur son époux ou sur son épouse, sur ses descendants ou ses ascendants.

Art. 1114. — La seule crainte révérencielle envers le père, la mère ou autre ascendant, sans qu'il y ait eu de violence exercée, ne suffit point pour annuler le contrat.

Art. 1115. — Un contrat ne peut plus être attaqué pour cause de violence, si, depuis que la violence a cessé, ce contrat a été approuvé, soit expressément, soit tacitement, soit en laissant passer le temps de la restitution fixé par la loi.

Art. 1116. — Le dol est une cause de nullité de la convention lorsque les manœuvres pratiquées par l'une des parties sont telles, qu'il est évident que, sans ces manœuvres, l'autre partie n'aurait pas contracté.

Il ne se présume pas, et doit être prouvé.

Art. 1117. — La convention contractée par erreur, violence ou dol, n'est point nulle de plein droit ; elle donne seulement lieu à une action en nullité ou en rescision, dans les cas et de la manière expliquée à la Section 5 : II du chapitre V du présent titre.

Art. 1118. — La lésion ne vicie les conventions que dans certains contrats ou à l'égard de certaines personnes, ainsi qu'il sera expliqué en la même section.

Art. 1119. — On en peut, en général, s'engager, ni stipuler en son propre nom, que pour soi-même.

Art. 1120. — Néanmoins, on peut se porter for pour un tiers, en promettant le fait de celui-ci ; sauf l'indemnité contre celui qui s'est porté fort ou qui a promis de faire ratifier, si le tiers refuse de tenir l'engagement.

Art. 1121. — On peut pareillement stipuler au profit d'un tiers, lorsque telle est la condition d'une stipulation que l'ont fait pour soi-même ou d'une donation que l'on fait à un autre. Celui qui a fait cette stipulation ne peut la révoquer, si le tiers a déclaré vouloir en profiter.

Art. 1122. — On est censé avoir stipulé pour soi et pour ses héritiers et ayants cause, à moins que le contraire ne soit exprimé ou ne résulte de la nature de la convention.

Section II : De la capacité des parties contractantes

Art. 1123. — Toute personne peut contracter, si elle n'en est pas déclarée incapable par la loi.

Art. 1124 (*L. 18 février 1938, J.O.C.*, 1938, p. 578). — Les incapables de contracter sont :

- les mineurs,
- les interdits, dans les cas exprimés par la loi,
- et généralement tous ceux à qui la loi a interdit certains contrats.

Art. 1125 (*L. 18 février* 1938). — Le mineur et l'interdit ne peuvent attaquer, pour cause d'incapacité, leurs engagements, que dans les cas prévus par la loi.

Les personnes capables de s'engager ne peuvent opposer l'incapacité du mineur ou de l'interdit avec qui elles ont contracté.

Section III : De l'objet et de la matière des contrats

Art. 1126. — Tout contrat a pour objet une chose qu'une partie s'oblige à donner, ou qu'une partie s'oblige à faire ou à ne pas faire.

Art. 1127. — Le simple usage ou la simple possession d'une chose peut être, comme la chose même, l'objet du contrat.

Art. 1228. — Il n'y a que les choses qui sont dans le commerce qui puissent être l'objet des conventions.

Art. 1129. — Il faut que l'obligation ait pour objet une chose au moins déterminée quant à son espèce.

La quotité de la chose peut être incertaine, pourvu qu'elle puisse être déterminée.

Art. 1130. — Les choses futures peuvent être l'objet d'une obligation.

On ne peut cependant renoncer à une succession non ouverte ni faire aucune stipulation sur une pareille succession, même avec le consentement de celui de la succession duquel il s'agit.

Section IV : De la cause.

Art. 1131. — L'obligation sans cause, ou pour une fausse cause, ou sur une cause illicite, ne peut avoir aucun effet.

Art. 1132. — La convention n'est pas moins valable, quoique la cause n'en soit pas exprimée.

Art. 1133. — La cause est illicite, quand elle est prohibée par la loi, quand elle est contraire aux bonnes mœurs ou à l'ordre public.

CHAPITRE III : DE L'EFFET DES OBLIGATIONS

Section première : Dispositions générales.

Art. 1134. — Les conventions légalement formées tiennent lieu de loi à ceux qui les ont faites.

Elles ne peuvent être révoquées que de leur consentement mutuel, ou pour les causes que la loi autorise.

Elles doivent être exécutées de bonne foi.

Art. 1135. — Les conventions obligent non seulement à ce qui y est exprimé, mais encore à toutes les autres que l'équité, l'usage ou la loi donnent à l'obligation d'après sa nature.

Section II : De l'obligation de donner.

Art. 1136. — L'obligation de donner emporte celle de livrer la chose et de la conserver jusqu'à livraison, à peine de dommages et intérêts envers le créancier.

Art. 1137. — L'obligation de veiller à la conservation de la chose, soit que la convention n'ait pour objet que l'utilité de l'une des parties soit qu'elle ait pour objet leur utilité commune, soumet celui qui en est chargé à y apporter tous les soins d'un bon père e famille.

Cette obligation est plus ou moins étendue relativement à certains contrats, dont les effets, à cet égard, sont expliqués sous les titres qui les concernent.

Art. 1138. — L'obligation de livrer la chose est parfaite par le seul consentement des parties contractantes.

Elle rend le créancier propriétaire et met la chose à ses risques dès l'instant où elle a dû être livrée, encore que la tradition n'en ait point été faite, à moins que le débiteur ne soit en demeure de la livrer ; auquel cas la chose reste aux risques de ce dernier.

Art. 1139. — Le débiteur est constitué en demeure, soit par une sommation ou par autre acte équivalent, soit par l'effet de la convention, lorsqu'elle porte que, sans qu'il soit besoin d'acte et par la seule échéance du terme, le débiteur sera en demeure.

Art. 1140. — Les effets de l'obligation de donner ou de livrer un immeuble sont réglés au titre de la vente et au titre *Des privilèges et hypothèques*.

Art. 1141. — Si la chose qu'on s'est obligé de donner ou de livrer à deux personnes successivement, est purement mobilière, celle des deux qui en a été mise en possession réelle est préférée et en demeure propriétaire, encore que son titre soit postérieur en date, pourvu toutefois que la possession soit de bonne foi.

Section III : De l'obligation de faire ou de ne pas faire.

Art. 1142. — Toute obligation de faire ou de ne pas faire se résout en dommages et intérêts, en cas d'inexécution de la part du débiteur ;

Art. 1143. — Néanmoins le créancier a le droit de demander que ce qui aurait été fait par contravention à l'engagement soit détruit ; et il peut se faire autoriser à le détruire aux dépens du débiteur, sans préjudice des dommages et intérêts, s'il y a lieu.

Art. 1144. — Le créancier peut aussi, en cas d'inexécution, être autorisé à faire exécuter lui-même l'obligation aux dépens du débiteur.

Art. 1145. — Si l'obligation est de ne pas faire, celui qui y contrevient doit des dommages et intérêts par le seul fait de la contravention.

Section IV : Des dommages et intérêts résultant de l'inexécution de l'obligation

Art. 1146. — Les dommages et intérêts ne sont dus que lorsque le débiteur est en demeure de remplir son obligation, excepté néanmoins lorsque la chose que le débiteur s'était obligé de donner ou de faire ne pouvait être donnée ou faite que dans un certain temps qu'il a laissé passer.

Art. 1147. — Le débiteur est condamné, s'il y a lieu, au payement de dommages et intérêts, soit à raison de l'inexécution de l'obligation, soit à raison du retard dans l'exécution, toutes les fois qu'il ne justifie pas que l'inexécution provient d'une cause étrangère qui ne peut lui être imputée, encore qu'il n'y ait aucune mauvaise foi de sa part.

Art. 1148. — Il n'y a lieu à aucuns dommages et intérêts lorsque, par suite d'une force majeure ou d'un cas fortuit, le débiteur a été empêché de donner ou de faire ce à quoi il était obligé, ou a fait ce qui lui était interdit.

Art. 1149. — Les dommages et intérêts dus au créancier sont, en général, de la perte qu'il a faite et du gain dont il a été privé, sauf les exceptions, et modifications ci-après.

Art. 1150.- Le débiteur n'est tenu que des dommages et intérêts qui ont été prévus ou qu'on a pu prévoir lors du contrat, lorsque ce n'est point par son dol que l'obligation n'est point exécutée.

Art. 1151. — Dans le cas même où l'inexécution de la convention résulte du dol du débiteur, les dommages et intérêts ne doivent comprendre, à l'égard de la perte éprouvée par le créancier et du gain dont il a été privé, que ce qui est une suite immédiate et directe de l'inexécution de la convention.

Art. 1152. — Lorsque la convention porte que celui qui manquera de l'exécuter payera une certaine somme à titre de dommages-intérêts, il ne peut être alloué à l'autre partie une somme plus forte, ni moindre.

Art. 1153. — Dans les obligations qui se bornent au payement d'une certaine somme, les dommages et intérêts résultant du retard dans l'exécution ne consistent jamais que dans la condamnation aux intérêts fixés par la loi ; sauf les règles particulières au commerce et au cautionnement.

Ces dommages et intérêts sont dus sans que le créancier soit tenu de justifier d'aucune perte.

Ils ne sont dus que du jour de la demande, excepté dans les cas où la loi les fait courir de plein droit.

Art. 1154. — Les intérêts échus des capitaux peuvent produire des intérêts, ou par une demande judiciaire, ou par une convention spéciale, pourvu que, soit dans la demande, soit dans la convention, il s'agisse d'intérêt dû au moins pour une année entière.

Art. 1155. — Néanmoins les revenus échus, tels que fermages, loyers, arrérages de rentes perpétuelles ou viagères, produisent intérêt du jour de la demande ou de la convention.

La même règle s'applique aux restitutions de fruits, et aux intérêts payés par un tiers aux créanciers en acquit du débiteur.

Section V : De l'interprétation des conventions

Art.1156. — On doit dans les conventions rechercher quelle a été la commune intention des parties contractantes, plutôt que de s'arrêter au sens littéral des termes.

Art. 1157. Lorsqu'une clause est susceptible de deux sens, on doit plutôt l'entendre dans celui avec lequel elle peut avoir quelque effet, que dans le sens avec lequel elle n'en pourrait produire aucun.

Art. 1158. — Les termes susceptibles de deux sens doivent être pris dans le sens qui convient le plus à la matière du contrat.

Art. 1159. — Ce qui est ambigu s'interprète par ce qui est d'usage dans le pays où le contrat est passé.

Art. 1160. — On doit suppléer dans le contrat les clauses qui y sont d'usage, quoiqu'elles n'y soient pas exprimées.

Art. 1161. — Toutes les clauses des conventions s'interprètent les unes par les autres, en donnant à chacune le sens qui résulte de l'acte entier.

Art. 1162. — Dans le doute, la convention s'interprète contre celui qui a stipulé, et en faveur de celui qui a contracté l'obligation.

Art. 1163. — Quels que généraux que soient les termes dans lesquels une convention est conçue, elle ne comprend que les choses sur lesquelles il paraît que les parties se sont proposé de contracter.

Art. 1164. — Lorsque dans un contrat on a exprimé un cas pour l'explication de l'obligation on n'est pas censé avoir voulu par-là restreindre l'étendue que l'engagement reçoit de droit aux cas non exprimés.

Section VI : De l'effet des conventions à l'égard des tiers.

Art. 1165. — Les conventions n'ont d'effet qu'entre les parties contractantes ; elles ne nuisent point au tiers, et elles ne lui profitent que dans le cas prévu par l'article 1121.

Art. 1166. — Néanmoins les créanciers peuvent exercer tous les droits et actions de leur débiteur, à l'exception de ceux qui sont exclusivement attachés à la personne.

Art. 1167. — Ils peuvent aussi, en leur nom personnel, attaquer les actes faits par leur débiteur en fraude de leurs droits.

Ils doivent néanmoins, quant à leurs droits énoncés au titre *Des successions* et au titre *Du contrat de mariage et des droits respectifs des époux*, se conformer aux règles qui y sont prescrites.

CHAPITRE IV : DES DIVERSES ESPÈCES D'OBLIGATIONS

Section première : Des obligations conditionnelles

§ 1. — De la condition en général, et de ses diverses espèces

Art. 1168. — L'obligation est conditionnelle lorsqu'on la fait dépendre d'un événement futur et incertain, soit en la suspendant jusqu'à ce que l'événement arrive, soit en la résiliant, selon que l'événement arrivera ou n'arrivera pas.

Art. 1169. — La condition *casuelle* est celle qui dépend du hasard, et qui n'est nullement au pouvoir du créancier ni du débiteur.

Art. 1170. — la condition *potestative* est celle qui fait dépendre l'exécution de la convention, d'un événement qu'il est au pouvoir de l'une ou de l'autre des parties contractantes de faire arriver ou l'empêcher

Art. 1171. — La condition *mixte* est celle qui dépend tout à la fois de la volonté d'une des parties contractantes, et de la volonté d'un tiers.

Art. 1172. — Toute condition d'une chose impossible, ou contraire aux bonnes mœurs, ou prohibée par la loi, est nulle, et rend nulle la convention qui en dépend.

Art. 1173. — La condition de ne pas faire une chose impossible ne rend pas nulle l'obligation contractée sous cette condition.

Art. 1174. — Toute obligation est nulle lorsqu'elle a été contractée sous une condition potestative de la part de celui qui s'oblige.

Art. 1175. — Toute condition doit être accomplie de la manière que les parties ont vraisemblablement voulu et entendu qu'elle le fût.

Art. 1176. — Lorsqu'une obligation est contractée sous la condition d'un événement arrivera dans un temps fixe, cette condition est censée défailli lorsque le temps est expiré sans que l'événement soit arrivé. S'il n'y a point de temps fixe, la condition peut toujours être accomplie ; et elle n'est censée défailli que lorsqu'il est devenu certain que l'événement n'arrivera pas.

Art. 1177. — Lorsqu'une obligation est contractée sous la condition qu'un événement n'arrivera pas dans un temps fixe, cette condition est accomplie lorsque ce temps est expiré sans que l'événement soit arrivé ; elle l'est également, si avant le terme il est certain que l'événement n'arrivera pas ; et s'il n'y a pas de temps déterminé, elle n'est accomplie que lorsqu'il est certain que l'événement n'arrivera pas.

Art. 1178. — La condition est réputée accomplie lorsque c'est le débiteur, obligé sous cette condition, qui en a empêché l'accomplissement.

Art. 1179. — La condition accomplie a un effet rétroactif au jour auquel l'engagement a été contracté. Si le créancier est mort avant l'accomplissement de la condition, ses droits passent à son héritier.

Art. 1180. — Le créancier peut, avant que la condition soit accomplie, exercer tous les actes conservatoires de son droit.

§ 2. — De la condition suspensive

Art. 1181. — L'obligation contractée sous une condition suspensive est celle qui dépend ou d'un événement futur et incertain, ou d'un événement actuellement arrivé, mais encore inconnu des parties.

Dans le premier cas, l'obligation ne peut être exécutée qu'après l'événement.

Dans le second cas, l'obligation a son effet du jour où elle a été contractée ;

Art. 1182. — Lorsque l'obligation a été contractée sous une condition suspensive, la chose qui fait la matière de la convention demeure aux risques du débiteur qui ne s'est obligé de la livrer que dans le cas de l'événement de la condition.

Si la chose est entièrement périe sans la faute du débiteur, l'obligation est éteinte.

Si la chose s'est détériorée sans la faute du débiteur, le créancier a le choix ou de résoudre l'obligation, ou d'exiger la chose dans l'état où elle se trouve, sans diminution du prix.

Si la chose s'est détériorée par la faute du débiteur, le créancier a le droit ou de résoudre l'obligation, ou d'exiger la chose dans l'état où elle se trouve, avec des dommages et intérêts.

§ 3. — De la condition résolutoire

Art. 1183. — La condition résolutoire est celle qui, lorsqu'elle s'accomplit, opère la révocation de l'obligation, et qui remet les choses au même état que si l'obligation n'avait pas existé.

Elle ne suspend point l'exécution de l'obligation ; elle oblige seulement le créancier à restituer ce qu'il a reçu, dans le cas où l'événement prévu par la condition arrive.

Art. 1184. — La condition résolutoire est toujours sous-entendue dans les contrats synallagmatiques, pour le cas où l'une des deux parties ne satisfera point à son engagement.

Dans ce cas, le contrat n'est point résolu de plein droit ; La partie envers laquelle l'engagement n'a point été exécuté, a le choix ou de forcer l'autre à l'exécution de la convention lorsqu'elle est possible, ou d'en demander la résolution avec dommages et intérêts ;

La résolution doit être demandée en justice, et il peut être accordé au défenseur un délai selon les circonstances.

Section II : Des obligations à terme.

Art. 1185. — Le terme diffère de la condition, en ce qu'il ne suspend point l'engagement, dont il retarde seulement l'exécution.

Art. 1186. — Ce qui n'est dû qu'à terme, ne peut être exigé avant l'échéance du terme ; mais ce qui a été payé d'avance, ne peut être rejeté.

Art. 1187. — Le terme est toujours présumé stipulé en faveur du débiteur, à moins qu'il ne résulte de la stipulation, ou des circonstances, qu'il a été aussi convenu en faveur du créancier.

Art. 1188. — Le débiteur ne peut plus réclamer le bénéfice du terme lorsque par son fait il a diminué les sûretés qu'il avait données par le contrat à son créancier.

Section III : Des obligations alternatives.

Art. 1189. — Le débiteur d'une obligation alternative est libéré par la délivrance de l'une des deux choses qui étaient comprises dans l'obligation.

Art. 1190. — le choix appartient au débiteur, s'il n'a pas été expressément accordé au créancier ;

Art. 1191. — Le débiteur peut se libérer en délivrant l'une des deux choses promises ; mais il ne peut pas forcer le créancier à recevoir une partie de l'une et une partie de l'autre.

Art. 1192. — L'obligation est pure et simple, quoique contractée d'une manière alternative, si l'une des deux choses promises ne pouvait être le sujet de l'obligation.

Art. 1193. — L'obligation alternative devient pure et simple, si l'une des choses promises périt et ne peut plus être livrée, même par la faute du débiteur. Le prix de cette chose ne peut pas être offert à sa place.

Si toutes deux sont péries, et que le débiteur soit en faute à l'égard de l'une d'elles, il doit payer le prix de celle qui a péri la dernière.

Art. 1194. — Lorsque, dans les cas prévus par l'article précédent, le choix avait été déféré par la convention au créancier,

Ou l'une des choses seulement est périe ; et alors, si c'est sans la faute du débiteur, le créancier doit avoir celle qui reste ; si le débiteur est en faute, le créancier peut demander la chose qui reste, ou le prix de celle qui est périe ;

Ou les deux choses sont péries ; et alors, si le débiteur est en faute à l'égard des deux, ou même à l'égard de l'une d'elles seulement, le créancier peut demander le prix de l'une ou de l'autre à son choix.

Art. 1195. Si les deux choses sont péries sans la faute du débiteur, et avant qu'il soit en demeure, l'obligation est éteinte, conformément à l'article 1302.

Art. 1196. — Les mêmes principes s'appliquent au cas où il n'y a plus de deux choses comprises dans l'obligation alternative.

Section IV : Des obligations solidaires.

§ 1. De la solidarité entre créanciers

Art. 1197. — L'obligation est solidaire entre plusieurs créanciers lorsque le titre donne expressément à chacun d'eux le droit de demander le payement du total de la créance, et que le payement fait à l'un d'eux libère le débiteur, encore que le bénéfice de l'obligation soit partageable et divisible entre les divers créanciers.

Art. 1198. — Il est au choix du débiteur de payer à l'un ou l'autre des créanciers solidaires, tant qu'il n'a pas été prévenu par les poursuites de l'un d'eux.

Néanmoins la remise qui n'est faite que par l'un des créanciers solidaires, ne libère le débiteur que pour la part de ce créancier.

Art. 1199. — Tout acte qui interrompt la prescription à l'égard de l'un des créanciers solidaires, profite aux autres créanciers.

§ 2. — De la solidarité de la part des débiteurs

Art. 1200. — Il y a solidarité de la part des débiteurs, lorsqu'ils sont obligés à une même chose, de manière que chacun puisse être contraint pour la totalité, et que le payement fait par un seul libère les autres envers le créancier.

Art. 1201. — L'obligation peut être solidaire quoique l'un des débiteurs soit obligé différemment de l'autre au payement de la même chose : par exemple, si l'un n'est obligé que conditionnellement, tandis que l'engagement de l'autre est pur et simple, ou si l'un a pris un terme qui n'est point accordé à l'autre ;

Art. 1202. — La solidarité ne se présume point ; il faut qu'elle soit expressément stipulée.

Cette règle ne cesse que dans les cas où la solidarité a lieu de plein droit, en vertu d'une disposition de la loi.

Art. 1203. — Le créancier d'une obligation contractée solidairement peut s'adresser à celui des débiteurs qu'il veut choisir, sans que celui-ci puisse lui opposer le bénéfice de division ;

Art. 1204. — Les poursuites faites contre l'un des débiteurs n'empêchent pas le créancier d'en exercer de pareilles contre les autres.

Art. 1205. — Si la chose due a péri par la faute ou pendant la demeure de l'un ou de plusieurs des débiteurs solidaires, les autres codébiteurs ne sont point déchargés de l'obligation de payer le prix de la chose ; mais ceux-ci ne sont point tenus des dommages et intérêts ;

Le créancier peut seulement répéter les dommages et intérêts tant contre les débiteurs, par la faute desquels la chose a péri, que contre ceux qui étaient en demeure.

Art. 1206. — Les poursuites faites contre l'un des débiteurs solidaires interrompent la prescription à l'égard de tous ;

Art. 1207. — La demande d'intérêts formée contre l'un des débiteurs solidaires fait courir les intérêts à l'égard de tous.

Art. 1208. — Le codébiteur solidaire poursuivi par le créancier peut opposer toutes les exceptions qui résultent de la nature de l'obligation, et toutes celles qui lui sont personnelles, ainsi que celles qui sont communes à tous les codébiteurs.

Il ne peut opposer les exceptions qui sont purement personnelles à quelques-uns des autres codébiteurs.

Art. 1209. — Lorsque l'un des débiteurs devient héritier unique du créancier, ou lorsque le créancier devient l'unique héritier de l'un des débiteurs, la confusion n'éteint la créance solidaire que pour la part et portion du débiteur ou du créancier.

Art. 1210. — Le créancier qui consent à la division de la dette à l'égard de l'un des codébiteurs, conserve son action solidaire contre les autres, mais sous la déduction de la part du débiteur qu'il a déchargé de la solidarité.

Art. 1211. — Le créancier qui reçoit divisément la part de l'un des débiteurs, sans réserver dans la quittance la solidarité ou ses droits en général, ne renonce à la solidarité qu'à l'égard de ce débiteur.

Le créancier n'est pas censé remettre la solidarité au débiteur lorsqu'il reçoit de lui une somme égale à la portion dont il est tenu si la quittance ne porte pas que *c'est pour sa part*.

Il en est de même de la simple demande formée contre l'un des codébiteurs *pour sa part*, si celui-ci n'a pas acquiescé à la demande, ou s'il n'est pas intervenu un jugement de condamnation.

Art. 1212. — Le créancier qui reçoit divisément et sans réserve la portion de l'un des codébiteurs dans les arrérages ou intérêts de la dette, ne perd la solidarité que pour les arrérages ou intérêts échus, et non pour ceux à échoir, ni pour le capital, à moins que le payement divisé n'ait été continué pendant dix ans consécutifs.

Art. 1213. — L'obligation contractée solidairement envers le créancier se divise de plein droit entre les débiteurs, qui n'en sont tenus entre eux que chacun pour sa part et portion.

Art. 1214. — Le codébiteur d'une dette solidaire, qui l'a payée en entier, ne peut répéter contre les autres que les part et portion de chacun d'eux.

Si l'un d'eux se trouve insolvable, la perte qu'occasionne son insolvabilité se répartit, par contribution, entre tous les autres codébiteurs solvables et celui qui a fait le payement.

Art. 1215. — Dans le cas où le créancier a renoncé à l'action solidaire envers l'un des débiteurs, si l'un ou plusieurs des autres codébiteurs deviennent insolvables, la portion des insolvables sera contributoirement répartie entre tous les débiteurs, même entre ceux précédemment déchargés de la solidarité par le créancier.

Art. 1216. — Si l'affaire pour laquelle la dette a été contractée solidairement ne concernait que l'un des coobligés solidaires, celui-ci serait tenu de toute la dette vis-à-vis des autres codébiteurs, qui ne seraient considérés par rapport à lui que comme ses cautions.

Section V : Des obligations divisibles et indivisibles.

Art. 1217. — l'obligation est divisible ou indivisible selon qu'elle a pour objet ou une chose qui dans sa livraison, ou un fait qui dans l'exécution est ou n'est pas susceptible de division, soit matérielle, soit intellectuelle.

Art. 1218. — L'obligation est indivisible, quoique la chose ou le fait qui en est l'objet soit divisible par sa nature, si le rapport sous lequel elle est considérée dans l'obligation ne la rend pas susceptible d'exécution partielle.

Art. 1219. — La solidarité stipulée ne donne point à l'obligation le caractère d'indivisibilité.

§ 1. — Des effets de l'obligation divisible

Art. 1220. — L'obligation qui est susceptible de division, doit être exécutée entre le créancier et le débiteur comme si elle était indivisible. La divisibilité n'a d'application qu'à l'égard de leurs héritiers, qui ne peuvent demander la dette ou qui ne sont tenus de la payer que pour les parts dont ils sont saisis ou dont ils sont tenus comme représentant le créancier ou le débiteur.

Art. 1221. — Le principe établi dans l'article précédent reçoit exception à l'égard des héritiers du débiteur :

1°) Dans le cas où la dette est hypothécaire ;
2°) Lorsqu'elle est d'un corps certain ;
3°) Lorsqu'il s'agit de la dette alternative de choses au choix du créancier, dont l'une est indivisible ;
4°) Lorsque l'un des héritiers est chargé seul par le titre, de l'exécution de l'obligation ;
5°) Lorsqu'il résulte, soit de la nature de l'engament, soit de la chose qui en fait l'objet, soit de la fin qu'on s'est proposée dans le contrat, que l'intention des contractants a été que la dette ne pût s'acquitter partiellement.

Dans les trois premiers cas, l'héritier qui possède la chose due ou le fonds hypothéqué à la dette peut être poursuivi pour le tout sur la chose due ou sur le fonds hypothéqué, sauf le recours contre ses cohéritiers. Dans le quatrième cas, l'héritier seul chargé de la dette, et dans le cinquième cas, chaque héritier, peut aussi être poursuivi pour le tout ; sauf son recours contre ses cohéritiers.

§ 2. Des effets de l'obligation indivisible

Art. 1222. — Chacun de ceux qui ont contracté conjointement une dette indivisible en est tenu pour le total, encore que l'obligation n'ait pas été contractée solidairement.

Art. 1223. — Il en est de même à l'égard des héritiers de celui qui a contracté une pareille obligation.

Art. 1224. — Chaque héritier du créancier pout exiger en totalité l'exécution de l'obligation indivisible.

Il ne peut seul faire la remise de la totalité de la dette ; il ne peut recevoir seul le prix au lieu de la chose. Si l'un des héritiers a seul remis la dette ou reçu le prix de la chose, son cohéritier ne peut demander la chose indivisible qu'en tenant compte de la portion du cohéritier qui a fait la remise ou qui a reçu le prix.

Art. 1225. — L'héritier du débiteur, assigné pour la totalité de l'obligation, peut demander un délai pour mettre en cause ses cohéritiers, à moins que la dette ne soit de nature à ne pouvoir être acquittée que par l'héritier assigné, qui peut alors être condamné seul, sauf son recours en indemnité contre ses cohéritiers.

Section VI : Des obligations avec clauses pénales.

Art. 1226. — La clause pénale est celle par laquelle une personne, pour assurer l'exécution d'une convention, s'engage à quelque chose en cas d'inexécution

Art. 1227. — La nullité de l'obligation principale entraîne celle de la clause pénale.

La nullité de celle-ci n'entraîne point celle de l'obligation principale.

Art. 1228. — Le créancier, au lieu de demander la peine stipulée contre le débiteur qui est en demeure, peut poursuivre l'exécution de l'obligation principale.

Art.1229. — La clause pénale est la compensation des dommages et intérêts que le créancier souffre de l'inexécution de l'obligation principale ;

Il ne peut demander en même temps le principal et la peine, à moins qu'elle n'ait été stipulée pour le simple retard ;

Art. 1230. — Soit que l'obligation primitive contienne, soit qu'elle ne contienne pas un terme dans lequel elle doive être accomplie, la peine n'est encourue que lorsque celui qui s'est obligé soit à livrer, soit à prendre, soit à faire, est en demeure.

Art. 1231. — La peine peut être modifiée par le juge lorsque l'obligation principale a été exécutée en partie.

Art. 1232. — Lorsque l'obligation primitive contractée avec une clause pénale est d'une chose indivisible, la peine est encourue par la contravention d'un seul des héritiers du débiteur, et elle peut être demandée, soit en totalité contre celui qui a fait la contravention, soit contre chacun des cohéritiers pour leur part et portion, et hypothécairement pour le tout, sauf leur recours contre celui qui a fait encourir la peine.

Art. 1233. — Lorsque l'obligation primitive contractée sous une peine est divisible, la peine n'est encourue que par celui des héritiers du débiteur qui contrevint à cette obligation, et pour la part seulement dont il était tenu dans l'obligation principale, sans qu'il y ait d'action contre ceux qui l'ont exécutée ;

Cette règle reçoit exception lorsque la clause pénale ayant été ajoutée dans l'intention que le payement ne pût se faite partiellement, un cohéritier a empêché l'exécution de l'obligation pour la totalité. En ce cas, la peine entière peut être exigée contre lui, et contre les autres cohéritiers pour leur portion seulement, sauf leur recours.

CHAPITRE V : DE L'EXTINCTION DES OBLIGATIONS

Art. 1234. — Les obligations s'éteignent :

- par le payement,
- par la novation,
- par la remise volontaire,
- par la compensation,
- par la confusion,
- par la perte de la chose,
- par la nullité ou la rescision,
- par l'effet de la condition résolutoire, qui a été expliquée au chapitre précédent. et par la prescription, qui fera l'objet d'un titre particulier.

Section première : *Du payement*

§ 1. Du payement en général

Art. 1235. — Tout payement suppose une dette : ce qui a été payé sans être dû, est sujet à la répétition.

La répartition n'est pas admise à l'égard des obligations naturelles qui ont été volontairement acquittées.

Art. 1236. — Une obligation peut être acquittée par toute personne qui y est intéressée, telle qu'un coobligé ou une caution.

L'obligation peut même être acquittée par un tiers qui n'y est point intéressé, pourvu que ce tiers agisse au nom et en l'acquit du débiteur, ou que, s'il agit en son nom propre, il ne soit pas subrogé aux droits du créancier.

Art. 1237. — L'obligation de faire ne peut être acquittée par un tiers contre le gré du créancier, lorsque ce dernier a intérêt qu'elle soit remplie par le débiteur lui-même.

Art. 1238. — Pour payer valablement, il faut être propriétaire de la chose donnée en payement, et capable de l'aliéner.

Néanmoins le payement d'une somme en argent, ou autre chose qui se consomme par l'usage, ne peut être répété contre le créancier qui l'a consommée de bonne foi, quoique le payement en ait été fait par celui qui n'en était pas propriétaire ou qui n'était pas capable de l'aliéner.

Art. 1239. — Le payement doit être fait au créancier, ou à quelqu'un ayant pouvoir de lui, ou qui soit autorisé par justice ou par la loi à recevoir pour lui.

Le payement fait à celui qui n'aurait pas pouvoir de recevoir pour le créancier, est valable, si celui-ci le ratifie, ou s'il en a profité.

Art. 1240. — Le payement fait de bonne foi à celui qui est en possession de la créance, est valable, encore que le possesseur en soit par la suite évincé.

Art. 1241. — Le payement fait au créancier n'est point valable s'il était incapable de le recevoir, à moins que le débiteur ne prouve que la chose payée a tourné au profit du créancier.

Art. 1242. — Le payement fait par le débiteur à son créancier, au préjudice d'une saisie ou d'une opposition, n'est pas valable à l'égard des créanciers saisissants ou opposants : ceux-ci peuvent, selon leur droit, le contraindre à payer de nouveau, sauf, en ce cas seulement, son recours contre le créancier ;

Art. 1243. — Le créancier ne peut être contraint de recevoir une autre chose que celle qui lui est due, quoique la valeur de la chose offerte soit égale ou même plus grande.

Art. 1244. — Le débiteur ne peut point forcer le créancier à recevoir en partie le payement d'une dette, même divisible.

Les juges peuvent néanmoins, en considération de la position du débiteur et usant de ce pouvoir avec une grande réserve, accorder des délais modérés pour le payement et surseoir à l'exécution des poursuites, toutes choses demeurant en l'état.

(*D.29 mai 1937, J.O.C.*, 1937, p. 573) – En cas d'urgence, la même faculté appartient, en tout état de cause, au juge des référés.

S'il est sursis à l'exécution des poursuites, les délais fixés par le CODE DE procédure civile pour la validité des procédures D'exécution seront suspendus jusqu'à l'expiration du délai accordé par le juge.

Art. 1245. — Le débiteur d'un corps certain et déterminé est libéré par la remise de la chose en l'état où elle se trouve lors de la livraison, pourvu que les détériorations qui y sont survenues ne viennent point de son fait ou de sa faute, ni de celle des personnes dont il est responsable, ou qu'avant ces détériorations il ne fût pas en demeure.

Art. 1246. — Si la dette est d'une chose qui ne soit déterminée que par son espèce, le débiteur ne sera pas tenu, pour être libéré, de la donner de la meilleure espèce ; mais il ne pourra l'offrir de la plus mauvaise.

Art. 1247. — Le payement doit être exécuté dans le lieu désigné par la convention. Si le lieu n'y est pas désigné, le payement, lorsqu'il s'agit d'un corps certain et déterminé, doit être fait dans le lieu où était, au temps de l'obligation, la chose qui en fait l'objet.

Hors ces deux cas, le payement doit être fait au domicile du débiteur.

Art. 1248. — Les frais du payement sont à la charge du débiteur ;

§ 2. Du payement avec subrogation

Art. 1249. — La subrogation dans les droits du créancier au profit d'une tierce personne qui le paye, est ou conventionnelle ou légale.

Art. 1250. — Cette subrogation est conventionnelle :

1° Lorsque le créancier recevant son payement d'une tierce personne la subroge dans ses droits, actions, privilèges ou hypothèques contre le débiteur : cette subrogation doit être expresse et faite en même temps que le payement ;

2° Lorsque le débiteur emprunte une somme à l'effet de payer sa dette, et de subroger le prêteur dans les droits du créancier. Il faut, pour que cette subrogation soit valable, que l'acte d'emprunt et la quittance soient passés devant notaires ; que dans l'acte d'emprunt il soit déclaré que la somme a été empruntée pour faire le payement, et que dans la quittance il soit déclaré que le payement a été fait des deniers fournis à cet effet par le nouveau créancier. Cette subrogation s'opère sans le concours de la volonté du créancier.

Art. 1251. — La subrogation a lieu de plein droit :

1°) au profit de celui qui, étant lui-même créancier, paye un autre créancier qui lui est préférable à raison de ses privilèges ou hypothèques ;
2°) au profit de l'acquéreur d'un immeuble, qui emploie le prix de son acquisition au payement des créanciers auxquels cet héritage était hypothéqué ;
3°) au profit de celui qui, étant tenu avec d'autres ou pour d'autres au payement de la dette, avait intérêt de l'acquitter ;
4°) au profit de l'héritier bénéficiaire qui a payé de ses deniers les dettes de la succession.

Art. 1252. — La subrogation établie par les articles précédents a lieu tant contre les cautions que contre les débiteurs : elle ne peut nuire aux créanciers lorsqu'il n'a été payé qu'en partie ; en ce cas, il peut exercer ses droits, pour ce qui lui reste dû, par préférence à celui dont il n'a reçu qu'un payement partiel.

§ 3. De l'imputation des payements

Art. 1253. — Le débiteur de plusieurs dettes a le droit de déclarer, lorsqu'il paye, quelle dette il entend acquitter ;

Art. 1254. — Le débiteur d'une dette qui porte intérêt ou produit des arrérages, ne peut point, sans le consentement du créancier, imputer le payement qu'il fait sur le capital par préférence aux arrérages ou intérêts : le payement fait sur le capital et intérêts, mais qui n'est point intégral, s'impute d'abord sur les intérêts.

Art. 1255. — Lorsque le débiteur de diverses dettes a accepté une quittance par laquelle le créancier a imputé ce qu'il a reçu sur l'une de ces dettes spécialement, le débiteur ne peut plus demander l'imputation sur une dette différente, à moins qu'il n'y ait eu dol ou surprise de la part du créancier.

Art. 1256. — Lorsque la quittance ne porte aucune imputation, le payement doit être imputé sur la dette que le débiteur avait pour lors le plus d'intérêt d'acquitter entre celles qui sont pareillement échues ; sinon, sur la dette échue, quoique moins onéreuse que celles qui ne le sont pas.

Si les dettes sont d'égale nature, l'imputation se fait sur la plus ancienne : toutes choses égales, elle se fait proportionnellement.

§ .4. Des offres de payement et de la consignation

Art. 1257. — Lorsque le créancier refuse de recevoir son payement, le débiteur peut lui faire des offres réelles, et au refus du créancier de les accepter, consigner la somme ou la chose offerte.

Les offres réelles suivies d'une consignation libèrent le débiteur ; elles tiennent lieu à son égard de payement, lorsqu'elles sont valablement faites, et la chose ainsi consignée demeure aux risques du créancier.

Art. 1258. — Pour que les offres réelles soient valables, il faut :

1° Qu'elles soient faites au créancier ayant la capacité de recevoir, ou à celui qui a pouvoir de recevoir pour lui ;
2° Qu'elles soient faites par une personne capable de payer ;
3° Qu'elles soient de la totalité de la somme exigible, des arrérages ou intérêts dus, des frais liquides, et d'une somme pour les frais non liquidés, sauf à la parfaire ;
4° Que le terme soit échu, s'il a été stipulé en faveur du créancier ;
5° Que la condition sous laquelle la dette a été contractée soit arrivée ;
6° Que les offres soient faites au lieu dont on est convenu pour le payement, et que s'il n'y a pas de convention spéciale sur le lieu du payement, elles soient faites ou à la personne du créancier, ou à son domicile, ou au domicile élu pour l'exécution de la convention ;
7° Que les offres soient faites par un officier ministériel ayant caractère pour ces sortes d'actes.

Art. 1259. — Il n'est pas nécessaire, pour la validité de la consignation, qu'elle ait été autorisée par le juge ; il suffit :

1° Qu'elle ait été précédée d'une sommation signifiée au créancier, et contenant l'indication du jour, de l'heure et du lieu où la chose offerte sera déposée ;
2° Que le débiteur se soit dessaisi de la chose offerte, en la remettant dans le dépôt indiqué par la loi pour recevoir les consignations, avec les intérêts jusqu'au jour du dépôt ;
3° Qu'il y ait eu procès-verbal dressé par l'officier ministériel, de la nature des espèces offertes, du refus qu'a fait le créancier de les recevoir, ou de sa non-comparution, et enfin du dépôt ;
4° Qu'en cas de non-comparution de la part du créancier, le procès-verbal du dépôt lui ait été signifié avec sommation de retirer la chose déposée.

Art. 1260. — Les frais des offres réelles et de la consignation sont à la charge du créancier, si elles sont valables.

Art. 1261. — Tant que la consignation n'a point été acceptée par le créancier le débiteur peut la retirer ; et s'il la retire, ses codébiteurs ou ses cautions ne sont point libérés.

Art. 1262. — Lorsque le débiteur a lui-même obtenu un jugement passé en force de chose jugée, qui a déclaré ses offres et sa consignation bonnes et valables, il ne peut plus, même du consentement du créancier, retirer sa consignation au préjudice de ses codébiteurs ou de ses cautions.

Art ; 1263. — Le créancier qui a consenti que le débiteur retirât sa consignation après qu'elle a été déclarée valable par un jugement qui a acquis force de chose jugée, ne peut plus, pour le payement de sa créance, exercer les privilèges ou hypothèques qui y étaient attachés : il n'a plus d'hypothèque que du jour où l'acte par lequel il a consenti que la consignation fût retirée aura été revêtu des formes requises pour emporter l'hypothèque.

Art. 1264. — Si la chose due est un corps certain qui doit être livré au lieu où il se trouve le débiteur doit faire sommation au créancier de l'enlever, par acte notifié à sa personne ou à son domicile, ou au domicile élu pour l'exécution de la convention. Cette sommation faite, si le créancier n'enlève pas la chose, et que le débiteur ait besoin du lieu dans lequel elle est placée, celui-ci pourra obtenir de la justice la permission de la remettre en dépôt dans quelque autre lieu.

§ 5. De la cession des biens

Art. 1265. — La cession de biens est l'abandon qu'un débiteur fait de tous ses biens à ses créanciers, lorsqu'il se trouve hors d'état de payer ses dettes.

Art. 1266. — La cession de biens est volontaire ou judiciaire.

Art. 1267. La cession de bien volontaire est celle que les créanciers acceptent volontairement, et qui n'a d'effet que celui résultant des stipulations mêmes du contrat passé entre eux et le débiteur.

Art. 1268. — La cession judiciaire est un bénéfice que la loi accorde au débiteur malheureux et de bonne foi, auquel il est permis, pour avoir la liberté de sa personne, de faire en justice l'abandon de tous ses biens à ses créanciers, nonobstant toute stipulation contraire.

Art. 1269. — La cession judiciaire ne confère point la propriété aux créanciers ; elle leur donne seulement le droit de faire vendre les biens à leur profit, et d'en percevoir les revenus jusqu'à la vente.

Art. 1270. Les créanciers ne peuvent refuser la cession judiciaire si ce n'est dans les cas exceptés par la loi.

Elle opère la décharge de la contrainte par corps. Au surplus, elle ne libère le débiteur que jusqu'à concurrence de la valeur des biens abandonnés ; et dans le cas où ils auraient été insuffisants, s'il lui en survient d'autres, il est obligé de les abandonner jusqu'au parfait payement.

Section II : De la novation

Art. 1271. — La novation s'opère de trois manières :

1° Lorsque le débiteur contracte envers son créancier une nouvelle dette qui est substituée à l'ancienne, laquelle est éteinte ;
2° Lorsqu'un nouveau débiteur est substitué à l'ancien qui est déchargé par le créancier ;

3° Lorsque, par l'effet d'un nouvel engagement, un nouveau créancier est substitué à l'ancien, envers lequel le débiteur se trouve déchargé.

Art. 1272. — La novation ne peut s'opérer qu'entre personnes capables de contracter.

Art. 1273. — La novation ne se présume point ; il faut que la volonté de l'opérer résulte clairement de l'acte.

Art. 1274. — La novation par la substitution d'un nouveau débiteur peut s'opérer sans le concours du premier débiteur.

Art. 1275. — La délégation par laquelle un débiteur donne au créancier un autre débiteur qui s'oblige envers le créancier n'opère point de novation, si le créancier n'a expressément déclaré qu'il entendait décharger son débiteur qui a fait la délégation.

Art. 1276. — Le créancier qui a déchargé le débiteur par qui a été faite la délégation, n'a point de recours contre ce débiteur, si le délégué devient insolvable, à moins que l'acte n'en contienne une réserve expresse, ou que le délégué ne fût déjà en faillite ouverte, ou tombe en déconfiture au moment de la délégation.

Art. 1277. — La simple indication faite, par le débiteur, d'une personne qui doit payer à sa place, n'opère point novation.

Il en est de même de la simple indication faite, par le créancier, d'une personne qui doit recevoir pour lui.

Art.1278. — Les privilèges et hypothèques de l'ancienne créance ne passent point à celle qui lui est substituée, à moins que le créancier ne les ait expressément réservés.

Art. 1279. — Lorsque la novation s'opère par la substitution d'un nouveau débiteur, les privilèges et hypothèques primitifs de la créance ne peuvent point passer sur les biens du nouveau débiteur.

Art. 1280. — Lorsque la novation s'opère entre le créancier et l'un des débiteurs solidaires, les privilèges et hypothèques de l'ancienne créance ne peuvent être réservés que sur les biens de celui qui contracte la nouvelle dette.

Art. 1281. — Par la novation faite entre le créancier et l'un des débiteurs solidaires, les codébiteurs sont libérés.

La novation opérée à l'égard du débiteur principal libère les cautions.

Néanmoins, si le créancier a exigé, dans le premier cas, l'accession des codébiteurs, ou dans le second, celle des cautions, l'ancienne créance subsiste, si les codébiteurs ou les cautions refusent d'accéder au nouvel arrangement.

Section III : De la remise de la dette

Art. 1282. — La remise volontaire du titre original sous signature privée, par le créancier au débiteur, fait preuve de la libération.

Art. 1283. — La remise volontaire de la grosse du titre fait présumer la remise de la dette ou le payement, sans préjudice de la preuve contraire.

Art. 1284. — La remise du titre original sous signature privée, ou de la grosse du titre, à l'un des débiteurs solidaires a le même effet au profit de ses débiteurs ;

Art. 1285. — La remise ou décharge conventionnelle au profit de l'un des codébiteurs solidaires, libère tous les autres, à moins que le créancier n'ait expressément réservé ses droits contre ces derniers.

Dans ce dernier cas, il ne peut plus répéter la dette que déduction faite de la part de celui auquel il a fait la remise.

Art. 1286. — La remise de la chose donnée en nantissement ne suffit point pour faire présumer la remise de la dette ;

Art. 1287. — La remise ou décharge conventionnelle accordée au débiteur principal libère les cautions ;

Celle accordée à la caution ne libère pas le débiteur principal ;

Celle accordée à l'une des cautions ne libère pas les autres.

Art. 1288. — Ce que le créancier a reçu d'une caution pour la décharge de son cautionnement doit être imputé sur la dette, et tourner à la décharge du débiteur principal et des autres cautions.

Section IV : De la compensation

Art. 1289. — Lorsque deux personnes se trouvent débitrices l'une envers l'autre, il s'opère entre elles une compensation qui éteint les deux dettes, de la manière et dans les cas ci-après exprimés.

Art. 1290. — la compensation s'opère de plein droit par la seule force de la loi, même à l'insu des débiteurs ; les deux dettes s'éteignent réciproquement, à l'instant où elles se trouvent exister à la fois, jusqu'à concurrence de leurs quotités respectives.

Art. 1291. — La compensation n'a lieu qu'entre deux dettes qui ont également pour objet une somme d'argent, ou une certaine quantité de choses fongibles de la même espèce et qui sont également liquides et exigibles.

Les prestations en grains ou denrées, non contestées, et dont le prix est réglé par les mercuriales, peuvent se compenser avec des sommes liquides et exigibles.

Art. 1292. — Le terme de grâce n'est point un obstacle à la compensation.

Art. 1293. — La compensation a lieu, quelles que soient les causes de l'une ou l'autre des dettes, excepté dans le cas :

1° de la demande en restitution d'une chose dont le propriétaire a été injustement dépouillé ;

2° de la demande en restitution d'un dépôt et du prêt à usage ;

3° d'une dette qui a pour cause des aliments déclarés insaisissables.

Art. 1294. — La caution peut opposer la compensation de ce que le créancier doit au débiteur principal.

Mais le débiteur principal ne peut opposer la compensation de ce que le créancier doit à la caution.

Le débiteur solidaire ne peut pareillement opposer la compensation de ce que le créancier doit à son codébiteur.

Art. 1295. — Le débiteur qui a accepté purement et simplement la cession qu'un créancier a faite de ses droits à un tiers, ne peut plus opposer au cessionnaire la compensation qu'il eût pu, avant l'acceptation, opposer au cédant.

À l'égard de la cession qui n'a point été acceptée par le débiteur, mais qui lui a été signifiée, elle n'empêche que la compensation des créances postérieures à cette notification.

Art. 1296. — Lorsque les deux dettes ne sont pas payables au même lieu, on n'en peut opposer la compensation qu'en faisant raison des frais de la remise.

Art. 1297. — Lorsqu'il y a plusieurs dettes compensables dues par la même personne, on suit, pour la compensation, les règles établies pour l'imputation par l'article 1256.

Art. 1298. — La compensation n'a pas lieu au préjudice des droits acquis à un tiers. Ainsi celui qui, étant débiteur, est devenu créancier depuis la saisie-arrêt faite par un tiers entre ses mains, ne peut, au préjudice du saisissant, opposer la compensation.

Art. 1299. — Celui qui a payé une dette qui était, de droit, éteinte par la compensation, ne peut plus, en exerçant la créance dont il n'a point opposé la compensation, se prévaloir, au préjudice des tiers, des privilèges ou hypothèques qui y étaient attachés, à moins qu'il n'ait eu une juste cause d'ignorer la créance qui devait compenser sa dette.

Section V : De la confusion

Art. 1300. — Lorsque les qualités de créancier et de débiteur se réunissent dans la même personne, il se fait une confusion de droit qui éteint les deux créances.

Art. 1301. — La confusion qui s'opère dans la personne du débiteur principal profite à ses cautions ;

Celle qui s'opère dans la personne de la caution n'entraîne point l'extinction de l'obligation principale ;

Celle qui s'opère dans la personne du créancier, ne profite à ses codébiteurs solidaires que pour la portion dont il était débiteur.

Section VI : De la perte de la chose due

Art. 1302. — Lorsque le corps certain et déterminé, qui était l'objet de l'obligation, vient à périr, est mis hors du commerce, ou se perd de manière qu'on en ignore absolument l'existence, l'obligation est éteinte si la chose a péri ou a été perdue sans la faute du débiteur et avant qu'il fût en demeure ;

Lors même que le débiteur est en demeure, et s'il ne s'est pas chargé des cas fortuits, l'obligation est éteinte dans le cas où la chose fût également périe chez le créancier si elle lui eût été livrée.

Le débiteur est tenu de prouver le cas fortuit qu'il allègue.

De quelque manière que la chose volée ait péri ou ait été perdue, sa perte ne dispense pas celui qui l'a soustraite de la restitution du prix.

Art. 1303. — lorsque la chose est périe, mise hors du commerce ou perdue, sans la faute du débiteur, il est tenu, s'il y a quelques droits ou actions en indemnité par rapport à cette chose, de les céder à son créancier.

Section VII : De l'action en nullité ou en rescision des conventions

Art. 1304. (L. *18 février 1938, J.O., C.*, 1938, p. 579). — Dans tous les cas où l'action en nullité ou en rescision d'une convention n'est pas limitée à un moindre temps par une loi particulière, cette action dure dix ans.

Ce temps ne court, dans le cas de violence, que du jour où elle a cessé ; dans le cas d'erreur ou de dol, du jour où ils ont été découverts.

Le temps ne court, à l'égard des actes faits par les interdits, que du jour où l'interdiction est levée ; et à l'égard de ceux faits par les mineurs, que du jour de la majorité.

Art. 1305. — La simple lésion donne lieu à la rescision en faveur du mineur non émancipé, contre toutes sortes de conventions ; et en faveur du mineur émancipé, contre toutes conventions qui excèdent les bornes de sa capacité, ainsi qu'elle est déterminée au titre *De la minorité, de la tutelle et de l'émancipation.*

Art. 1306. — Le mineur n'est pas restituable pour cause de lésion, lorsqu'elle ne résulte que d'un événement casuel et imprévu.

Art. 1307. — La simple déclaration de majorité, faite par le mineur, ne fait point obstacle sa restitution.

Art. 1308. — Le mineur commerçant, banquier ou artisan, n'est point restituable contre les engagements qu'il a pris à raison de son commerce ou de son art.

Art. 1309. — Le mineur n'est point restituable contre les conventions portées en son contrat de mariage, lorsqu'elles ont été faites avec le consentement et l'assistance de ceux dont le consentement est requis pour la validité de son mariage.

Art. 1310. — Il n'est point restituable contre les obligations résultant de son délit ou quasi-délit ;

Art. 1311. — Il n'est plus recevable à revenir contre l'engagement qu'il avait souscrit en minorité, lorsqu'il l'a ratifié en majorité, soit que cet engagement fût nul en sa forme, soit qu'il fût seulement sujet à restitution.

Art. 1312. (*L. 18 février 1938, J.O., C.*, 1938, p. 579). — Lorsque les mineurs ou les interdits sont admis, en ces qualités, à se faire restituer contre leurs engagements, le remboursement de ce qui aurait été, en conséquence de ces engagements, payé pendant la minorité ou l'interdiction, ne peut en être exigé, à moins qu'il ne soit prouvé que ce qui a été payé a tourné à leur profit ;

Art. 1313. — les majeurs ne sont restitués pour cause de lésion que dans les cas et sous les conditions spécialement exprimés dans le présent Code

Art. 1314. — Lorsque les formalités requises à l'égard des mineurs ou des interdits, soit pour l'aliénation d'immeubles, soit dans un partage de succession, ont été remplies, ils sont, relativement à ces actes, considérés comme s'ils les avaient faits en majorité ou avant l'interdiction.

CHAPITRE VI : DE LA PREUVE DES OBLIGATIONS ET DE CELLE DU PAYEMENT

Art. 1315. — Celui qui réclame l'exécution d'une obligation doit la prouver.

Réciproquement, celui qui se prétend libéré, doit justifier le payement ou le fait qui a produit l'extinction de son obligation

Art. 1316. — Les règles qui concernent la preuve littérale, la preuve testimoniale, les présomptions, l'aveu de la partie et le serment, sont expliquées dans les sections suivantes.

Section première : De la preuve littérale.

§ 1. — Du titre authentique

Art. 1317. — L'acte authentique est celui qui a été reçu par officiers publics ayant le droit d'instrumenter dans le lieu où l'acte a été rédigé, et avec les solennités requises.

Art. 1318. — L'acte qui n'est point authentique par l'incompétence ou l'incapacité de l'officier, ou par un défaut de forme, vaut comme écriture privée, s'il a été signé des parties.

Art. 1319. — L'acte authentique fait pleine foi de la convention qu'il renferme entre les parties contractantes et leurs héritiers ou ayants cause.

Néanmoins, en cas de plaintes en faux principal, l'exécution de l'acte argué de faux sera suspendue par la mise en accusation et, en cas d'inscription de faux faite incidemment, les tribunaux pourront, suivant les circonstances, suspendre provisoirement l'exécution de l'acte.

Art. 1320. — L'acte, soit authentique, soit sous seing privé, fait foi entre les parties, même de ce qui n'y est exprimé qu'en termes énonciatifs, pourvu que l'énonciation ait un rapport direct à la disposition. Les énonciations étrangères à la disposition ne peuvent servir que d'un commencement de preuve.

Art. 1321. — Les contre-lettres ne peuvent avoir leur effet qu'entre les parties contractantes : elles n'ont point d'effet contre les tiers.

§ 2. De l'acte sous seing privé

Art. 1322. — L'acte sous seing privé, reconnu par celui auquel on l'oppose, ou légalement tenu pour reconnu, a, entre ceux qui l'ont souscrit et entre leurs héritiers et ayants cause, la même foi que l'acte authentique.

Art. 1323. — Celui auquel on oppose un acte sous seing privé, est obligé d'avouer ou de désavouer formellement son écriture ou sa signature.

Ses héritiers ou ayants cause peuvent se contenter de déclarer qu'ils ne connaissent point l'écriture ou la signature de leur auteur.

Art. 1324. — Dans le cas où la partie désavoue son écriture ou sa signature, et dans le cas où ses héritiers ou ayants cause déclarent ne les point connaître, la vérification en est ordonnée en justice.

Art. 1325. — Les actes sous seing privé qui contiennent des conventions synallagmatiques, ne sont valables qu'autant qu'ils ont été faits en autant d'originaux qu'il y a de parties ayant un intérêt distinct.

Il suffit d'un original pour toutes les personnes ayant le même intérêt.

Chaque original doit contenir la mention du nombre des originaux qui en ont été faits.

Néanmoins le défaut de mention que les originaux ont été faits doubles, triples, etc., ne peut être opposé par celui qui a exécuté de sa part la convention portée dans l'acte.

Art. 1326. — Le billet ou la promesse sous seing privé par lequel une seule partie s'engage envers l'autre à lui payer une somme d'argent ou une chose appréciable, doit être écrit en entier de la main de celui qui le souscrit ; ou du moins il faut qu'outre sa signature, il ait écrit de sa main un *bon ou un approuvé* ; portant en toutes lettres la somme ou la quantité de la chose.

Excepté dans le cas où l'acte émane de marchands, artisans, laboureurs, vignerons, gens de journée et de service.

Art. 1327. — Lorsque la somme exprimée au corps de l'acte est différente de celle exprimée au *bon*, l'obligation est présumée n'être que de la somme moindre, lors même que l'acte ainsi que le *bon* sont écrits en entier de la main de celui qui s'est obligé, à moins qu'il ne soit prouvé de quel côté est l'erreur.

Art. 1328. — Les actes sous seing privé n'ont de date contre les tiers que du jour où ils ont été enregistrés, du jour de la mort de celui ou de l'un de ceux qui les ont souscrits du jour où leur substance est constatée dans les actes dressés par les officiers publics, tels que procès-verbaux de scellé ou d'inventaire.

Art. 1329. — Les registres des marchands ne font point, contre les personnes non marchandes, preuve des fournitures qui y sont portées, sauf ce qui sera dit à l'égard du serment.

Art. 1330. — Les livres des marchands font preuve contre eux ; mais celui qui en veut tirer avantage, ne peut les diviser en ce qu'ils contiennent de contraire à sa prétention.

Art. 1331. — Les registres et papiers domestiques ne font point un titre pour celui qui les a écrits. Ils font foi contre lui : 1° dans tous les cas où ils énoncent formellement un payement reçu ; 2° lorsqu'ils contiennent la mention expresse que la note a été faite pour suppléer le défaut du titre en faveur de celui au profit duquel ils énoncent une obligation.

Art. 1332. — L'écriture mise par le créancier à la suite, en marge ou au dos d'un titre qui est toujours resté en sa possession fait foi, quoique non signée ni datée par lui, lorsqu'elle tend à établir la libération du débiteur.

Il en est de même de l'écriture mise par le créancier au dos ou en marge, ou à la suite du double d'un titre ou d'une quittance, pourvu que ce double soit entre les mains du débiteur.

§ 3. Des tailles

Art. 1333. — Les tailles corrélatives à leurs échantillons font foi entre les personnes qui sont dans l'usage de constater ainsi les fournitures qu'elles font ou reçoivent en détail.

§ 4. Des copies des titres

Art. 1334. — Les copies, lorsque le titre original subsiste, ne font foi que de ce qui est contenu au titre, dont la représentation peut toujours être exigée.

Art. 1335. — Lorsque le titre original n'existe plus, les copies font foi d'après les distinctions suivantes :

1° Les grosses ou premières expéditions font la même foi que l'original ; il en est de même des copies qui ont été tirées par l'autorité du magistrat, parties présentes ou dûment appelées, ou de celles qui ont été tirées en présence des parties et de leur consentement réciproque.

2° Les copies qui, sans l'autorité du magistrat, ou sans le consentement des parties, et depuis la délivrance des grosses ou premières expéditions, auront été tirées sur la minute de l'acte par le notaire qui l'a reçu, ou par l'un de ses successeurs, ou par officiers publics qui, en cette qualité, sont dépositaires des minutes, peuvent, au cas de perte de l'original, faire foi quand elles sont anciennes.

Elles sont considérées comme anciennes quand elles ont plus de trente ;

Si elles ont moins de trente ans, elles ne peuvent servir que de commencement de preuve par écrit.

3° Lorsque les copies tirées sur la minute d'un acte ne l'auront pas été par le notaire qui l'a reçu ou par l'un de ses successeurs, ou par officiers publics qui, en cette qualité, sont dépositaires des minutes, elles ne pourront servir, quelle que soit leur ancienneté, que de commencement de preuve par écrit.

4° Les copies de copies pourront, suivant les circonstances, être considérées comme simples renseignements.

Art. 1336. — La transcription d'un acte sur les registres publics ne pourra servir que de commencement de preuve par écrit ; il faudra même pour cela :

1° Qu'il soit constant que toutes les minutes du notaire, de l'année dans laquelle l'acte paraît avoir été fait, soient perdues, ou que l'on prouve que la perte de la minute de cet acte a été faite par un accident particulier ;
2° Qu'il existe un répertoire en règle du notaire, qui constate que l'acte a été fait à la même date.

Lorsqu'au moyen du concours de ces deux circonstances la preuve par témoins sera admise, il sera nécessaire que ceux qui ont été témoins de l'acte, s'ils existent encore, soient entendus.

§ 5. Des actes recognitifs et confirmatifs

Art. 1337. — Les actes récognitifs ne dispensent point de la représentation du titre primordial, à moins que sa teneur n'y soit spécialement relatée.

Ce qu'ils contiennent de plus que le titre primordial, ou ce qui s'y trouve de différent, n'a aucun effet.

Néanmoins, s'il y avait plusieurs reconnaissances conformes, soutenues de la possession, et dont l'une eût trente ans de date, le créancier pourrait être dispensé de représenter le titre primordial.

Art. 1338. — L'acte de confirmation ou ratification d'une obligation contre laquelle la loi admet l'action en nullité ou en rescision, n'est valable que lorsqu'on y trouve la substance de cette obligation, la mention du motif de l'action en rescision, et l'intention de réparer le vice sur lequel cette action est fondée.

À défaut d'acte de confirmation ou ratification, il suffit que l'obligation soit exécutée volontairement après l'époque à laquelle l'obligation pouvait être valablement confirmée ou ratifiée.

La confirmation, ratification, ou exécution volontaire dans les formes et à l'époque déterminées par la loi, emporte la renonciation aux moyens et exceptions que l'on pouvait opposer contre cet acte, sans préjudice néanmoins du droit des tiers ;

Art. 1339. — Le donateur ne peut réparer par aucun acte confirmatif les vices d'une donation entre vifs, nulle en la forme ; il faut qu'elle soit refaite en la forme légale.

Art. 1340. — La confirmation ou ratification, ou exécution volontaire d'une donation par les héritiers ou ayants cause du donateur, après son décès, emporte leur renonciation à opposer soit les vices de forme, soit toute autre exception.

Section II : De la preuve testimoniale

Art. 1341 (*L.1er avril 1928, J.O. C.*, 1931, p. 119 et 222). — Il doit être passé acte devant notaires ou sous signatures privées de toutes choses excédant la somme ou la valeur de cinq cents francs, même pour dépôts volontaires, et il n'et reçu aucune preuve par témoins contre et outre le contenu aux actes, ni sur ce qui serait allégué avoir été dit avant, lors ou depuis les actes, encore qu'il s'agisse d'une somme ou valeur moindre de cinq cents francs.

Le tout sans préjudice de ce qui est prescrit dans les lois relatives au commerce.

Art. 1342 (*L.1er avril* 1928). — La règle ci-dessus s'applique au cas où l'action contient, outre la demande du capital, une demande d'intérêts qui, réunis au capital, excèdent la somme de cinq cents francs.

Art. 1343 (*L.1er avril* 1928). — Celui qui a formé une demande excédant cinq cents francs, ne peut plus être admis à la preuve testimoniale, même en restreignant sa demande primitive.

Art. 1344 (*L.1er avril* 1928). — La preuve testimoniale, sur la demande d'une somme même moindre de cinq cents francs, ne peut être admise lorsque cette somme est déclarée être le restant ou faire partie d'une créance plus forte qui n'est point prouvée par écrit.

Art. 1345 (*L.1er avril* 1928). — Si, dans la même instance, une parité fait plusieurs demandes, dont il n'y ait point de titre par écrit, et que, jointes ensemble, elles excèdent la somme de cinq cents francs, la preuve par témoins n'en peut être admise, encore que la partie allègue que ces créances proviennent de différentes causes, et qu'elles se soient formées en différents temps, si ce n'était que ces droits procédassent par succession, donation ou autrement, de personnes différentes.

Art. 1346. — Toutes les demandes, à quelque titre que ce soit, qui ne seront pas entièrement justifiées par écrit, seront formées par un même exploit, après lequel les autres demandes dont il n'y aura point de preuves par écrit ne seront pas reçues.

Art. 1347. — Les règles ci-dessus reçoivent exception lorsqu'il existe un commencement de preuve par écrit.

On appelle ainsi tout acte par écrit qui est émané de celui contre lequel la demande est formée, ou de celui qu'il représente, et qui rend vraisemblable le fait allégué.

Art. 1348. — Elles reçoivent encore exception toutes les fois qu'il n'a pas été possible au créancier de se procurer une preuve littérale de l'obligation qui a été contractée envers lui. Cette seconde exception s'applique :

1° Aux obligations qui naissent des quasi-contrats et des délits ou quasi-délits ;
2° Aux dépôts nécessaires faits en cas d'incendie, ruine, tumulte ou naufrage, et à ceux faits par les voyageurs en logeant dans une hôtellerie, le tout suivant la qualité des personnes et les circonstances du fait ;
3° Aux obligations contractées en cas d'accidents imprévus, où l'on ne pourrait pas avoir fait des actes par écrit ;
4° Au cas où le créancier a perdu le titre qui lui servait de preuve littérale, par suite d'un cas forfait, imprévu et résultant d'une force majeure.

Section III : Des présomptions

Art. 1349. — Les présomptions sont des conséquences que la loi ou le magistrat tire d'un fait connu à un fait inconnu.

§ 1. — Des présomptions établies par la loi

Art. 1350. — La présomption légale est celle qui est attachée par une loi spéciale à certains actes ou à certains faits ; tels sont :

1° Les actes que la loi déclare nuls, comme présumés faits en fraude de ses dispositions, d'après leur seule qualité ;
2° Les cas dans lesquels la loi déclare la propriété ou la libération résulter de certaines circonstances déterminées ;
3° L'autorité que la loi attribue à la chose jugée ;
4° La force que la loi attache à l'aveu de la partie ou à son serment.

Art. 1351. — L'autorité de la chose jugée n'a lieu qu'à l'égard de ce qui a fait l'objet du jugement. Il faut que la chose demandée soit la même ; que la demande soit fondée sur la même cause ; que la demande soit entre les mêmes parties, et formée par elles et contre elles en la même qualité.

Art. 1352. — La présomption légale dispense de toute preuve celui au profit duquel elle existe.

Nulle preuve n'est admise contre la présomption de la loi, lorsque, sur le fondement de cette présomption, elle annule certains actes ou dénie l'action en justice, à moins qu'elle n'ait réservé la preuve contraire, et sauf ce qui sera dit sur le serment et l'aveu judiciaires.

§. 2. — Des présomptions qui ne sont point établies par la loi

Art. 1353. — Les présomptions qui ne sont point établies par la loi, sont abandonnées aux lumières et à la prudence du magistrat, qui ne doit admettre que des présomptions graves, précises et concordantes, et dans les cas seulement où la loi admet les preuves testimoniales, à moins que l'acte ne soit attaqué pour cause de fraude ou de dol.

Section IV : De l'aveu de la partie

Art. 1354. — L'aveu qui est opposé à une partie est ou extrajudiciaire ou judiciaire.

Art. 1355. — L'allégation d'un aveu extrajudiciaire purement verbal est inutile toutes les fois qu'il s'agit d'une demande dont la preuve testimoniale ne serait point admissible.

Art. 1356. — L'aveu judiciaire est la déclaration que fait en justice la partie ou son fondé de pouvoir spécial.

Il fait pleine foi contre celui l'a fait.

Il ne peut être divisé contre lui.

Il ne peut être révoqué, à moins qu'on ne prouve qu'il a été la suite d'une erreur de fait.

Il ne pourrait être révoqué sous prétexte qu'une erreur de droit.

Section V : *Du serment*

Art. 1357. — Le serment judiciaire est de deux espèces :

1° Celui qu'une partie défère à l'autre pour en faire dépendre le jugement de la cause : il est appelé *décisoire* ;
2° Celui qui est déféré d'office par le juge à l'une ou l'autre des parties.

§ 1. Du serment décisoire

Art. 1358. — Le serment décisoire peut être déféré sur quelque espèce de contestation que ce soit.

Art. 1359. — Il ne peut être déféré que sur un fait personnel à la partie à laquelle on le défère.

Art. 1360. — Il peut être déféré en tout état de cause, et encore qu'il n'existe aucun commencement de preuve de la demande ou de l'exception sur laquelle il est provoqué.

Art. 1361. — Celui auquel le serment est déféré, qui le refuse ou ne consent pas à le référer à son adversaire, ou l'adversaire à qui il a été référé et qui le refuse, doit succomber dans sa demande ou dans son exception.

Art. 1362. — Le serment ne peut être référé quand le fait qui en est l'objet n'est point celui des deux parties, mais est purement personnel à celui auquel le serment avait été déféré.

Art. 1363. — Lorsque le serment déféré ou référé a été fait, l'adversaire n'est point recevable à en prouver la fausseté.

Art. 1364. — La partie qui a référé ou déféré le serment, ne peut plus se rétracter lorsque l'adversaire a déclaré qu'il est prêt à faire ce serment.

Art. 1365. — Le serment fait ne forme preuve qu'au profit de celui qui l'a déféré ou contre lui, et au profit de ses héritiers et ayants causes, ou contre eux.

Néanmoins, le serment déféré par l'un des créanciers solidaires au débiteur ne libère celui-ci que pour la part de ce créancier.

Le serment déféré au débiteur principal libère également les cautions ;

Celui déféré à l'un des débiteurs solidaires profite aux codébiteurs ;

Et celui déféré à la caution profite au débiteur principal.

Dans ces deux derniers cas, le serment du codébiteur solidaire ou de la caution ne profite aux autres codébiteurs ou au débiteur principal que lorsqu'il a été déféré sur la dette, et non sur le fait de la solidarité ou du cautionnement.

§ 2 Du serment déféré d'office

Art. 1366. — Le juge peut déférer à l'une des parties le serment, ou pour en faire dépendre la décision de la cause, ou seulement pour déterminer le montant de la condamnation.

Art. 1367. — Le juge ne peut déférer d'office le serment, soit sur la demande, soit sur l'exception qui y est opposée, que sous les deux conditions suivantes ; il faut :

1°) Que la demande ou l'exception ne soit pas pleinement justifiée ;
2°) Qu'elle ne soit pas totalement dénuée de preuves.

Hors ces deux cas, le juge doit ou adjuger ou rejeter purement et simplement la demande.

Art. 1368. — Le serment déféré d'office par le juge à l'une des parties, ne peut être par elle référé l'autre.

Art. 1369. — Le serment sur la valeur de la chose demandée, ne peut être déféré par le juge au demandeur que lorsqu'il est d'ailleurs impossible de constater autrement cette valeur.

Le juge doit même, en ce cas, déterminer la somme jusqu'à concurrence de laquelle le demandeur en sera cru sur son serment.

TITRE QUATRIÈME : DES ENGAGEMENTS QUI SE FORMENT SANS CONVENTION.

Art. 1370. — Certains engagements se forment sans qu'il intervienne aucune convention, ni de la part de celui qui s'oblige, ni de la part de celui envers lequel il est obligé.

Les uns résultent de l'autorité seule de la loi ; les autres naissent d'un fait personnel à celui qui se trouve obligé.

Les premiers sont les engagements formés involontairement ; tels que ceux entre propriétaires voisins, ou ceux des tuteurs et des autres administrateurs qui ne peuvent refuser la fonction qui leur est déférée.

Les engagements qui naissent d'un fait personnel à celui qui se trouve obligé, résultent ou des quasi-contrats, ou des délits ou quasi-délits ; ils font la matière du présent titre.

CHAPITRE PREMIER : DES QUASI-CONTRATS

Art. 1371. — Les quasi-contrats sont les faits purement volontaires de l'homme, dont il résulte un engagement quelconque envers un tiers, et quelquefois un engagement réciproque des deux parties.

Art. 1372. — Lorsque volontairement on gère l'affaire d'autrui, soit que le propriétaire connaisse la gestion, soit qu'il l'ignore, celui qui gère contracte l'engagement tacite de continuer la gestion qu'il a commencée, et de l'achever jusqu'à ce que le propriétaire soit en état d'y pourvoir lui-même ; il doit se charger également de toutes les dépendances de cette même affaire.

Il se soumet à toutes les obligations qui résulteraient d'un mandat exprès que lui aurait donné le propriétaire.

Art. 1373. — Il est obligé de continuer sa gestion, encore que le maître vienne à mourir avant que l'affaire soit consommée, jusqu'à ce que l'héritier ait pu en prendre la direction.

Art. 1374. — Il est tenu d'apporter à la gestion de l'affaire tous les soins d'un bon père de famille.

Néanmoins les circonstances qui l'ont conduit à se charger de l'affaire, peuvent autoriser le juge à modérer les dommages et intérêts qui résulteraient des fautes ou de la négligence du gérant.

Art. 1375. — Le maître dont l'affaire a été bien administrée, doit remplir les engagements que le gérant a contractés en son nom, l'indemniser de tous les engagements personnels qu'il a pris, et lui rembourser toutes les dépenses utiles ou nécessaires qu'il a faites.

Art. 1376. — Celui qui reçoit par erreur ou sciemment ce qui ne lui est pas dû, s'oblige à le restituer à celui de qui il l'a indûment reçu.

Art. 1377. — Lorsqu'une personne qui, par erreur, se croyait débitrice, a acquitté une dette, elle a le droit de répétition contre le créancier.

Néanmoins ce droit cesse dans le cas où le créancier a supprimé son titre par suite du payement, sauf le recours de celui qui a payé contre le véritable débiteur.

Art. 1378. — S'il y a eu mauvaise foi de la part de celui qui a reçu, il est tenu de restituer, tant le capital que les intérêts ou les fruits, du jour du payement.

Art. 1379. — Si la chose indûment reçue est un immeuble ou un meuble corporel, celui qui l'a reçue s'oblige à la restituer en nature, si elle existe, ou sa valeur, si elle est périe ou détériorée par sa faute ; il est même garant de sa perte par cas fortuit, s'il l'a reçue de mauvaise foi.

Art. 1380. — Si celui qui a reçu de bonne foi a vendu la chose, il ne doit restituer que le prix de la vente.

Art. 1381. — Celui auquel la chose est restituée, doit tenir compte, même au possesseur de mauvaise foi, de toutes les dépenses nécessaires et utiles qui ont été faites pour la conservation de la chose.

CHAPITRE II : DES DÉLITS ET DES QUASI-DÉLITS

Art. 1382. — Tout fait quelconque de l'homme qui cause à autrui un dommage, oblige celui par la faute duquel il est arrivé, à le réparer.

Art. 1383. — Chacun est responsable du dommage qu'il a causé non seulement par son fait, mais encore par sa négligence ou par son imprudence.

Art. 1384. — On est responsable non seulement du dommage que l'on cause par son propre fait, mais encore de celui qui est causé par le fait des personnes dont on doit répondre, ou des choses que l'on a sous sa garde.

(*L. 7 novembre 1922, J.O. C.*, 1927, p.69). — Toutefois, celui qui détient, à un titre quelconque, tout ou partie de l'immeuble ou des biens mobiliers dans lesquels un incendie a pris naissance ne sera responsable, vis-à-vis des tiers, des dommages causés par cet incendie que s'il est prouvé qu'il doit être attribué à sa faute ou à la faute des personnes dont il est responsable.

Cette disposition ne s'applique pas aux rapports entre propriétaires et locataires, qui demeurent régis par les articles 1733 et 1734 du Code civil.

Le père et la mère, après le décès du mari, sont responsables du dommage causé par leurs enfants mineurs habitant avec eux ;

Les maîtres et les commettants, du dommage causé par leurs domestiques et préposés dans les conditions auxquelles ils les ont employés ;

Les instituteurs et les artisans, du dommage causé par leurs élèves et apprentis pendant le temps qu'ils sont sous leur surveillance.

(*L. 5 avril 1937, J.O.* C., 1938, p. 711). — La responsabilité ci-dessus a lieu, à moins que les père et mère et les artisans ne prouvent qu'ils n'ont pu empêcher le fait qui donne lieu à cette responsabilité.

En ce qui concerne les instituteurs, les fautes, imprudences ou négligences invoquées contre eux comme ayant causé le fait dommageable, devront être prouvées conformément au droit commun, par le demandeur à l'instance.

Art. 1385. — Le propriétaire d'un animal ou celui qui s'en sert, pendant qu'il est à son usage, est responsable du dommage que l'animal a causé, soit que l'animal fût sous sa garde, soit qu'il fût égaré ou échappé.

Art. 1386. — le propriétaire d'un bâtiment est responsable du dommage causé par sa ruine, lorsqu'elle est arrivée par une suite du défaut d'entretien ou par le vice de sa construction.

TITRE CINQUIÈME : DU CONTRAT DE MARIAGE ET DES DROITS RESPECTIFS DES ÉPOUX

CHAPITRE PREMIER : DISPOSITIONS GÉNÉRALES

Art. 1387. — La loi ne régit l'association conjugale, quant aux biens, qu'à défaut de conventions spéciales, que les époux peuvent faire comme ils le jugent à propos, pourvu qu'elles ne soient pas contraires aux bonnes mœurs, et, en outre, sous les modifications qui suivent.

Art. 1388. (*L. 22 septembre 1942, J.O.C.*, 1949, p. 330). — Les époux ne peuvent déroger ni aux droits qu'ils tiennent de l'organisation de la puissance paternelle et de la tutelle, ni aux droits reconnus au mari comme chef de famille et de la communauté, ni aux droits que la femme tient de l'exercice d'une profession séparée, ni aux dispositions prohibitives édictées par la loi ;

Art. 1389. — Ils ne peuvent faire aucune convention ou renonciation dont l'objet serait de changer l'ordre légal des successions, soit par rapport à eux-mêmes dans la succession de leurs enfants ou descendants, soit par rapport à leurs enfants entre eux : sans préjudice des donations entre vifs ou testamentaires qui pourront avoir lieu selon les formes et dans les cas déterminés par le présent Code ;

Art. 1390. — Les époux ne peuvent plus stipuler d'une manière générale que leur association sera réglée par l'une des coutumes, lois ou statuts locaux qui régissaient ci-devant les diverses parties du territoire français, et qui sont Abrogées par le présent Code.

Art. 1391. — Ils peuvent cependant déclarer, d'une manière générale, qu'ils entendent se marier ou sous le régime de la communauté, ou sous le régime dotal.

Au premier cas, et sous le régime de la communauté, les droits des époux et de leurs héritiers seront réglés par les dispositions du chapitre 2 du présent titre.

Au deuxième cas, et sous le régime dotal, leurs droits, seront réglés par les dispositions du chapitre 3.

(*L. 10 juillet 1850, B. A. S.*, 1862, p. 132.). — Toutefois, si l'acte de célébration du mariage porte que les époux se sont mariés sans contrat, la femme sera réputée, à l'égard des tiers, capable de contracter dans les termes du droit commun, à moins que, dans l'acte qui contiendra son engagement, elle n'ait déclaré avoir fait un contrat de mariage.

Art. 1392. — la simple stipulation que la femme se constitue ou qu'il lui est constitué des biens en dot, ne suffit pas pour soumettre ces biens au régime dotal, s'il n'y a dans le contrat de mariage une déclaration expresse à cet égard.

La soumission au régime dotal ne résulte pas non plus de la simple déclaration faite par les époux qu'ils se marient sans communauté, ou qu'ils seront séparés de biens.

Art. 1393. — À défaut de stipulations spéciales qui dérogent au régime de la communauté ou le modifient, les règles établies dans la première partie du chapitre 2 formeront le droit commun de la *France*.

Art. 1394. — Toutes conventions matrimoniales seront rédigées, avant le mariage, par acte devant notaire.

(*L. 10 juillet 1850, B. A. S.*, 1862, p. 132) – Le notaire donnera lecture aux parties du dernier alinéa de l'article 1391, ainsi que du dernier alinéa du présent article. Mention de cette lecture sera faite dans le contrat, à peine de 10 francs d'amende contre le notaire contrevenant.

Le notaire délivrera aux parties, au moment de la signature du contrat, un certificat sur papier libre et sans frais, énonçant ses noms et lieux de résidence, les noms, prénoms, qualités et demeures des futurs époux, ainsi que la date du contrat. Ce certificat indiquera qu'il doit être remis l'officier de l'état civil avant la célébration du mariage.

Art. 1395. — Elles ne peuvent recevoir aucun changement après la célébration du mariage.

Art. 1396. — Les changements qui y seraient faits avant cette célébration doivent être constatés par acte passé dans la même forme que le contrat de mariage.

Nul changement ou contre-lettre n'est, au surplus, valable sans la présence et le consentement simultané de toutes les personnes qui ont été parties dans le contrat de mariage.

Art. 1397. — Tous changements et contre-lettres, même revêtus des formes prescrites par l'article précédent, seront sans effet à l'égard de tiers, s'ils n'ont été rédigés à la suite de la minute du contrat de mariage ; et le notaire ne pourrait à peine des dommages et intérêts des parties, sous plus grande peine s'il y a lieu, délivrer les grosses ni expéditions du contrat de mariage sans transcrire à la suite le changement ou la contre-lettre.

Art. 1398. — Le mineur habile à contracter mariage est habile à consentir toutes les conventions dont ce contrat est susceptible ; et les conventions et donations qu'il y a faites, sont valables, pourvu qu'il ait été assisté, dans le contrat, des personnes dont le consentement est nécessaire pour la validité du mariage.

CHAPITRE II : DU RÉGIME EN COMMUNAUTÉ

Art. 1399. — La communauté, soit légale, soit conventionnelle, commence du jour du mariage contracté devant l'officier de l'état civil : on ne peut stipuler qu'elle commencera à une autre époque.

PREMIÈRE PARTIE : DE LA COMMUNAUTÉ LÉGALE

Art. 1400. — La communauté qui s'établit par la simple déclaration qu'on se marie sous le régime de la communauté, ou à défaut de contrat, est soumise aux règles expliquées dans les six sections qui suivent.

Section première : De ce qui compose la communauté activement et passivement.

§ 1. — De l'actif de la communauté

Art. 1401. — La communauté se compose activement :

1° De tout le mobilier que les époux possédaient au jour de la célébration du mariage, ensemble de tout le mobilier qui leur échoit pendant le mariage à titre de succession ou même de donation, si le donateur n'a exprimé le contraire ;

2° De tous les fruits, revenus, intérêts et arrérages, de quelque nature qu'ils soient, échus ou perçus pendant le mariage, et provenant des biens qui appartenaient aux époux lors de sa célébration, ou de ceux qui leur sont échus pendant le mariage, à quelque titre que ce soit ;

3° De tous les immeubles qui sont acquis pendant le mariage.

Art. 1402. — Tout immeuble est réputé acquêt de communauté, s'il n'est prouvé que l'un des époux en avait la propriété ou possession légale antérieurement au mariage, ou qu'il lui est échu depuis à titre de succession ou donation.

Art. 1403. — Les coupes de bois et les produits des carrières et mines tombent dans la communauté pour tout ce qui en est considéré comme usufruit, d'après les règles expliquées au titre *De l'usufruit, de l'usage et de l'habilitation.*

Si les coupes de bois qui, en suivant ces règles, pouvaient être faites durant la communauté, ne l'ont point été, il en sera dû récompense à l'époux non propriétaire du fonds ou à ses héritiers.

Si les carrières et mines ont été ouvertes pendant le mariage, les produits n'en tombent dans la communauté que sauf récompense ou indemnité à celui des époux à qui elle pourra être due.

Art. 1404. — Les immeubles que les époux possèdent au jour de la célébration du mariage, ou qui leur échoient pendant son cours à titre de succession, n'entrent point en communauté.

Néanmoins, si l'un des époux avait acquis un immeuble depuis le contrat de mariage, contenant stipulation de communauté, et avant la célébration du mariage, l'immeuble acquis dans cet intervalle entrera dans la communauté, à moins que l'acquisition n'ait été faite en exécution de quelque clause du mariage, auquel cas elle serait réglée suivant la convention.

Art. 1405. — Les donations d'immeubles qui ne sont faites pendant le mariage qu'à l'un des deux époux, ne tombent point en communauté, et appartiennent au donateur seul, à moins que la donation ne contienne expressément que la chose donnée appartiendra à la communauté.

Art. 1406. — L'immeuble abandonné ou cédé par père, mère ou autre ascendant, à l'un des deux époux, soit pour le remplir de ce qu'il lui doit, soit à la charge de payer les dettes du donateur à des étrangers, n'entre point en communauté ; sauf récompense ou indemnité.

Art. 1407. — L'immeuble acquis pendant le mariage à titre d'échange contre l'immeuble appartenant à l'un des deux époux, n'entre point en communauté, et est subrogé au lieu et place de celui qui a été aliéné ; sauf la récompense s'il y a soulte.

Art. 1408. — L'acquisition faite pendant le mariage, à titre de licitation ou autrement, de portion d'un immeuble dont l'un des époux était propriétaire par indivis, ne forme point un conquêt ; sauf à indemniser la communauté de la somme qu'elle a fournie pour cette acquisition.

Dans le cas où le mari deviendrait seul, et en son nom personnel, acquéreur ou adjudicataire de portion ou de la totalité d'un immeuble appartenant par indivis à la femme, celle-ci, lors de la dissolution de la communauté, a le choix ou d'abandonner l'effet à la communauté, laquelle devient alors débitrice envers la femme de la portion appartenant à celle-ci dans le prix, ou de retirer l'immeuble, en remboursant à la communauté le prix de l'acquisition.

§ 2. — *Du passif de la communauté, et des actions qui en résultent contre la communauté.*

Art. 1409. — La communauté se compose passivement :

1° De toutes les dettes mobilières dont les époux étaient grevées au jour de la célébration de leur mariage, ou dont se trouvent chargées les successions qui leur échoient durant le mariage, sauf la récompense pour celles relatives aux immeubles propres à l'un ou à l'autre des époux ;

2° Des dettes, tant en capitaux qu'arrérages ou intérêts, contractées par le mari pendant la communauté, ou par la femme du consentement du mari, sauf la récompense dans les cas où elle a lieu ;

3° Des arrérages et intérêts seulement des rentes ou dettes passives qui sont personnelles aux deux époux ;

4° Des réparations usufructuaires des immeubles qui n'entrent point en communauté ;

5° Des aliments des époux, de l'éducation et entretien des enfants, et de toute autre charge du mariage.

Art. 1410. — La communauté n'est tenue des dettes mobilières contractées avant le mariage par la femme, qu'autant qu'elles résultent d'un acte authentique antérieur au mariage, ou ayant reçu avant la même époque une date certaine, soit par l'enregistrement, soit par le décès d'un ou de plusieurs signataires dudit acte. Le créancier de la femme, en vertu d'un acte n'ayant pas de date certaine avant le mariage, ne peut en poursuivre contre elle le payement que sur la nue-propriété de ses immeubles personnels.

Le mari qui prétendrait avoir payé pour sa femme une dette de cette nature n'en peut demander la récompense ni à sa femme, ni à ses héritiers.

Art. 1411. *(L. 22 septembre 1942, validée par Ord. 9 octobre 1945, J.O. C.*, 1949, p. 330). — Les dettes des successions échues aux époux pendant le mariage sont à la charge de l'époux qui succède dans la mesure où les biens de la succession lui demeurent propres et à la charge de la communauté dans la mesure où celle-ci les recueille. Si une partie seulement des biens compris dans la succession demeure propre à l'époux qui succède, tandis que l'autre partie entre en communauté, la charge des dettes de la succession se partage entre l'époux et la communauté, proportionnellement à la valeur des biens recueillis.

Art. 1412 (*L. 22 septembre 1942, validée par Ord. 9 octobre 1945*). — Pour établir la nature et la valeur des biens compris dans la succession, le mari doit faire procéder à un inventaire, soit de son chef ; si la succession lui est échue, soit comme administrateur des biens de la femme, si la succession est échue à celle-ci.

Art. 1413 (*L. 22 septembre 1942, validée par Ord.* 9 octobre 1945, J.O.C., 1949, p. 330). — À défaut d'inventaire et dans tous les cas où ce défaut préjudicie à la femme, elle ou ses héritiers peuvent, lors de la dissolution de la communauté, poursuivre les récompenses de droit et même faire preuve, tant par titre et papier domestique que par témoins et au besoin par la commune renommée de la constance et de la valeur du mobilier non inventorié.

Le mari n'est jamais recevable à faire cette preuve.

Art. 1414. (L. 22 septembre 1942, validée par Ord. 9 octobre 1945, J.O. C., 1949, p. 330). Les créanciers de la succession peuvent poursuivre leur payement sur la pleine propriété des biens compris dans l'hérédité.

En cas d'acceptation pure et simple, ils peuvent en outre, selon les distinctions énoncées ci-après, poursuivre leur paiement sur les biens personnels de l'époux qui succède et sur les biens de communauté sauf les récompenses respectives au cas où la dette ne doit pas rester pour le tout à la charge de celui qui l'a payée.

Art. 1415 *L. 22 septembre 1942, validée par Ord. 9 octobre 1945, J.O. C.*, 1949, p. 330). — Si la succession est échue au mari, les créanciers de la succession peuvent poursuivre leur payement sur la pleine propriété des biens personnels du mari, et sur les biens de la communauté, sans qu'il y ait lieu de distinguer suivant que les biens de la succession demeurent ou non propres au mari, soit pour partie, soit pour le tout.

Art. 1416 (*L. 22 septembre 1942, validée par Ord. 9 octobre 1945, J.O. C.*, 1949, p. 330). — Si la succession est échue à la femme, les créanciers de la succession ne peuvent exercer leurs poursuites sur ses biens personnels qu'en cas d'insuffisance des biens de l'hérédité. À moins d'acquiescement du mari à l'acceptation pure et simple de la femme les créanciers de la succession ne peuvent exercer leurs poursuites que sur la nue-propriété des biens personnels de la femme.

Art. 1417. (*L. 22 septembre 1942, validée par Ord. 9 octobre 1945, J.O. C.*, 1949, p. 330). — Si le mari donne son acquiescement exprès ou tacite à l'acceptation pure et simple de la femme, ou s'il confond sans inventaire préalable les meubles de la succession avec les biens meubles de la communauté, les créanciers de la succession peuvent poursuivre leur payement sur les biens de la communauté et du mari, en même temps que sur la pleine propriété des biens personnels de la femme.

Art. 1418. — Les règles établies par les articles 1411 et suivants régissent les dettes dépendantes d'une donation, comme celles résultant d'une succession.

Art. 1419. — Les créanciers peuvent poursuivre le payement des dettes que la femme a contractées avec le consentement du mari, tant sur tous les biens de la communauté, que sur ceux du mari ou de la femme ; sauf la récompense due à la communauté, ou l'indemnité due au mari.

Art. 1420. — Toute dette qui n'est contractée par la femme qu'en vertu de la procuration générale ou spéciale du mari, est à la charge de la communauté ; et le créancier n'en peut poursuivre le payement ni contre la femme ni sur ses biens personnels.

Section II : De l'administration de la communauté, et de l'effet des actes de l'un ou de l'autre époux relativement à la société conjugale.

Art. 1421. — Le mari administre seul les biens de la communauté.

Il peut les vendre, aliéner et hypothéquer sans le concours de la femme.

Art. 1422. (*L. 22 septembre 1942, validée par Ord. 9 octobre 1945, J.O. C.*, 1949, p. 330). — Le mari ne peut, même pour l'établissement des enfants communs, disposer entre vifs à titre gratuit des biens de la communauté sans le consentement de sa femme.

Art. 1423. — La donation testamentaire faite par le mari ne peut excéder sa part dans la communauté. S'il a donné en cette forme un effet de la communauté, le donataire ne peut le réclamer en nature, qu'autant que l'effet, par l'événement du partage, tombe au lot des héritiers du mari : si l'effet ne tombe point au lot de ces héritiers, le légataire a la récompense de la valeur totale de l'effet donné, sur la part des héritiers du mari dans la communauté et sur les biens personnels de ce dernier.

Art. 1424. — Les amendes encourues par le mari pour crime n'emportant pas *mort civile*, peuvent se poursuivre sur les biens de la communauté, sauf la récompense due à la femme ; celles encourues par la femme ne peuvent s'exécuter que sur la nue-propriété de ses biens personnels, tant que dure la communauté.

Art. 1425. – *Abrogé par L. 31 mai* 1854.

Art. 1426. (*L. 22 septembre 1942, validée par Ord. 9 octobre 1945, J.O. C.*, 1949, p. 330). — La femme ne peut obliger la communauté qu'avec le consentement du mari, sous réserve des dispositions des articles 217, 219 et 225 et de l'article 5 du Code de commerce.

Art. 1427. (*L. 22 septembre 1942, validée par Ord. 9 octobre 1945, J.O. C.*, 1949, p. 330). — Si le mari est hors d'état de manifester sa volonté, la femme peut, dans les conditions prévues à l'article 219, être habilitée par justice à le représenter dans l'exercice des pouvoirs qu'il tient des articles 1421 et 1428.

Art. 1428. — Le mari a l'administration de tous les biens personnes de la femme.

Il peut exercer seul toutes les actions mobilières et possessoires qui appartiennent à la femme.

Il ne peut aliéner les immeubles personnels de sa femme sans son consentement.

Il est responsable de tout dépérissement des biens personnels de sa femme, causé par défaut d'actes conservatoires.

Art. 1429. — Les biens que le mari seul a faits des biens de sa femme pour un temps qui excède neuf ans, ne sont, en cas de dissolution de la communauté, obligatoires vis-à-vis de la femme ou de ses héritiers que pour le temps qui reste à courir soit de la première période de neuf ans, si les parties s'y trouvent encore, soit de la seconde, et ainsi de suite, de manière que le fermier n'ait que le droit d'achever la jouissance de la période de neuf ans où il se trouve.

Art. 1430. — les baux de neuf ans ou au-dessous que le mari seul a passés, ou renouvelés des biens de sa femme, plus de trois ans avant l'expiration du bail courant s'il s'agit de biens ruraux, et plus de deux ans avant la même époque s'il s'agit de maisons, sont sans effet, à moins que leur exécution n'ait commencé avant la dissolution de la communauté.

Art. 1431. — La femme qui s'oblige solidairement avec son mari pour les affaires de la communauté ou du mari n'est réputée, à l'égard de celui-ci, s'être obligée que comme caution ; elle doit être indemnisée de l'obligation qu'elle a contractée.

Art. 1432. — Le mari qui garantit solidairement ou autrement la vente que sa femme a faite d'un immeuble personnel, a pareillement un recours contre elle, soit sur sa part dans la communauté, soit sur ses biens personnels, s'il est inquiété.

Art. 1433. — S'il est vendu un immeuble appartenant à l'un des époux, de même que si l'on s'est rédimé en argent de services fonciers dus à des héritages propres à l'un d'eux, et que le prix en ait été versé dans la communauté, le tout sans remploi, il y a lieu au prélèvement de ce prix sur la communauté, au profit de l'époux qui était propriétaire, soit de l'immeuble vendu, soit des services rachetés.

Art. 1434. — Le remploi est censé fait à l'égard du mari, toutes les fois que, lors d'une acquisition, il a déclaré qu'elle était faite des deniers provenus de l'aliénation de l'immeuble qui lui était personnel, et pour lui tenir lieu de remploi.

Art. 1435. — La déclaration du mari que l'acquisition est faite des deniers provenus de l'immeuble vendu par la femme et pour lui servir de remploi ne suffit point, si ce remploi n'a été formellement accepté par la femme ; si elle ne l'a pas accepté, elle a simplement droit, lors de la dissolution de la communauté, à la récompense du prix de son immeuble vendu.

Art. 1436. — La récompense du prix de l'immeuble appartenant au mari ne s'exerce que sur la masse de la communauté ; celle du prix de l'immeuble appartenant à la femme s'exerce sur les biens personnels du mari, en cas d'insuffisance des biens de la communauté. Dans tous les cas, la récompense n'a lieu que sur le pied de la vente, quelque allégation qui soit faite touchant la valeur de l'immeuble aliéné.

Art. 1437. — Toutes les fois qu'il est pris sur la communauté, une somme soit pour acquitter les dettes ou charges personnelles à l'un des époux, telles que le prix ou partie du prix d'un immeuble à lui propre ou le rachat de services fonciers, soit pour le recouvrement, la conservation ou l'amélioration de ses biens personnels, et généralement toutes les fois que l'un des deux époux a tiré un profit personnel des biens de la communauté, il en doit la récompense ;

Art. 1438. — Si le père et la mère ont doté conjointement l'enfant commun, sans exprimer la portion pour laquelle ils entendaient y contribuer, ils sont censés avoir doté chacun pour moitié, soit que la dot ait été fournie ou promise en effets de la communauté, soit qu'elle l'ait été en biens personnels à l'un des deux époux.

Au second cas, l'époux dont l'immeuble ou l'effet personnel a été constitué en dot a, sur les biens de l'autre, une action en indemnité pour la moitié de ladite dot, eu égard à la valeur de l'effet donné, au temps de la donation.

Art. 1439. (*L. 22 septembre 1942, J.O.C.*, 1949, p. 330). — La dot constituée à l'enfant commun en biens de communauté est à la charge de celle-ci.

Si la femme accepte la communauté, elle doit supporter la moitié de la dot, à moins que le mari, en la constituant, n'ait déclaré expressément qu'il s'en chargerait pour le tout ou pour une part supérieure à la moitié.

Art. 1440. — La garantie de la dot est due par toute personne qui l'a constituée ; et ses intérêts courent du jour du mariage, encore qu'il y ait terme pour le payement, s'il n'y a stipulation contraire.

Section III : De la dissolution de la communauté, et de quelques-unes de ses suites

Art. 1441. — La communauté se dissout :

1° par la mort naturelle ;
2° *par la mort civile* ;
3° par le divorce ;
4° par la séparation de corps ;
5° par la séparation de biens ;

Art. 1442. — Le défaut d'inventaire après la mort naturelle ou civile de l'un des époux ne donne pas lieu à la continuation de la communauté ; sauf les poursuites des parties intéressées, relativement à la consistance des biens et effets communs, dont la preuve pourra être faite tant par titre que par la commune renommée ;

S'il y a des enfants mineurs, le défaut d'inventaire fait perdre en outre à l'époux survivant la jouissance de leurs revenus ; et le subrogé tuteur qui ne l'a point obligé à faire inventaire, est solidairement tenu avec lui de toutes les condamnations qui peuvent être prononcées au profit des mineurs.

Art. 1443. — La séparation des biens ne peut être poursuivie qu'en justice par la femme dont la dot est mise en péril, et lorsque le désordre des affaires du mari donne lieu de craindre que les biens de celui-ci ne soient point suffisants pour remplir les droits et reprises de la femme ;

Toute séparation volontaire est nulle.

Art. 1444. (*L. 14 juillet 1929, J.O. C.*, 1931, p. 367). — La séparation de biens, quoique prononcée en justice, est nulle si elle n'a point été exécutée par le payement réel des droits et reprises de la femme, effectué par acte authentique, jusqu'à concurrence des biens du mari, ou au moins par des poursuites commencées dans les trente jours qui ont suivi le jugement, et non interrompues depuis.

Art. 1445. — Toute séparation de biens doit, avant son exécution, être rendue publique par l'affiche sur un tableau à ce destiné, dans la principale salle du tribunal de première instance, et de plus, si le mari est marchand, banquier ou commerçant ; dans celle du tribunal de commerce du lieu de son domicile ; et ce, à peine de nullité de l'exécution.

Le jugement qui prononce la séparation de biens, remonte, quant à ses effets, au jour de la demande ;

Art. 1446. — Les créanciers personnels de la femme ne peuvent, sans son consentement, demander la séparation de biens.

Néanmoins, en cas de faillite, ou de déconfiture du mari, ils peuvent exercer les droits de leur débitrice, jusqu'à concurrence du montant de leurs créances.

Art. 1447. — Les créanciers du mari peuvent se pourvoir contre la séparation de biens prononcée et même exécuté en fraude de leurs droits ; ils peuvent même intervenir dans l'instance sur la demande en séparation pour la contester.

Art. 1448. — La femme qui a obtenu la séparation de biens doit contribuer, proportionnellement à ses facultés et à celles du mari, tant aux frais du ménage qu'à ceux d'éducation des enfants communs.

Elle doit supporter entièrement ces frais, s'il ne reste rien au mari.

Art. 1449 (*L. 22 septembre 1942, validée par Ord. 9 octobre 1945, J.O. C.*, 1949, p. 330). — La femme séparée de biens par jugement reprend l'administration, la jouissance et la libre disposition de ses biens personnels.

Elle peut être autorisée par le juge à s'acquitter de la contribution que l'article 1448 lui impose, en assumant elle-même, vis-à-vis des tiers, le règlement des dépenses familiales dans la limite de cette contribution.

Le mari séparé de biens par jugement ne peut plus exercer le droit d'opposition visé à l'article 223.

Art. 1450. — Le mari n'est point garant du défaut d'emploi ou de remploi du prix de l'immeuble que la femme séparée a aliéné sous l'autorisation de la justice, à moins qu'il n'ait concouru au contrat, ou qu'il ne soit prouvé que les deniers ont été reçus par lui, ou ont tourné à son profit ;

Il est garant du défaut d'emploi ou de remploi, si la vente a été faite en présence et de son consentement : il ne l'est point de l'utilité de cet emploi.

Art. 1451. — La communauté dissoute par la séparation soit de corps et de biens, soit de biens seulement, peut être rétablie du consentement des deux parties.

Elle ne peut l'être que par un acte passé devant notaires, et avec minute dont une expédition doit être affichée dans la forme de l'article 1445.

En ce cas, la communauté rétablie reprend son effet du jour du mariage ; les choses sont remises au même état que s'il n'y avait point eu de séparation, sans préjudice néanmoins de l'exécution des actes qui, dans cet intervalle, ont pu être faits par la femme en conformité de l'article 1449.

Toute convention par laquelle les époux rétabliraient leur communauté sous des conditions différentes de celles qui la réglaient antérieurement, est nulle.

Art. 1452. — La dissolution de communauté opérée par le divorce ou par la séparation soit de corps et de biens, soit de biens seulement, ne donne pas ouverture aux droits de survie de la femme ; mais celle-ci conserve la faculté de les exercer lors de la mort naturelle *ou civile* de son mari.

Section IV : De l'acceptation de la communauté, et de la renonciation qui peut être faite, avec les conditions qui y sont relatives.

Art. 1453. — Après la dissolution de la communauté, la femme ou ses héritiers et ayants cause ont la faculté de l'accepter ou d'y renoncer : toute convention contraire est nulle.

Art. 1454. — La femme qui s'est immiscée dans les biens de la communauté, ne peut y renoncer.

Les actes purement administratifs ou conservatoires n'emportent point immixtion.

Art. 1455. — La femme majeure qui a pris dans un acte la qualité de commune, ne peut plus y renoncer ni se faire restituer contre cette qualité, quand même elle l'aurait prise avant d'avoir fait inventaire, s'il n'y a eu dol de la part des héritiers du mari.

Art. 1456. — La femme survivante qui veut conserver la faculté de renoncer à la communauté, doit, dans les trois mois du jour du décès du mari, faire faire un inventaire fidèle et exact de tous les biens de la communauté, contradictoirement avec les héritiers du mari ou eux dûment appelés.

Cet inventaire doit être par elle affirmé sincère et véritable, lors de sa clôture, devant l'officier public qui l'a reçu.

Art. 1457. — Dans les trois mois et quarante jours après le décès du mari, elle doit faire sa renonciation au greffe du tribunal de première instance dans l'arrondissement duquel le mari avait son domicile ; cet acte doit être inscrit sur le registre établi pour recevoir les renonciations à succession.

Art. 1458. — La veuve peut, suivant les circonstances, demander au tribunal de première instance une prorogation du délai prescrit par l'article précédent pour sa renonciation ; cette prorogation est, s'il y a lieu, prononcée contradictoirement avec les héritiers du mari ou eux dument appelés.

Art. 1459. — La veuve qui n'a point fait sa renonciation dans le délai ci-dessus prescrit, n'est pas déchue de la faculté de renoncer si elle ne s'est point immiscée et qu'elle ait fait inventaire ; elle peut seulement être poursuivie comme commune jusqu'à ce qu'elle ait renoncé, et elle doit les frais faits contre elle jusqu'à sa renonciation. Elle peut également être poursuivie après l'expiration des quarante jours depuis la clôture de l'inventaire, s'il a été clos avant les trois mois.

Art. 1460. — La veuve qui a diverti ou recélé quelques effets de la communauté est déclarée commune, nonobstant sa renonciation ; il en est de même à l'égard de ses héritiers.

Art. 1461. — Si la veuve meurt avant l'expiration des trois mois sans avoir fait ou terminé l'inventaire, les héritiers auront, pour faire ou pour terminer l'inventaire, un nouveau délai de trois mois, à compter du décès de la veuve, et de quarante jours pour délibérer, après la clôture de l'inventaire.

Si la veuve meurt ayant terminé l'inventaire, ses héritiers auront, pour délibérer, un nouveau délai de quarante jours, à compter de son décès.

Ils peuvent, au surplus, renoncer à la communauté dans les formes établies ci-dessus ; et les articles 1458 et 1459 leur sont applicables.

Art. 1462 (*L. 22 septembre 1942, validée par Ord. 9 octobre 1945, J.O. C.*, 1949, p. 330). — Lorsqu'elle renonce à la communauté, la femme qui exerce une profession séparée de celle de son mari conserve ses biens réservés francs et quittes de toutes charges autres que celles dont ils sont grevés en vertu de l'article 225.

Si le droit de renonciation de la femme est exercé par ses héritiers, la disposition qui précède ne peut être invoquée que par les héritiers en ligne directe.

Art. 1463. — La femme divorcée ou séparée de corps, qui n'a point, dans les trois mois et quarante jours après le divorce ou la séparation définitivement prononcés, accepté la communauté, est censée y avoir renoncé, à moins qu'étant encore dans le délai, elle n'en ait obtenu la prorogation en justice, contradictoirement avec le mari, ou lui dûment appelé.

Art. 1464. — Les créanciers de la femme peuvent attaquer la renonciation qui aurait été faite par elle ou par ses héritiers en fraude de leurs créances, et accepter la communauté de leur chef.

Art. 1465. — La veuve, soit qu'elle accepte, soit qu'elle renonce, a droit, pendant les trois mois et quarante jours qui lui sont accordés pour faire inventaire et délibérer, de prendre sa nourriture et celle de ses domestiques sur les provisions existantes, et, à défaut, par emprunt au compte de la masse commune, à la charge d'en user modérément.

Elle ne doit aucun loyer à raison de l'habitation qu'elle a pu faire, pendant ces délais, dans une maison dépendante de la communauté ou appartenant aux héritiers du mari ; et si la maison qu'habitaient les époux à l'époque de la dissolution de la communauté était tenue par eux à titre de loyer, la femme ne contribuera point, pendant les mêmes délais, au payement dudit loyer, lequel sera pris sur la masse.

Art. 1466. — Dans les cas de dissolutions de la communauté par la mort de la femme, ses héritiers peuvent renoncer à la communauté dans les délais et dans les formes que la loi prescrit à la femme survivante.

Section V : Du partage de la communauté après l'acceptation

Art. 1467. — Après l'acceptation de la communauté par la femme ou ses héritiers, l'actif se partage, et le passif est supporté de la même manière ci-après déterminée.

§ 1. Du partage de l'actif

Art. 1468. — Les époux ou leurs héritiers rapportent à la masse des biens existants tout ce dont ils sont débiteurs envers la communauté à titre de récompense ou d'indemnité, d'après les règles ci-dessus prescrites, à la section 2 de la première partie du présent chapitre.

Art. 1469. — Chaque époux ou son héritier rapporte également les sommes qui ont été tirées de la communauté, ou la valeur des biens que l'époux y a pris pour doter un enfant d'un autre lit, ou pour doter personnellement l'enfant commun.

Art. 1470. — Sur la masse des biens, chaque époux ou son héritier prélève :

1° Ses biens personnels qui ne sont point entrés en communauté, s'ils existent en nature, ou ceux qui ont été acquis en remploi ;

2° Le prix de ses immeubles qui ont été aliénés pendant la communauté, et dont il n'a point été fait remploi ;

3° Les indemnités qui lui sont dues par la communauté.

Art. 1471. — Les prélèvements de la femme s'exercent avant ceux du mari.

Ils s'exercent pour les biens qui n'existent plus en nature, d'abord sur l'argent comptant, ensuite sur le mobilier, et subsidiairement sur les immeubles de la communauté : dans ce dernier cas, le choix des immeubles est déféré à la femme et à ses héritiers.

Art. 1472. — Le mari ne peut exercer ses reprises que sur les biens de la communauté.

La femme et ses héritiers, en cas d'insuffisance de la communauté exercent leurs reprises sur les biens du mari.

Art. 1473. — Les remplois et récompenses dus par la communauté aux époux, et les récompenses et indemnités par eux dues à la communauté, emportent les intérêts de plein droit du jour de la dissolution de la communauté.

Art. 1474. — Après que tous les prélèvements des deux époux ont été exécutés sur la masse, le surplus se partage par moitié entre les époux ou ceux qui les représentent.

Art. 1475. — Si les héritiers de la femme sont divisés, en sorte que l'un ait accepté la communauté à laquelle l'autre a renoncé, celui qui a accepté ne peut prendre que sa portion virile et héréditaire dans les biens qui échoient au lot de la femme ;

Le surplus reste au mari, qui demeure chargé, envers l'héritier renonçant, des droits que la femme aurait pu exercer en cas de renonciation, mais jusqu'à concurrence seulement de la portion virile héréditaire du renonçant.

Art. 1476. — Au surplus, le partage de la communauté, pour tout ce qui concerne ses formes, la licitation des immeubles quand il y a lieu, les effets du partage, la garantie qui en résulte, et les soultes, est soumis à toutes les règles qui sont établies au titre *Des successions* pour les partager entre cohéritiers.

Art. 1477. — Celui des époux qui aurait diverti ou recélé quelques effets de la communauté, est privé de sa portion dans lesdits effets.

Art.1478. — Après le partage consommé, si l'un des deux époux est créancier personnel de l'autre, comme lorsque le prix de son bien a été employé à payer une dette personnelle de l'autre époux, ou pour toute autre cause, il exerce sa créance sur la part qui est échue à celui-ci dans la communauté ou sur ses biens personnels.

Art. 1479. — Les créances personnelles que les époux ont à exercer l'un contre l'autre ne portent intérêt que du jour de la demande en justice ;

Art. 1480. — Les donations que l'un des époux a pu faire à l'autre, ne s'exécutent que sur la part du donateur dans la communauté, et sur ses biens personnels.

Art. 1481. — Le deuil de la femme est aux frais des héritiers du mari prédécédé.

La valeur de ce deuil est réglée selon la fortune du mari.

Il est dû même à la femme qui renonce à la communauté.

§ 2. Du passif de la communauté, et de la contribution aux dettes

Art. 1482. — Les dettes de la communauté sont pour moitié à la charge de chacun des époux ou de leurs héritiers : les frais de scellé, inventaire, vente de mobilier, liquidation, licitation et partage, font partie de ces dettes ;

Art. 1483. — La femme n'est tenue des dettes de la communauté, soit à l'égard du mari, soit à l'égard des créanciers, que jusqu'à concurrence de son émolument, pourvu qu'il y ait eu bon et fidèle inventaire, et en rendant compte tant du contenu de cet inventaire que de ce qui lui est échu par le partage ;

Art.1484. — Le mari est tenu, pour la totalité, des dettes de la communauté par lui contractées ; sauf son recours contre la femme ou ses héritiers pour la moitié desdites dettes.

Art. 1485. — Il n'est tenu que pour moitié, de celles personnelles à la femme et qui étaient tombées à la charge de la communauté.

Art. 1486. — La femme peut être poursuivie pour la totalité des dettes qui procèdent de son chef et étaient entrées dans la communauté, sauf son recours contre le mari ou son héritier, pour la moitié desdites dettes.

Art. 1487. — La femme, même personnellement obligée pour une dette de communauté, ne peut être poursuivie que pour la moitié de cette dette, à moins que l'obligation ne soit solidaire.

Art. 1488. — La femme qui a payé une dette de la communauté au-delà de sa moitié, n'a point de répétition contre le créancier pour l'excédent, à moins que la quittance n'exprime que ce qu'elle a payé était pour sa moitié.

Art. 1489. — Celui des deux époux qui, par l'effet de l'hypothèque exercée sur l'immeuble à lui échu en partage, se trouve poursuivi pour la totalité d'une dette de communauté, a de droit son recours pour la moitié de cette dette contre l'autre époux ou ses héritiers.

Art. 1490. — Les dispositions précédentes ne font point obstacle à ce que, par le partage, l'un ou l'autre des copartageants soit chargé de payer une quotité de dettes autre que la moitié, même de les acquitter entièrement.

Toutes les fois que l'un des copartageantes a payé des dettes de la communauté au-delà de la portion dont il était tenu, il y a lieu au recours de celui qui a trop payé contre l'autre.

Art. 1491. — Tout ce qui est dit ci-dessus à l'égard du mari ou de la femme, a lieu à l'égard des héritiers de l'un ou de l'autre ; et ces héritiers exercent des mêmes droits et sont soumis aux mêmes actions que les conjoints qu'ils représentent.

Section VI : De la renonciation à la communauté et de ses effets

Art. 1492. — La femme qui renonce, perd toute espèce de droit sur les biens de la communauté, et même sur le mobilier qui y est entré de son chef. Elle retire seulement les linges et hardes à son usage.

Art. 1493. — La femme renonçante a le droit de reprendre :

1° Les immeubles à elle appartenant, lorsqu'ils existent en nature, ou l'immeuble qui a été acquis en remploi ;
2° Le prix de ses immeubles aliénés dont le remploi n'a pas été fait et accepté comme il est dit ci-dessus ;
3° Toutes les indemnités qui peuvent lui être dues par la communauté.

Art. 1494. — La femme renonçante est déchargée de toute contribution aux dettes de la communauté, tant à l'égard du mari qu'à l'égard des créanciers. Elle reste néanmoins tenue envers ceux-ci lorsqu'elle s'est obligée conjointement avec son mari, ou lorsque la dette, devenue dette de la communauté, provenait originairement de son chef ; le tout sauf contre son mari ou ses héritiers.

Art. 1495. — Elle peut exercer toutes les actions et reprises ci-dessus détaillées, tant sur les biens de la communauté que sur les biens personnels du mari.

Ses héritiers le peuvent de même, sauf en ce qui concerne le prélèvement des linges et hardes, ainsi que le logement et la nourriture pendant le délai donné pour faire inventaire et délibérer ; lesquels droits sont purement personnels à la femme survivante.

DISPOSITION Relative à la communauté légale lorsque l'un des époux ou tous deux ont des enfants de précédents mariages

Art. 1496. — Tout ce qui est dit ci-dessus, sera observé même lorsque l'un des époux ou tous les deux auront des enfants de précédents mariages ;

Si toutefois la confusion du mobilier et des dettes opérait, au profit de l'un des époux, un avantage supérieur à celui qui est autorisé par l'article 1098, au titre *Des donations entre vifs et des testaments*, les enfants du premier lit de l'autre époux auront l'action en retranchement.

DEUXIÈME PARTIE : DE LA COMMUNAUTÉ CONVENTIONNELLE, ET DES CONVENTIONS QUI PEUVENT MODIFIER OU MÊME EXCLURE LA COMMUNAUTÉ LÉGALE.

Art. 1497. — Les époux peuvent modifier la communauté légale par toute espèce de conventions non contraires aux articles 1387, 1388, 1389 et 1390.

Les principales modifications sont celles qui ont lieu en stipulant de l'une ou de l'autre des manières qui suivent, savoir :

1° Que la communauté n'embrassera que les acquêts ;
2° Que le mobilier présent ou futur n'entrera point en communauté, ou n'y entrera que pour une partie ;
3° Qu'on y comprendra tout ou partie des immeubles présents ou futurs, par la voie de l'ameublissement ;
4° Que les époux payeront séparément leurs dettes antérieures au mariage ;
5° Qu'en cas de renonciation, la femme pourra reprendre ses apports francs et quittes ;
6° Que le survivant aura un préciput ;
7° Que les époux auront des parts inégales ;
8° Qu'il y aura entre eux communauté à titre universel.

Section première : De la communauté réduite aux acquêts

Art. 1498. — Lorsque les époux stipulent qu'il n'y aura entre eux qu'une communauté d'acquêts, ils sont censés exclure de la communauté et les dettes de chacun d'eux actuelles et futures, et leur mobilier respectif présent et futur.

En ce cas, et après que chacun des époux a prélevé ses apports dûment justifiés, le partage se borne aux acquêts faits par les époux ensemble ou séparément durant le mariage, et provenant tant de l'industrie commune que des économies faites sur les fruits et revenus des biens des deux époux.

Art. 1499 (L. 29 avril 1924, J.O. C., 1933, p. 380). — Le mobilier existant lors du mariage ou échu depuis est réputé acquêt, sauf preuve contraire, établie suivant le droit commun à l'égard des tiers.

Entre époux, la preuve est réglée par les articles 1502 et 1504.

Section II : De la clause qui exclut de la communauté le mobilier en tout ou partie

Art. 1500. — Les époux peuvent exclure de leur communauté tout leur mobilier présent et futur.

Lorsqu'ils stipulent qu'ils en mettront réciproquement dans la communauté jusqu'à concurrence d'une somme ou d'une valeur déterminée, ils sont, par cela seul, censés se réserver le surplus.

Art. 1501. — Cette clause rend l'époux débiteur envers la communauté, de la somme qu'il a promis d'y mettre, et l'oblige à justifier de cet apport.

Art. 1502. — L'apport est suffisamment justifié, quant au mari, par la déclaration portée au contrat de mariage que son mobilier est de telle valeur.

Il est suffisamment justifié, à l'égard de la femme, par la quittance que le mari lui donne, ou à ceux qui l'ont dotée.

Art. 1503. — Chaque époux a le droit de reprendre et de prélever, lors de la dissolution de la communauté, la valeur de ce dont le mobilier qu'il a apporté lors du mariage, ou qui lui est échu depuis, excédait sa mise en communauté.

Art. 1504. — Le mobilier qui échoit à chacun des époux pendant le mariage, doit être constaté par un inventaire.

À défaut d'inventaire du mobilier échu au mari, ou d'un titre propre à justifier de sa consistance et valeur, déduction faite des dettes, le mari ne peut en exercer la reprise.

Si le défaut d'inventaire porte sur un mobilier échu à la femme, celle-ci ou ses héritiers sont admis à faire preuve, soit par titres, soit par témoins, soi-même par commune renommée, de la valeur de ce mobilier.

Section III : De la clause d'ameublissement

Art. 1505. — Lorsque les époux ou l'un d'eux font entrer en communauté tout ou partie de leurs immeubles présents ou futurs, cette clause s'appelle *ameublissement*.

Art. 1506. — L'ameublissement peut être déterminé ou indéterminé.

Il est déterminé quand l'époux a déclaré ameublir et mettre en communauté un tel immeuble en tout ou jusqu'à concurrence d'une certaine somme. Il est indéterminé quand l'époux a simplement déclaré apporter en communauté ses immeubles, jusqu'à concurrence d'une certaine somme.

Art. 1507. — L'effet de l'ameublissement déterminé est de rendre l'immeuble ou les immeubles qui en sont frappés, biens de la communauté comme les meubles même.

Lorsque l'immeuble ou les immeubles de la femme sont ameublis en totalité, le mari en peut disposer comme des autres effets de la communauté, et les aliéner en totalité.

Si l'immeuble n'est ameubli que pour une certaine somme, le mari ne peut l'aliéner qu'avec le consentement de la femme ; mais il peut l'hypothéquer sans son consentement, jusqu'à concurrence seulement de la portion ameublie.

Art. 1508. — L'ameublissement indéterminé ne rend point la communauté propriétaire des immeubles qui en sont frappés ; son effet se réduit à obliger l'époux qui l'a consenti, à comprendre dans la masse, lors de la dissolution de la communauté, quelques-uns de ses immeubles jusqu'à concurrence de la somme par lui promise.

Le mari ne peut, comme en l'article précédent, aliéner en tout ou en partie, sans le consentement de sa femme, les immeubles sur lesquels est établi l'ameublissement indéterminé ; mais il peut les hypothéquer jusqu'à concurrence de cet ameublissement.

Art. 1509. — L'époux qui a ameubli un héritage a, lors du partage, la faculté de le retenir en le précomptant sur sa part pour le prix qu'il vaut alors ; et ses héritiers ont le même droit.

Section IV : De la clause de séparation des dettes

Art. 1510 (*L. 29 avril 1924, J.O. C.*, 1933, p. 379). — La clause par laquelle les époux stipulent qu'ils payeront séparément leurs dettes personnelles oblige à se faire, lors de la dissolution de la communauté, respectivement raison des dettes qui sont justifiées avoir été acquittées par la communauté, à la décharge de celui des époux qui en était débiteur.

Cette obligation est la même, soit qu'il y ait eu inventaire ou non.

Art. 1511. — Lorsque les époux apportent dans la communauté une somme certaine ou un corps certain, un tel apport emporte la convention tacite qu'il n'est point grevé de dettes antérieures au mariage ; et il doit être fait raison par l'époux débiteur à l'autre, de toutes celles qui diminueraient l'apport promis.

Art. 1512. — Les clauses de séparation des dettes n'empêchent point que la communauté ne soit chargée des intérêts et arrérages qui ont couru depuis le mariage.

Art. 1513. — Lorsque la communauté est poursuivie pour les dettes de l'un des époux, déclaré, par contrat, franc et quitte de toutes dettes antérieures au mariage, le conjoint a droit à une indemnité qui se prend soit sur la part de communauté revenant à l'époux débiteur, soit sur les biens personnels dudit époux ; et, en cas d'insuffisance, cette indemnité peut être poursuivie par voie de garantie contre le père, la mère, l'ascendant ou le tuteur qui l'auraient déclaré franc et quitte.

Cette garantie peut même être exercée par le mari durant la communauté si la dette provient du chef de la femme ; sauf, en ce cas, le remboursement dû par la femme ou ses héritiers aux garants, après la dissolution de la communauté.

Section V : De la faculté accordée à la femme de reprendre son apport franc et quitte

Art. 1514. — La femme peut stipuler qu'en cas de renonciation à la communauté elle reprendra tout ou partie de ce qu'elle y aura apporté, soit lors du mariage, soit depuis ; mais cette stipulation ne peut s'étendre au-delà des choses formellement exprimées ni au profit des personnes autres que celles désignées.

Ainsi la faculté de reprendre le mobilier que la femme a apporté lors du mariage, ne s'étend point à celui qui serait échu pendant le mariage.

Ainsi la faculté accordée à la femme ne s'étend point aux enfants ; celle accordée à la femme et aux enfants ne s'étend point aux héritiers ascendants ou collatéraux.

Dans tous les cas, les apports ne peuvent être repris que déduction faite des dettes personnelles à la femme, et que la communauté aurait acquittées.

Section VI : Du préciput conventionnel

Art. 1515. — La clause par laquelle l'époux survivant est autorisé à prélever, avant tout partage, une certaine somme ou une certaine quantité d'effets mobiliers en nature ne donne droit à ce prélèvement, au profit de la femme survivante, que lorsqu'elle accepte la communauté, à moins que le contrat de mariage ne lui ait réservé ce droit, même en renonçant.

Hors le cas de cette réserve, le préciput ne s'exerce que sur la masse partageable, et non sur les biens personnels de l'époux prédécédé.

Art. 1516. — Le préciput n'est point regardé comme un avantage sujet aux formalités des donations, mais comme une convention de mariage.

Art. 1517. — La mort naturelle (*ou civile*) donne ouverture au préciput.

Art. 1518. — Lorsque la dissolution de la communauté s'opère par le divorce ou par la séparation de corps, il n'y a pas lieu à la délivrance actuelle du préciput ; mais l'époux qui a obtenu soit le divorce, soit la séparation de corps, conserve ses droits au préciput en cas de survie. Si c'est la femme, la somme ou la chose qui constitue le préciput reste toujours provisoirement au mari, à la charge de donner caution.

Art. 1519. — Les créanciers de la communauté ont toujours le droit de faire vendre les effets compris dans le préciput, sauf le recours de l'époux, conformément à l'article 1515.

Section VII : Des clauses par lesquelles on assigne à chacun des époux des parts inégales dans la communauté

Art. 1520. — Les époux peuvent déroger au partage égal établi par la loi, soit en ne donnant à l'époux survivant ou à ses héritiers, dans la communauté, qu'une part moindre que la moitié, soit en ne lui donnant qu'une somme fixe pour tout droit de communauté, soit en stipulant que la communauté entière, en certains cas, appartiendra à l'époux survivant, ou à l'un d'eux seulement.

Art. 1521. — Lorsqu'il a été stipulé que l'époux ou ses héritiers n'auront qu'une certaine part dans la communauté, comme le tiers ou le quart, l'époux ainsi réduit ou ses héritiers ne supportent les dettes de la communauté que proportionnellement à la part qu'ils prennent dans l'actif.

La convention est nulle si elle oblige l'époux ainsi réduit ou ses héritiers à supporter une plus forte part, ou si elle les dispense de supporter une part dans les dettes égales à celle qu'ils prennent dans l'actif.

Art. 1522. — Lorsqu'il est stipulé que l'un des époux ou ses héritiers ne pourront prétendre qu'une certaine somme pour tout droit de communauté, la clause est un forfait qui oblige l'autre époux ou ses héritiers à payer la somme convenue, soit que la communauté soit bonne ou mauvaise, suffisante ou non pour acquitter la somme.

Art. 1523. — Si la clause n'établit le forfait qu'à l'égard des héritiers de l'époux, celui-ci, dans le cas où il survit, a droit au partage légal par moitié.

Art. 1524. — Le mari ou ses héritiers qui retiennent, en vertu de la clause énoncée en l'article 1520, la totalité de la communauté, sont obligés d'en acquitter toutes les dettes.

Les créanciers n'ont, en ce cas, aucune action contre la femme ni contre ses héritiers.

Si c'est la femme survivante qui a, moyennant une somme convenue, le droit de retenir toute la communauté contre les héritiers du mari, elle a le choix ou de leur payer cette somme, en demeurant obligée à toutes dettes, ou de renoncer à la communauté, et d'en abandonner aux héritiers du mari les biens et les charges ;

Art. 1525. — Il est permis aux époux de stipuler que la totalité de la communauté appartiendra au survivant ou à l'un d'eux seulement, sauf aux héritiers de l'autre à faire la reprise des apports et capitaux tombés dans la communauté, du chef de leur auteur.

Cette stipulation n'est point réputée un avantage sujet aux règles relatives aux donations, soit quant au fond, soit quant à la forme, mais simplement une convention de mariage et entre associés.

Section VIII : De la communauté à titre universel

Art. 1526. — Les époux peuvent établir par leur contrat de mariage une communauté universelle de leurs biens tant meubles qu'immeubles, présents et à l'avenir, ou de tous leurs biens présents seulement, ou de tous leurs biens à venir seulement.

Dispositions communes aux huit sections ci-dessus

Art. 1527. — Ce qui est dit aux huit sections ci-dessus ne limite pas à leurs dispositions précises les stipulations dont est susceptible la communauté conventionnelle.

Les époux peuvent faire toutes autres conventions, ainsi qu'il est dit à l'article 1387, et sauf les modifications portées par les articles 1388, 1389 et 1390.

Néanmoins, dans le cas où il y aurait des enfants d'un précédent mariage, toute convention qui tendrait dans ses effets à donner à l'un des époux au-delà de la portion réglée par l'article 1098, au titre *Des donations entre vifs et des testaments*, sera sans effet pour tout l'excédent de cette portion ; mais les simples bénéfices résultant des travaux communs et des économies faites sur les revenus respectifs, quoiqu'inégaux, des deux époux, ne sont pas considérés comme un avantage fait au préjudice des enfants du premier lit.

Art. 1528 *(L. 22 septembre 1942, validée par Ord. 9 octobre 1945, J.O. C.*, 1949, p. 330). — La communauté conventionnelle reste soumise aux règles de la communauté légale, pour tous les cas auxquels il n'y a pas été dérogé implicitement ou explicitement par contrat.

Les dispositions des articles 1557 et 1558 relatives aux dérogations qui peuvent être apportées avec autorisation de justice aux clauses de remploi prévues par le contrat de mariage sont applicables aux clauses de remploi stipulées par les conventions visées aux sections précédentes et à la section ci-après.

Section IX : Des conventions exclusives de la communauté

Art. 1529. — Lorsque, sans se soumettre au régime dotal, les époux déclarent qu'ils se marient sans communauté, ou qu'ils seront séparés de biens, les effets de cette stipulation sont réglés comme suit.

§ 1. — De la clause portant que les époux se marient sans communauté

Art. 1530. — La clause portant que les époux se marient sans communauté, ne donne point à la femme le droit d'administrer ses biens, ni d'en percevoir les fruits : ces fruits sont censés apportés au mari pour soutenir les charges du mariage.

Art. 1531. — Le mari conserve l'administration des biens meubles et immeubles de la femme, et, par suite, le droit de percevoir tout le mobilier qu'elle apporte en dot, ou qui lui échoit pendant le mariage, sauf la restitution qu'il en doit faire après la dissolution du mariage, ou après la séparation de biens qui serait prononcée par justice.

Art. 1532. — Si, dans le mobilier apporté en dot par la femme, ou qui lui échoit pendant le mariage, il y a des choses dont on ne peut faire usage sans les consommer, il en doit être joint un état estimatif au contrat de mariage, ou il doit en être fait inventaire lors de l'échéance, et le mari en doit rendre le prix d'après l'estimation ;

Art. 1533. — Le mari est tenu de toutes les charges de l'usufruit.

Art. 1534. — la clause énoncée au présent paragraphe ne fait point obstacle à ce qu'il soit convenu que la femme touchera annuellement, sur ses seules quittances, certaines portions de ses revenus pour son entretien et ses besoins personnels.

Art. 1535. — Les immeubles constitués en dot, dans le cas du présent paragraphe, ne sont point inaliénables.

Néanmoins ils ne peuvent être aliénés sans le consentement du mari, et, à son refus, sans l'autorisation de la justice.

§ 2. — De la clause de séparation de biens

Art. 1536 *(L. 22 septembre 1942, validée par Ord. 9 octobre 1945, J.O. C.*, 1949, p. 330). — Lorsque les époux ont stipulé par leur contrat de mariage qu'ils seraient séparés de biens, la femme conserve l'administration, la jouissance et la libre disposition de ses biens personnels.

Art. 1537 *(L. 22 septembre 1942, validée par Ord. 9 octobre 1945, J.O. C.*, 1949, p. 330). — Chacun des époux contribue aux charges du mariage suivant les conventions contenues dans leur contrat et, s'il n'en existe point à cet égard, dans la proportion fixée à l'article 214.

Art. 1538 *(L. 22 septembre 1942, validée par Ord. 9 octobre 1945, J.O.C.*, 1949, p. 330). — La femme séparée de biens par contrat ou par jugement, peut faire ouvrir un compte courant à son nom et y déposer ou en retirer librement les fonds dont l'emploi lui est réservé.

Art. 1539. — Lorsque la femme séparée a laissé la jouissance de ses biens à son mari, celui-ci n'est tenu, soit sur la demande que sa femme pourrait lui faire, soit à la dissolution du mariage, qu'à la représentation des fruits existants, et il n'est point comptable de ceux qui ont été consommés jusqu'alors.

CHAPITRE III : DU RÉGIME DOTAL.

— **Dispositions anciennes : Art. 1540.- 1581**. — Abrogées

Dispositions nouvelles : Ordonnance 67-006 1967-03-21 PR.-MJ portant réforme de l'organisation judiciaire

Art. 70 : Lorsque les parties seront de statuts civils différents les règles suivantes seront appliquées :

1° Dans les affaires relatives à la validité du mariage, au régime matrimonial en l'absence de contrat de mariage, à la dot, aux droits et obligations des époux, aux droits de puissance paternelle, à la dissolution de l'union conjugale et ses conséquences, à la filiation légitime, il sera statué conformément à la loi qui régit le mari, à moins que les parties n'aient opté pour un statut différent au moment de la conclusion du mariage.

TITRE SIXIÈME : DE LA VENTE

CHAPITRE PREMIER : DE LA NATURE ET DE LA FORME DE LA VENTE

Art. 1582. — La vente est une convention par laquelle l'un s'oblige à livrer une chose, et l'autre à la payer.

Elle peut être faite par acte authentique ou sous seing privé.

Art. 1583. — Elle est parfaite entre les parties, et la propriété est acquise de droit à l'acheteur à l'égard du vendeur, dès qu'on est convenu de la chose et du prix, quoique la chose n'ait pas encore été livrée ni le prix payé.

Art. 1584. — La vente peut être faite purement et simplement, ou sous une condition soit suspensive, soit résolutoire.

Elle peut aussi avoir pour objet deux ou plusieurs choses alternatives.

Dans tous ces cas, son effet est réglé par les principes généraux des conventions.

Art. 1585. — Lorsque des marchandises ne sont pas vendues en bloc, mais au poids, au compte ou à la mesure, la vente n'est point parfaite, en ce sens que les choses vendues sont aux risques du vendeur jusqu'à ce qu'elles soient pesées, comptées ou mesurées ; mais l'acheteur peut en demander ou la délivrance ou des dommages-intérêts, s'il y a lieu, en cas d'inexécution de l'engagement.

Art.1586. — Si, au contraire, les marchandises ont été vendues en bloc, la vente est parfaite, quoique les marchandises n'aient pas encore été pesées, comptées ou mesurées.

Art. 1587. — À l'égard du vin, de l'huile, et des autres choses que l'on est dans l'usage de goûter avant d'en faire l'achat, il n'y a point de vente tant que l'acheteur ne les a pas goûtées et agrées.

Art. 1588. — La vente faite à l'essai est toujours présumée faite sous une condition suspensive.

Art. 1589. — La promesse de vente vaut vente, lorsqu'il y a consentement réciproque des deux parties sur la chose et sur le prix.

Art. 1590. — Si la promesse de vendre a été faite avec des arrhes, chacun des contractants est maître de s'en départir,

Celui qui les a données, en les perdant

Et celui qui les a reçues, en restituant le double.

Art. 1591. — Le prix de la vente doit être déterminé et signé par les parties ;

Art. 1592. — Il peut cependant être laissé à l'arbitrage d'un tiers : si le tiers ne veut ou ne peut faire l'estimation, il n'y a point de vente.

Art. 1593. — Les frais d'actes et autres accessoires à la vente sont à la charge de l'acheteur.

CHAPITRE II : QUI PEUT ACHETER OU VENDRE

Art. 1594. — Tous ceux auxquels la loi ne l'interdit pas, peuvent acheter ou vendre.

Art. 1595. — Le contrat de vente ne peut avoir lieu entre époux que dans les trois cas suivants :

1° Celui où l'un des deux époux cède des biens à l'autre, séparé judiciairement d'avec lui, en payement de ses droits ;

2° celui où la cession que le mari fait à sa femme, même non séparée, a une cause légitime, telle que le remploi de ses immeubles aliénés, ou de deniers à elle appartenant, si ces immeubles ou deniers ne tombent pas en communauté ;

3° celui où la femme cède des biens à son mari en payement d'une somme qu'elle lui aurait promise en dot, et lorsqu'il y a exclusion de communauté ;

Sauf, dans ces trois cas, les droits des héritiers des parties contractantes, s'il y a avantage indirect.

Art. 1596. — Ne peuvent se rendre adjudicataires, sous peine de nullité, ni par eux-mêmes, ni par personnes interposées :

Les tuteurs, des biens de ceux dont ils ont la tutelle ;

Les mandataires, des biens qu'ils sont chargés de vendre ;

Les administrateurs, de ceux des communes ou des établissements publics confiés à leur soin ;

Les officiers publics, des biens nationaux dont les ventes se font par leur ministère.

Art. 1597. — Les juges, leurs suppléants, les magistrats remplissant le ministère public, les greffiers, huissiers, avoués, défenseurs officieux et notaires, ne peuvent devenir cessionnaires des procès, droits et actions litigieux qui sont de la compétence du tribunal dans le ressort duquel ils exercent leurs fonctions, à peine de nullité, et des dépens, dommages et intérêts.

CHAPITRE III : DES CHOSES QUI PEUVENT ÊTRE VENDUES

Art. 1598. — Tout ce qui est dans le commerce peut être vendu, lorsque des lois particulières n'en ont pas prohibé l'aliénation.

Art. 1599. — La vente de la chose d'autrui est nulle : elle peut donner lieu à des dommages-intérêts lorsque l'acheteur a ignoré que la chose fût à autrui.

Art. 1600. — On ne peut vendre la succession d'une personne vivante, même de son consentement.

Art. 1601. — Si au moment de la vente la chose vendue était périe en totalité, la vente serait nulle,

Si une partie seulement de la chose est périe,

Il est au choix de l'acquéreur d'abandonner la vente, ou de demander la partie conservée, en faisant déterminer le prix par la ventilation.

CHAPITRE IV : DES OBLIGATIONS DU VENDEUR

Section première : Dispositions générales.

Art. 1602. — Le vendeur est tenu d'expliquer clairement ce à quoi il s'oblige.

Tout pacte obscur ou ambigu s'interprète contre le vendeur.

Art. 1603. — Il a deux obligations principales, celle de délivrer et celle de garantir la chose qu'il vend.

Section II : De la délivrance

Art. 1604. — La délivrance est le transport de la chose vendue en la puissance et possession de l'acheteur.

Art. 1605. — L'obligation de délivrer les immeubles est remplie de la part du vendeur lorsqu'il a remis les clefs, s'il s'agit d'un bâtiment, ou lorsqu'il a remis les titres de propriété.

Art. 1606. — La délivrance des effets mobiliers s'opère :

Ou par la tradition réelle,

Ou par la remise des clefs des bâtiments qui les contiennent,

Ou même par le seul consentement des parties, si le transport ne peut pas s'en faire au moment de la vente, ou si l'acheteur les avait déjà en son pouvoir à un autre titre.

Art. 1607. — La tradition des droits incorporels se fait, ou par la remise des titres, ou par l'usage que l'acquéreur en fait du consentement du vendeur.

Art. 1608. — Les frais de la délivrance sont à la charge du vendeur, et ceux de l'enlèvement à la charge de l'acheteur, s'il n'y a eu stipulation contraire.

Art. 1609. — La délivrance doit se faire au lieu où était, au temps de la vente, la chose qui en a fait l'objet, s'il n'en a été autrement convenu.

Art. 1610. — Si le vendeur manque à faire la délivrance dans le temps convenu entre les parties, l'acquéreur pourra, à son choix, demander la résolution de la vente, ou sa mise en possession, si le retard ne vient que du fait du vendeur.

Art. 1611. — Dans tous les cas, le vendeur doit être condamné aux dommages et intérêts, s'il résulte un préjudice pour l'acquéreur, du défaut de délivrance au terme convenu.

Art. 1612. — Le vendeur n'est pas tenu de délivrer la chose, si l'acheteur n'en paye pas le prix, et que le vendeur ne lui ait pas accordé un délai pour le payement.

Art. 1613. — Il ne sera pas non plus obligé à la délivrance, quand même il aurait accordé un délai pour le payement, si, depuis la vente, l'acheteur est tombé en faillite ou en état de déconfiture, en sorte que le vendeur se trouve en danger imminent de perdre le prix ; à moins que l'acheteur ne lui donne caution de payer au terme.

Art. 1614. — La chose doit être délivrée en l'état où elle se trouve au moment de la vente.

Depuis ce jour, tous les fruits appartiennent à l'acquéreur.

Art. 1615. — L'obligation de délivrer la chose comprend ses accessoires et tout ce qui a été destiné à son usage perpétuel.

Art. 1616. — Le vendeur est tenu de délivrer la contenance telle qu'elle est portée au contrat, sous les modifications ci-après exprimées.

Art. 1617. Si la vente d'un immeuble a été faite avec indication de la contenance à raison de tant la mesure, le vendeur est obligé de délivrer à l'acquéreur, s'il l'exige, la quantité indiquée au contrat ;

Et si la chose ne lui est pas possible, ou si l'acquéreur ne l'exige pas, le vendeur est obligé de souffrir une diminution proportionnelle du prix.

Art. 1618. — Si, au contraire, dans le cas de l'article précédent, il se trouve une contenance plus grande que celle exprimée au contrat, l'acquéreur a le choix de fournir le supplément du prix, ou de se désister du contrat, si l'excédent est d'un vingtième au-dessus de la contenance déclarée.

Art. 1619. — Dans tous les autres cas,

Soit que la vente soit faite d'un corps certain et limité,

Soit qu'elle ait pour objet des fonds distincts et séparés,

Soit qu'elle commence par la mesure, ou par la désignation de l'objet vendu suivie de la mesure.

L'expression de cette mesure ne donne lieu à aucun supplément de prix, en faveur du vendeur, pour l'excédent de mesure, ni en faveur de l'acquéreur, à aucune diminution du prix pour moindre mesure, qu'autant que la différence de la mesure réelle à celle exprimée au contrat est d'un vingtième en plus ou en moins, eu égard à la valeur de la totalité des objets vendus, s'il n'y a stipulation contraire.

Art. 1620. — Dans le cas où, suivant l'article précédent, il y a lieu à augmentation de prix pour excédent de mesure, l'acquéreur a le choix ou de se désister du contrat ou de fournir le supplément du prix, et ce, avec les intérêts s'il a gardé l'immeuble.

Art. 1621. — Dans tous les cas où l'acquéreur a le droit de se désister du contrat, le vendeur est tenu de lui restituer, outre le prix, s'il l'a reçu, les frais de ce contrat.

Art. 1622. — L'action en supplément de prix de la part du vendeur, et celle en diminution de prix ou en résiliation du contrat de la part de l'acquéreur doivent être intentées dans l'année, à compter du jour du contrat, à peine de déchéance.

Art. 1623. — S'il a été vendu deux fonds par le même contrat, et pour un seul et même prix avec désignation de la mesure de chacun, et qu'il se trouve moins de contenance en l'un et plus en l'autre, on fait compensation jusqu'à due concurrence ; et l'action, soit en supplément, soit en diminution du prix, n'a lieu que suivant les règles ci-dessus établies.

Art. 1624. — La question de savoir sur lequel, du vendeur ou de l'acquéreur, doit tomber la perte ou la détérioration de la chose vendue avant la livraison, est jugée d'après les règles prescrites au titre *Des contrats ou des obligations conventionnelles en général.*

Section III : De la garantie.

Art. 1625. — La garantie que le vendeur doit à l'acquéreur a deux objets : le premier est la possession paisible de la chose vendue ; le second, les défauts cachés de cette chose ou les vices rédhibitoires.

§ 1. De la garantie en cas d'éviction

Art. 1626. — Quoique lors de la vente il n'ait été fait aucune stipulation sur la garantie, le vendeur est obligé de droit à garantir l'acquéreur de l'éviction qu'il souffre dans la totalité ou partie de l'objet vendu, ou des charges prétendues sur cet objet, et non déclarées lors de la vente.

Art. 1627. — Les parties peuvent, par des conventions particulières, ajouter à cette obligation de droit ou en diminuer l'effet ; elles peuvent même convenir que le vendeur ne sera soumis à aucune garantie.

Art. 1628. — Quoiqu'il soit dit que le vendeur ne sera soumis à aucune garantie, il demeure cependant tenu de celle qui résulte d'un fait qui lui est personnel ; toute convention contraire est nulle.

Art. 1629. — Dans le même cas de stipulation de non-garantie, le vendeur, en cas d'éviction, est tenu à la restitution du prix à moins que l'acquéreur n'ait connu lors de la vente le danger de l'éviction, ou qu'il n'ait acheté à ses périls et risques.

Art. 1630. — Lorsque la garantie a été promise, ou qu'il n'a rien été stipulé à ce sujet, si l'acquéreur est évincé, il a droit de demander contre le vendeur :

1° La restitution du prix ;
2° Celle des fruits lorsqu'il est obligé de les rendre au propriétaire qui l'évince ;
3° Les frais faits sur la demande en garantie de l'acheteur, et ceux faits par le demandeur originaire ;

4° Enfin les dommages et intérêts, ainsi que les frais et loyaux coûts du contrat.

Art. 1631. — Lorsqu'à l'époque de l'éviction, la chose vendue se trouve diminuée de valeur, ou considérablement détériorée, soit par la négligence de l'acheteur, soit par des accidents de force majeure, le vendeur n'en est pas moins tenu de restituer la totalité du prix.

Art. 1632. — Mais si l'acquéreur a tiré profit des dégradations par lui faites, le vendeur a droit de retenir sur le prix une somme égale à ce profit.

Art. 1633. — Si la chose vendue se trouve avoir augmenté de prix à l'époque de l'éviction, indépendamment même du fait de l'acquéreur, le vendeur est tenu de lui payer ce qu'elle vaut au-dessus du prix de la vente.

Art. 1634. — Le vendeur est tenu de rembourser ou de faire rembourser à l'acquéreur, par celui qui l'évince, toutes les réparations et améliorations utiles qu'il aura faites au fonds.

Art. 1635. — Si le vendeur avait vendu de mauvaise foi le fonds d'autrui, il sera obligé de rembourser à l'acquéreur toutes les dépenses, même voluptuaires ou d'agrément, que celui-ci aura faites au fonds.

Art. 1636. — Si l'acquéreur n'est évincé que d'une partie de la chose, et qu'elle soit de telle conséquence, relativement au tout, que l'acquéreur n'eût point acheté sans la partie dont il a été évincé, il peut faire résilier la vente.

Art. 1637. — Si, dans le cas de l'éviction d'une partie du fonds vendu, la vente n'est pas résiliée, la valeur de la partie dont l'acquéreur se trouve évincé, lui est remboursée suivant l'estimation à l'époque de l'éviction, et non proportionnellement au prix total de la vente, soit que la chose vendue ait augmenté ou diminué de valeur.

Art. 1638. — Si l'héritage vendu se trouve grevé, sans qu'il en ait été fait de déclaration, de servitudes non apparentes, et qu'elles soient de telle importance qu'il y ait lieu de présumer que l'acquéreur n'aurait pas acheté s'il en avait été instruit, il peut demander la résiliation du contrat si mieux il n'aime se contenter d'une indemnité.

Art. 1639. — Les autres questions auxquelles peuvent donner lieu les dommages et intérêts résultant pour l'acquéreur de l'inexécution de la vente, doivent être décidées suivant les règles générales établies au titre *Des contrats ou des obligations conventionnelles en général*.

Art. 1640. — La garantie pour cause d'éviction cesse lorsque l'acquéreur s'est laissé condamner par un jugement en dernier ressort, ou dont l'appel n'est plus recevable, sans appeler son vendeur, si celui-ci prouve qu'il existait des moyens suffisants pour faire rejeter la demande.

§ 2. De la garantie des défauts de la chose vendue

Art. 1641. — Le vendeur est tenu de la garantie à raison des défauts cachés de la chose vendue qui la rendent impropre à l'usage auquel on la destine, ou qui diminuent tellement cet usage, que l'acheteur ne l'aurait pas acquise, ou n'en aurait donné qu'un moindre prix, s'il les avait connus.

Art. 1642. — Le vendeur n'est pas tenu des vices apparents et dont l'acheteur a pu se convaincre lui-même.

Art. 1643. — Il est tenu des vices cachés, quand même il ne les aurait pas connus, à moins que, dans ce cas, il n'ait stipulé qu'il ne sera obligé à aucune garantie ;

Art. 1644. — Dans le cas des articles 1641 et 1643, l'acheteur a le choix de rendre la chose et de se faire restituer le prix, ou de garder la chose et de se faire rendre une partie du prix, telle qu'elle sera arbitrée par experts.

Art. 1645. — Si le vendeur connaissait les vices de la chose, il est tenu, outre la restitution du prix, qu'il en a reçu, de tous les dommages et intérêts envers l'acheteur.

Art. 1646. — Si le vendeur ignorait les vices de la chose, il ne sera tenu qu'à la restitution du prix et à rembourser à l'acquéreur les frais occasionnés par la vente.

Art. 1647. — Si la chose qui avait des vices, a péri par suite de sa mauvaise qualité, la perte est pour le vendeur, qui sera tenu envers l'acheteur à la restitution du prix, et aux autres dédommagements expliqués dans les deux articles précédents.

Mais la perte arrivée par cas fortuit sera pour le compte de l'acheteur.

Art. 1648. — L'action résultant des vices rédhibitoires doit être intentée par l'acquéreur, dans un bref délai, suivant la nature des vices rédhibitoires, et l'usage du lieu où la vente a été faite.

Art. 1649. — Elle n'a pas lieu dans les ventes faites par autorité de justice.

CHAPITRE V : DES OBLIGATIONS DE L'ACHETEUR

Art. 1650. — La principale obligation de l'acheteur est de payer le prix au jour et au lieu réglés par la vente.

Art. 1651. — S'il n'a rien été réglé à cet égard lors de la vente, l'acheteur doit payer au lieu et dans les temps où doit se faire la délivrance ;

Art. 1652. — L'acheteur doit l'intérêt du prix de la vente jusqu'au payement du capital, dans les trois cas suivants :

S'il a été ainsi convenu lors de la vente ;

Si la chose vendue et livrée produit des fruits ou autres revenus ;

Si l'acheteur a été sommé de payer.

Dans ce dernier cas, l'intérêt ne court que depuis la sommation.

Art. 1653. — Si l'acheteur est troublé ou a juste sujet de craindre d'être troublé par une action, soit hypothécaire, soit en revendication, il peut suspendre le payement du prix jusqu'à ce que le vendeur ait fait cesser le trouble si mieux n'aime celui-ci donner caution, ou à moins qu'il n'ait été stipulé que, nonobstant le trouble, l'acheteur payera.

Art. 1654. — Si l'acheteur ne paye pas le prix, le vendeur peut demander la résolution de la vente.

Art. 1655. — La résolution de la vente d'immeubles est prononcée suite, si le vendeur est en danger de perdre la chose et le prix.

Si ce danger n'existe pas, le juge peut accorder à l'acquéreur un délai plus ou moins long suivant les circonstances.

Ce délai passé sans que l'acquéreur ait payé, la résolution de la vente sera prononcée.

Art. 1656. — S'il a été stipulé lors de la vente d'immeubles, que, faute du payement du prix dans le terme convenu, la vente serait résolue de plein droit, l'acquéreur peut néanmoins payer après l'expiration du délai, tant qu'il n'a pas été mis en demeure par une sommation ; mais, après cette sommation, le juge ne peut pas lui accorder de délai.

Art. 1657. — En matière de vente de denrées et effets mobiliers, la résolution de la vente aura lieu de plein droit et sans sommation, au profit du vendeur, après l'expiration du terme convenu pour le retirement.

CHAPITRE VI : DE LA NULLITÉ ET DE LA RÉSOLUTION DE LA VENTE

Art. 1658. — Indépendamment des causes de nullité ou de résolution déjà expliquées dans ce titre, et de celles qui sont communes à toutes les conventions, le contrat de vente peut être résolu par l'exercice de la faculté de rachat et par la vileté du prix

Section première : De la faculté de rachat.

Art. 1659. — La faculté de rachat ou de réméré est un pacte par lequel le vendeur se réserve de reprendre la chose vendue, moyennant la restitution du prix principal, et le remboursement dont il est parlé à l'article 1673.

Art. 1660. — La faculté de rachat ne peut être stipulée pour un terme excédant cinq années.

Si elle a été stipulée pour un terme plus long, elle est réduite à ce terme.

Art. 1661. — Le terme fixé est de rigueur, et ne peut être prolongé par le juge.

(V. arrêté du 5 novembre 1830, infra. Annexe « Contrats »).

Art. 1662. — Faute par le vendeur d'avoir exercé son action de réméré dans le terme prescrit, l'acquéreur demeure propriétaire irrévocable.

Art. 1663. — Le délai court contre toutes personnes, même contre le mineur, sauf, s'il y a lieu, le recours contre qui de droit.

Art. 1664. — Le vendeur à pacte de rachat peut exercer son action contre un second acquéreur, quand même la faculté de réméré n'aurait pas été déclarée dans le second contrat.

Art. 1665. — L'acquéreur à pacte de rachat exerce tous les droits de son vendeur ; il peut prescrire tant contre le véritable maître que contre ceux qui prétendraient des droits ou hypothèques sur la chose vendue.

Art. 1666. — Il peut opposer le bénéfice de la discussion aux créanciers de son vendeur.

Art. 1667. — Si l'acquéreur à pacte de réméré d'une partie indivise d'un héritage s'est rendu adjudicataire de la totalité sur une licitation provoquée contre lui, il peut obliger le vendeur à retirer le tout lorsque celui-ci veut user du pacte.

Art. 1668. — Si plusieurs ont vendu conjointement, et par un seul contrat, un héritage commun entre eux, chacun ne peut exercer l'action en réméré que pour la part qu'il y avait.

Art. 1669. — Il en est de même, si celui qui a vendu seul un héritage a laissé plusieurs héritiers.

Chacun de ces cohéritiers ne peut user de la faculté de rachat que pour la part qu'il prend dans la succession

Art. 1670. — Mais, dans le cas des deux articles précédents, l'acquéreur peut exiger que tous les covendeurs ou tous les cohéritiers soient mis en cause, afin de se concilier entre eux pour la reprise de l'héritage entier ; et, s'ils ne se concilient pas, il sera renvoyé de la demande.

Art. 1671. — Si la vente d'un héritage appartenant à plusieurs n'a pas été faite conjointement et de tout l'héritage ensemble, et que chacun n'ait vendu que la part qu'il y avait, ils peuvent exercer séparément l'action en réméré sur la portion qui leur appartenait.

Et l'acquéreur ne peut forcer celui qui l'exercera de cette manière, à retirer le tout.

Art. 1672. — Si l'acquéreur a laissé plusieurs héritiers, l'action en réméré ne peut être exercée contre chacun d'eux que pour sa part, dans le cas où elle est encore indivise, et dans celui où la chose vendue a été partagée entre eux.

Mais s'il y a eu partage de l'hérédité, et que la chose vendue soit échue au lot de l'un des héritiers, l'action en réméré peut être intentée contre lui pour le tout.

Art. 1673. — Le vendeur qui use du pacte de rachat, doit rembourser non seulement le prix principal, mais encore les frais et loyaux coûts de la vente, les réparations nécessaires, et celles qui ont augmenté la valeur du fonds, jusqu'à concurrence de cette augmentation. Il ne peut entrer en possession qu'après avoir satisfait à toutes ces obligations.

Lorsque le vendeur rentre dans son héritage par l'effet du pacte de rachat, il le reprend exempt de toutes les charges et hypothèques dont l'acquéreur l'aurait grevé : il est tenu d'exécuter les baux faits sans fraude de l'acquéreur.

Section II : De la rescision de la vente pour cause de lésion

Art. 1674. — Si le vendeur a été lésé de plus de sept douzièmes dans le prix d'un immeuble, il a le droit de demander la rescision de la vente, quand même il aurait expressément renoncé dans le contrat à la faculté de demander cette rescision, et qu'il aurait déclaré donner la plus-value ;

Art. 1675. — Pour savoir s'il y a lésion de plus de sept douzièmes, il faut estimer l'immeuble suivant son état et sa valeur au moment de la vente.

Art. 1676. — La demande n'est plus recevable après l'expiration de deux années, à compter du jour de la vente.

Ce délai court contre les femmes mariées, et contre les absents, les interdits, et les mineurs venant du chef d'un majeur qui a vendu.

Ce délai court aussi et n'est pas suspendu pendant la durée du temps stipulé pour le pacte du rachat.

Art. 1677. — La preuve de la lésion ne pourra être admise que par jugement, et dans le cas seulement où les faits articulés seraient assez vraisemblables et assez graves pour faire présumer la lésion.

Art. 1678. — Cette preuve ne pourra se faire que par un rapport de trois experts, qui seront tenus de dresser un seul procès-verbal commun, et de ne former qu'un seul avis à la pluralité des voix.

Art. 1679. — S'il y a des avis différents, le procès-verbal en contiendra les motifs, sans qu'il soit permis de faire connaître de quel avis chaque expert a été.

Art. 1680. — Les trois experts seront nommés d'office, à moins que les parties ne se soient accordées pour les nommer tous les trois conjointement.

Art. 1681. — Dans le cas où l'action en rescision est admise, l'acquéreur a le choix ou de rendre la chose en retirant le prix qu'il en a payé, ou de garder le fonds en payant le supplément du juste prix, sous la déduction du dixième du prix total.

Le tiers possesseur a le même droit, sauf sa garantie contre son vendeur.

Art. 1682 — Si l'acquéreur préfère garder la chose en fournissant le supplément réglé par l'article précédent, il doit l'intérêt du supplément, du jour de la demande en rescision.

S'il préfère la rendre et recevoir le prix, il rend les fruits du jour de la demande.

L'intérêt du prix qu'il a payé, lui est aussi compté du jour de la même demande, ou du jour du payement, s'il n'a touché aucun fruit.

Art. 1683. — La rescision pour lésion n'a pas lieu en faveur de l'acheteur.

Art. 1684. — Elle n'a pas lieu en toutes ventes qui, d'après la loi, ne peuvent être faites que d'autorité de justice.

Art. 1685. — Les règles expliquées dans la section précédente pour les cas où plusieurs ont vendu conjointement ou séparément, et pour celui où le vendeur ou l'acheteur a laissé plusieurs héritiers, sont pareillement observées pour l'exercice de l'action en rescision.

CHAPITRE VII : DE LA LICITATION

Art. 1686. — Si une cause commune à plusieurs ne peut être partagée commodément et sans perte ;

Ou si, dans un partage fait de gré à gré de biens communs, il s'en trouve quelques-uns qu'aucun des copartageants ne puisse ou ne veuille prendre,

La vente s'en fait aux enchères, et le prix en est partagé entre les copropriétaires.

Art. 1687. — Chacun des copropriétaires est le maître de demander que les étrangers soient appelés à licitation : ils sont nécessairement appelés, lorsque l'un des copropriétaires est mineur.

Art. 1688. — Le mode et les formalités à observer pour la licitation sont expliqués au titre *Des successions* et au Code de procédure.

Du transport des créances et autres droits incorporels

Art. 1689. — Dans le transport d'une créance, d'un droit ou d'une action sur un tiers, la délivrance s'opère entre le cédant et le cessionnaire par la remise du titre.

Art. 1690. — Le cessionnaire n'est saisi à l'égard des tiers que par la signification du transport faite au débiteur.

Néanmoins le cessionnaire peut être également saisi par l'acceptation du transport faite par le débiteur dans un acte authentique ;

Art. 1981. — Si, avant que le cédant ou le cessionnaire eût signifié le transport au débiteur, celui-ci avait payé le cédant, il sera valablement libéré.

Art. 1692. — La vente ou cession d'une créance comprend les accessoires de la créance, tels que caution, privilège et hypothèque.

Art. 1693. — Celui qui vend une créance ou autre droit incorporel, doit en garantir l'existence au temps du transport, quoiqu'il soit fait sans garantie.

Art. 1694. — Il ne répond de la solvabilité du débiteur que lorsqu'il s'y est engagé, et jusqu'à concurrence seulement du prix qu'il a retiré de la créance.

Art. 1695. — Lorsqu'il a promis la garantie de la solvabilité du débiteur, cette promesse ne s'entend que de la solvabilité actuelle, et ne s'étend pas au temps à venir, si le cédant ne l'a expressément stipulé ;

Art. 1696. — Celui qui vend une hérédité sans en spécifier en détail les objets, n'est tenu de garantir que sa qualité d'héritier.

Art. 1697. — S'il avait déjà profité des fruits de quelque fonds, ou reçu le montant de quelque créance appartenant à cette hérédité, ou vendu quelques effets de la succession, il est tenu de les rembourser à l'acquéreur, s'il ne les a expressément réservés lors de la vente.

Art. 1698. — L'acquéreur doit de son côté rembourser au vendeur ce que celui-ci a payé pour les dettes et charges de la succession, et lui faire raison de tout ce dont il était créancier, s'il n'y a stipulation contraire.

Art. 1699. — Celui contre lequel on a cédé un droit litigieux peut s'en faire tenir quitte par le cessionnaire, en lui remboursant le prix réel de la cession avec les frais et loyaux coûts, et avec les intérêts à compter du jour où le cessionnaire a payé le prix de la cession à lui faite.

Art. 1700. — La chose est censée litigieuse dès qu'il y a procès et contestation sur le fond du droit.

Art. 1701. — La disposition portée en l'article 1699 cesse :

1° Dans le cas où la cession a été faite à un cohéritier ou copropriétaire du droit cédé ;

2° Lorsqu'elle a été faite à un créancier en payement de ce qui lui est dû ;

3° Lorsqu'elle a été faite au possesseur de l'héritage sujet au droit litigieux.

TITRE SEPTIÈME : DE L'ÉCHANGE

Art. 1702. — L'échange est un contrat par lequel les parties se donnent respectivement une chose pour une autre.

Art. 1703. — L'échange s'opère par le seul consentement, de la même manière que la vente.

Art. 1704. — Si l'un des copermutants a déjà reçu la chose à lui donnée en échange, et qu'il prouve ensuite que l'autre contractant n'est pas propriétaire de cette chose, il ne peut pas être forcé à livrer celle qu'il a promise en contre-échange, mais seulement à rendre celle qu'il a reçue.

Art. 1705. — Le copermutant qui est évincé de la chose qu'il a reçue en échange, a le choix de conclure à des dommages et intérêts, ou de répéter sa chose.

Art. 1706. — La rescision pour cause de lésion n'a pas lieu dans le contrat d'échange.

Art. 1707. — Toutes les autres règles prescrites pour le contrat de vente s'appliquent d'ailleurs à l'échange.

TITRE HUITIÈME : DU CONTRAT DE LOUAGE

CHAPITRE PREMIER : DISPOSITIONS GÉNÉRALES

Art. 1708. — Il y a deux sortes de contrats de louage :

Celui des choses,

Et celui d'ouvrage.

Art. 1709. — Le louage des choses est un contrat par lequel l'une des parties s'oblige à faire jouir l'autre d'une chose pendant un certain temps, et moyennant un certain prix que celle-ci s'oblige de lui payer.

Art. 1710. — Le louage d'ouvrage est un contrat par lequel l'une des parties s'engage à faire quelque chose pour l'autre, moyennant un prix convenu entre elles.

Art. 1711. — Ces deux genres de louage se subdivisent encore en plusieurs espèces particulières :

On appelle *bail à loyer*, le louage des maisons et celui des meubles ;

Bail à ferme, celui des héritages ruraux ;

Loyer, le louage du travail ou du service ;

Bail à cheptel, celui des animaux dont le profit se partage entre le propriétaire et celui à qui il les confie.

Les devis, marché ou *prix fait*, pour l'entreprise d'un ouvrage moyennant un prix déterminé sont aussi un louage, lorsque la matière est fournie par celui pour qui l'ouvrage se fait.

Ces trois dernières espèces ont des règles particulières.

Art. 1712. — Les baux des biens nationaux, des biens des communes et des établissements publics, sont soumis à des règlements particuliers.

CHAPITRE II : DU LOUAGE DES CHOSES

Art. 1713. — On peut louer toutes sortes de biens meubles ou immeubles.

Section première : Des règles communes aux baux des maisons et des biens ruraux.

Art. 1714. — On peut louer, ou par écrit, ou verbalement.

Art. 1715. — Si le bail fait sans écrit n'a encore reçu aucune exécution, et que l'une des parties le nie, la preuve ne peut être reçue par témoins, quelque modique qu'en soit le prix, et quoiqu'on allègue qu'il y a eu des arrhes données.

Le serment peut seulement être déféré à celui qui nie le bail.

Art. 1716. — Lorsqu'il y aura contestation sur le prix du bail verbal dont l'exécution a commencé, et qu'il n'existera point de quittance, le propriétaire en sera cru sur son serment, si mieux n'aime le locataire demander l'estimation par experts ; auquel cas les frais de l'expertise restent à sa charge, si l'estimation excède le prix qu'il a déclaré.

Art. 1717. — Le preneur a le droit de sous-louer, et même de céder son bail à un autre, si cette faculté ne lui a pas été interdite.

Elle peut être interdite pour le tout ou partie.

Cette clause est toujours de rigueur.

Art. 1718. — Les articles du titre *Du contrat de mariage et des droits respectifs des époux*, relatif aux baux des biens des femmes mariées, sont applicables aux baux des biens des mineurs.

Art. 1719. — Le bailleur est obligé, par la nature du contrat, et sans qu'il soit besoin d'aucune stipulation particulière :

1° de délivrer au preneur la chose louée ;
2° d'entretenir cette chose en état de servir à l'usage pour lequel elle a été louée ;
3° d'en faire jouir paisiblement le preneur pendant la durée du bail.

Art. 1720. — Le bailleur est tenu de délivrer la chose en bon état de répartitions de toute espèce ;

Il doit y faire, pendant la durée du bail, toutes les réparations qui peuvent devenir nécessaires, autres que les locatives.

Art. 1721. — Il est dû garantie au preneur pour tous les vices ou défauts de la chose louée qui en empêchent l'usage, quand même le bailleur ne les aurait pas connus lors du bail.

S'il résulte de ces vices ou défauts quelque perte pour le preneur le bailleur est tenu de l'indemniser.

Art. 1722. — Si, pendant la durée du bail, la chose louée est détruite en totalité par cas fortuit, le bail est résilié de plein droit ; si elle n'est détruite qu'en partie, le preneur peut, suivant les circonstances, demander ou une diminution du prix, ou la résiliation même du bail.

Dans l'un et l'autre cas, il n'y a lieu à aucun dédommagement.

Art. 1723. — Le bailleur ne peut, pendant la durée du bail, changer la forme de la chose louée.

Art. 1724. — Si, durant le bail, la chose louée a besoin de réparations urgentes et qui ne puissent être différées jusqu'à sa fin, le preneur doit les souffrir, quelque incommodité qu'elles lui causent, et quoiqu'il soit privé, pendant qu'elles se font, d'une partie de la chose louée.

Mais si ces réparations durent de plus de quarante jours, le prix du bail sera diminué à proportion du temps et de la partie de la chose louée dont il aura été privé.

Si les réparations sont de telle nature qu'elles rendent inhabitable ce qui est nécessaire au logement du preneur et de sa famille, celui-ci pourra faire résilier le bail.

Art. 1725. — Le bailleur n'est pas tenu de garantir le preneur du trouble que des tiers apportent par voies de fait à sa jouissance, sans prétendre d'ailleurs aucun droit sur la chose louée ; sauf au preneur à les poursuivre en son nom personnel.

Art. 1726. — Si, au contraire, le locataire ou le fermier ont été troublés dans leur jouissance par suite d'une action concernant la propriété du fonds, ils ont droit à une diminution proportionnée sur le prix du bail à loyer ou à ferme pourvu que le trouble et l'empêchement aient été dénoncés au propriétaire.

Art. 1727. — Si ceux qui ont commis les voies de fait, prétendent avoir quelque droit sur la chose louée, ou si le preneur est lui-même cité en justice pour se voir condamner au délaissement de la totalité ou de partie de cette chose, ou à souffrir l'exercice de quelque servitude, il doit appeler le bailleur en garantie, et doit être mis hors d'instance, s'il l'exige, en nommant le bailleur pour lequel il possède ;

Art. 1728. — Le preneur est tenu de deux obligations principales :

1° D'user de la chose louée en bon père de famille, et suivant la destination qui lui a été donnée par le bail, ou suivant celle présumée d'après les circonstances, à défaut de convention ;

2° De payer le prix du bail aux termes convenus.

Art. 1729. — Si le preneur emploie la chose louée à un autre usage que celui auquel elle a été destinée, ou dont il puisse résulter un dommage pour le bailleur, celui-ci peut, suivant les circonstances, faire résilier le bail.

Art. 1730. — S'il a été fait un état des lieux entre le bailleur et le preneur, celui-ci doit rendre la chose telle qu'il l'a reçue, suivant cet état, excepté ce qui a péri ou a été dégradé par vétusté ou force majeure.

Art. 1731. — S'il n'a pas été fait d'état des lieux, le preneur est présumé les avoir reçus en bon état de préparations locatives, et doit les rendre tels, sauf la preuve contraire.

Art. 1732. — Il répond des dégradations ou des pertes qui arrivent pendant sa jouissance à moins qu'elles ont eu lieu sans sa faute.

Art. 1733. — Il répond de l'incendie, à moins qu'il ne prouve :

- Que l'incendie est arrivé par cas fortuit ou force majeure, ou par vice de constructions.
- Ou que le feu a été communiqué par une maison voisine.

Art. 1734 (*L. 5 janvier 1883, J.O.C.*, 1938, p. 155). — S'il y a plusieurs locataires, tous sont responsables de l'incendie, proportionnellement à la valeur locative de la partie de l'immeuble qu'ils occupent ;

À moins qu'ils ne prouvent que l'incendie a commencé dans l'habitation de l'un d'eux auquel cas celui-là seul en est tenu ;

Ou que quelques-uns ne prouvent que l'incendie n'a pu commencer chez eux, auquel cas ceux-là n'en sont pas tenus.

Art. 1735. — Le preneur est tenu des dégradations et des pertes qui arrivent par le fait des personnes de sa maison ou de ses sous-locataires.

Art. 1736. — Si le bail a été fait sans écrit, l'une des parties ne pourra donner congé à l'autre qu'en observant les délais fixés par l'usage des lieux.

Art. 1737. — Le bail cesse de plein droit à l'expiration du terme fixé, lorsqu'il a été fait par écrit, sans qu'il soit nécessaire de donner congé.

Art. 1738. — Si, à l'expiration des baux écrits, le preneur reste et est laissé en possession, il s'opère un nouveau bail dont l'effet est réglé par l'article relatif aux locations faites sans écrit.

Art. 1739. — Lorsqu'il y a un congé signifié, le preneur, quoiqu'il ait continué sa jouissance, ne peut invoquer la tacite reconduction.

Art. 1740. — Dans le cas des deux articles précédents, la caution donnée pour le bail ne s'étend pas aux obligations résultant de la prolongation.

Art. 1741. — Le contrat de louage se résout par la perte de la chose louée, et par le défaut respectif du bailleur et du preneur, de remplir leurs engagements.

Art. 1742. — Le contrat de louage n'est point résolu par la mort du bailleur, ni par celle du preneur.

Art. 1743. — Si le bailleur vend la chose louée, l'acquéreur ne peut expulser le fermier ou le locataire qui a un bail authentique ou dont la date est certaine à moins qu'il ne se soit réservé ce droit par le contrat de bail.

Art. 1744. — S'il a été convenu, lors du bail, qu'en cas de vente l'acquéreur pourrait expulser le fermier ou le locataire, et qu'il n'ait été fait aucune stipulation sur les dommages et intérêts, le bailleur est tenu d'indemniser le fermier ou le locataire de la manière suivante.

Art. 1745. — S'il s'agit d'une maison, appartement ou boutique, le bailleur paye, à titre de dommages et intérêts, au locataire évincé, une somme égale au prix du loyer, pendant le temps qui, suivant l'usage des lieux, est accordé entre le congé et la sortie ;

Art. 1746. — S'il s'agit de biens ruraux, l'indemnité que le bailleur doit payer au fermier, est du tiers du prix du bail pour tout le temps qui reste à courir.

Art. 1747. — L'indemnité se réglera par experts, s'il s'agit de manufactures, usines ou autres établissements qui exigent de grandes avances.

Art. 1748. — L'acquéreur qui veut user de la faculté réservée par le bail, d'expulser le fermier ou le locataire en cas de vente, est, en outre, tenu de l'avertir au temps d'avance usité dans le lieu pour les congés.

Il doit aussi avertir le fermier de biens ruraux, au moins un an à l'avance.

Art. 1749. — Les fermiers ou les locataires ne peuvent être expulsés qu'ils ne soient payés par le bailleur, ou à son défaut, par le nouvel acquéreur, des dommages et intérêts ci-dessus expliqués.

Art. 1750. — Si le bail n'est pas fait par acte authentique, ou n'a point de date certaine, l'acquéreur n'est tenu d'aucuns dommages et intérêts.

Art. 1751. — L'acquéreur à pacte de rachat ne peut user de la faculté d'expulser le preneur, jusqu'à ce que, par l'expiration du délai fixé pour le réméré, il devienne propriétaire incommutable.

Section II : Des règles particulières aux baux à loyer

Art. 1752. — Le locataire qui ne garnit pas la maison de meubles suffisants, peut être expulsé, à moins qu'il ne donne des sûretés capables de répondre du loyer.

Art. 1753. — Le sous-locataire n'est tenu envers le propriétaire que jusqu'à concurrence du prix de sa sous-location dont il peut être débiteur au moment de la saisie, et sans qu'il puisse opposer des payements faits par anticipation. Les payements faits par le sous-locataire, soit en vertu d'une stipulation portée en son bail, soit en conséquence de l'usage des lieux, ne sont pas réputés fait par anticipation.

Art. 1754. — Les réparations locatives ou de menu entretien dont le locataire est tenu, s'il n'y a clause contraire, sont celles désignées comme telles par l'usage des lieux, et entre autres, les réparations à faire :

- aux âtres, contrecœurs, chambranles et tablettes des cheminées ;
- au recrépiment du bas des murailles des appartements et autres lieux d'habitation, à la hauteur d'un mètre ;
- aux pavés et carreaux des chambres, lorsqu'il y en a seulement quelques-uns des cassés ;
- aux vitres, à moins qu'elles ne soient cassées par la grêle, ou autres accidents extraordinaires et de force majeure, dont le locataire ne peut être tenu ;
- aux portes, croisées, planches de cloison ou de fermeture de boutiques, gonds, targettes et serrures.

Art. 1755. — Aucune des réparations réputées locatives n'est à la charge des locataires, quand elles ne sont occasionnées que par vétusté ou force majeure.

Art. 1756. — Le curement des puits et celui des fosses d'aisance sont à la charge du bailleur, s'il n'y a clause contraire.

Art. 1757. — Le bail des meubles fournis pour garnir une maison entière, un corps de logis entier, une boutique, ou tous autres appartements, est censé fait pour la durée ordinaire des baux de maison, corps de logis, boutiques ou autres appartements, selon l'usage des lieux.

Art. 1758. — Le bail d'un appartement meublé est censé fait à l'année quand il a été fait à tant par an ;

Au mois, quand il a été fait à tant par mois ;

Au jour, quand il a été fait à tant par jour.

Si rien ne constate que le bail soit fait à tant par an, par mois ou par jour, la location est censée faite suivant l'usage des lieux.

Art. 1759. — Si le locataire d'une maison ou d'un appartement continue sa jouissance après l'expiration du bail par écrit, sans opposition de la part du bailleur, il sera censé les occuper aux mêmes conditions, pour le terme fixé par l'usage des lieux, et ne pourra plus en sortir ni en être expulsé qu'après un congé donné suivant le délai fixé par l'usage des lieux.

Art. 1760. — En cas de résiliation par la faute du locataire, celui-ci est tenu de payer le prix du bail pendant le temps nécessaire à la relocation, sans préjudice des dommages et intérêts qui ont pu résulter de l'abus ;

Art. 1761. — Le bailleur ne peut résoudre la location, encore qu'il déclare vouloir occuper par lui-même la maison louée, s'il n'y a eu convention contraire.

Art. 1762. — S'il a été convenu dans le contrat de louage, que le bailleur pourrait venir occuper la maison, il est tenu de signifier d'avance un congé aux époques déterminées par l'usage des lieux.

Section III : Des règles particulières aux baux à ferme

Art. 1763. — Celui qui cultive sous la condition d'un partage des fruits avec le bailleur, ne peut ni sous-louer ni céder, si la faculté ne lui en a été expressément accordée par le bail.

Art. 1764. — En cas de contravention, le propriétaire a droit de rentrer en jouissance et le preneur est condamné aux dommages-intérêts résultant de l'inexécution du bail.

Art. 1765. — Si, dans un bail à ferme, on donne aux fonds une contenance moindre ou plus grande que celle qu'ils ont réellement, il n'y a lieu à augmentation ou diminution de prix pour le fermier, que dans les cas et suivant les règles exprimées au titre *De la vente*.

Art. 1766. — Si le preneur d'un héritage rural ne le garnit pas des bestiaux et des ustensiles nécessaires à son exploitation, s'il abandonne la culture, s'il ne cultive pas en bon père de famille, s'il emploie la chose louée à un autre usage que celui auquel elle a été destinée ou, en général, s'il n'exécute pas les clauses du bail, et qu'il en résulte un dommage pour le bailleur celui-ci peut, suivant les circonstances, faire résilier le bail.

En cas de résiliation provenant du fait du preneur, celui-ci est tenu des dommages et intérêts, ainsi qu'il est dit en l'article 1764.

Art. 1767. — Tout preneur de bien rural est tenu d'engranger dans les lieux à ce destinés d'après le bail.

Art. 1768. — Le preneur d'un bien rural est tenu, sous peine de tous dépens, dommages et intérêts d'avertir le propriétaire des usurpations qui peuvent être commises sur les fonds ;

Cet avertissement doit être donné dans le même délai que celui qui est réglé en cas d'assignation suivant la distance des lieux.

Art. 1769. — Si le bail est fait pour plusieurs années, et que, pendant la durée du bail, la totalité ou la moitié d'une récolte au moins soit enlevée par des cas fortuits, le fermier peut demander une remise du prix de sa location, à moins qu'il ne soit indemnisé par les récoltes précédentes ;

S'il n'est pas indemnisé, l'estimation de la remise ne peut avoir lieu qu'à la fin du bail, auquel temps il se fait une compensation de toutes les années de jouissances ;

Et cependant le juge peut provisoirement dispenser le preneur de payer une partie du prix en raison de la perte soufferte.

Art. 1770.- Si le bail n'est que d'une année, et que la perte soit de la totalité des fruits, ou au moins de la moitié, le preneur sera déchargé d'une partie proportionnelle du prix de la location.

Il ne pourra prétendre aucune remise, si la perte est moindre de moitié.

Art. 1771. — Le fermier ne peut obtenir de remise, lorsque la perte des fruits arrive après qu'ils sont séparés de la terre, à moins que le bail ne donne au propriétaire une quotité de récolte en nature ; auquel cas le propriétaire doit supporter sa part de la perte, pourvu que le preneur ne fût pas en demeure de lui délivrer sa portion de récolte.

Le fermier ne peut également demander une remise, lorsque la cause du dommage était existante et connue à l'époque où le bail a été passé.

Art. 1772. — Le preneur peut être chargé des cas fortuits par une stipulation expresse.

Art. 1773. — Cette stipulation ne s'entend que des cas fortuits ordinaires, tels que grêle, feu du ciel, gelée ou coulure.

Elle ne s'entend pas des cas fortuits extraordinaires, tels que les ravages de la guerre, ou une inondation, auxquels le pays n'est pas ordinairement sujet, à moins que le preneur n'ait été chargé de tous les cas fortuits prévus ou imprévus.

Art. 1774. — Le bail, sans écrit, d'un fonds rural, est censé fait pour le temps qui est nécessaire afin que le preneur recueille tous les fruits de l'héritage affermé.

Ainsi le bail à ferme d'un pré, d'une vigne et de tout autre fonds dont les fruits se recueillent en entier dans le cours de l'année, est censé fait pour un an.

Le bail des terres labourables, lorsqu'elles se divisent par soles ou saisons, est censé fait pour autant d'années qu'il y a de soles

Art. 1775. — Le bail des héritages ruraux, quoique fait sans écrit, cesse de plein droit à l'expiration du temps pour lequel il est censé fait, selon l'article précédent.

Art. 1776. — Si, à l'expiration des baux ruraux écrits, le preneur reste et est laissé en possession, il s'opère un nouveau bail dont l'effet est réglé par l'article 1774.

Art. 1777. — Le fermier sortant doit laisser à celui qui lui succède dans la culture, les logements convenables et autres facilités pour les travaux de l'année suivant ; et réciproquement, le fermier entrant doit procurer à celui qui sort les logements convenables et autres facilités pour la consommation des fourrages, et pour les récoltes restant à faire

Dans l'un et l'autre cas, on doit se conformer à l'usage des lieux.

Art. 1778. — Le fermier sortant doit aussi laisser les pailles et engrais de l'année, s'il les a reçus lors de son entrée en jouissance ; et quand même il ne les aurait pas reçus, le propriétaire pourra les retenir suivant l'estimation.

CHAPITRE III : DU LOUAGE D'OUVRAGE ET D'INDUSTRIE

Art. 1779. — Il y a trois espèces principales de louages d'ouvrage et d'industrie :

1. le louage des gens de travail qui s'engagent au service de quelqu'un ;
2. celui des voituriers, tant par terre que par eau, qui se chargent du transport des personnes ou des marchandises ;
3. celui des entrepreneurs d'ouvrages par suite de devis ou marchés.

Section première : Du louage des domestiques et ouvriers

(V. L. 15 décembre 1952 « Code du Travail », 3ème partie « Droit social »)

Art. 1780. — On ne peut engager ses services qu'à temps, ou pour une entreprise déterminée.

Art. 1781. – *Abrogé par L. 2 août 1868.* (*B. A.S.*, 1880, p. 325)

Section II : Des voituriers par terre et par eau

Art. 1782. — Les voituriers par terre et par eau sont assujettis, pour la garde et la conservation des choses qui leur sont confiées, aux mêmes obligations que les aubergistes, dont il est parlé au titre *Du dépôt et du séquestre.*

Art. 1783. — Ils répondent non seulement de ce qu'ils ont déjà reçu dans leur bâtiment ou voiture, mais encore de ce qui leur a été remis sur le port ou dans l'entrepôt, pour être placé dans leur bâtiment ou voiture.

Art. 1784. — Ils sont responsables de la perte et des avaries des choses qui leur sont confiées, à moins qu'ils ne prouvent qu'elles ont été perdues et avariées par cas fortuit ou force majeure.

Art. 1785. — Les entrepreneures de voitures publiques par terre et par eau, et ceux des roulages publics, doivent tenir registre de l'argent, des effets et des paquets dont ils se chargent.

Art. 1786. — Les entrepreneurs et directeurs de voitures et roulages publics, les maîtres de barques et navires, sont en outre assujettis à des règlements particuliers, qui font la loi entre eux et les autres citoyens.

Section 3 : *Des devis et des marchés.*

Art. 1787. — Lorsqu'on charge quelqu'un de faire un ouvrage, on peut convenir qu'il fournira seulement son travail ou son industrie, ou bien qu'il fournira aussi la matière ;

Art. 1788. — Si, dans le cas où l'ouvrier fournit la matière, la chose vient à périr, de quelque manière que ce soit, avant d'être livrée, la perte en est pour l'ouvrier, à moins que le maître ne fût en demeure de recevoir la chose.

Art. 1789. — Dans le cas où l'ouvrier fournit seulement son travail ou son industrie, si la chose vient à périr, l'ouvrier n'est tenu que de sa faute.

Art. 1790. — Si, dans le cas de l'article précédent, la chose vient à périr, quoique sans aucune faute de la part de l'ouvrier, avant que l'ouvrage ait été reçu et sans que le maître fût en demeure de le vérifier, l'ouvrier n'a point de salaire à réclamer, à moins que la chose n'ait péri par le vice de la matière.

Art. 1791. — S'il s'agit d'un ouvrage à plusieurs pièces ou à la mesure, la vérification peut s'en faire par parties : elle est censée faite pour toutes les parties payées, si le maître paye l'ouvrier en proportion de l'ouvrage fait ;

Art. 1792. — Si l'édifice construit à prix fait péri, en tout ou partie, par le vice de la construction, même par le vice du sol, les architectes et entrepreneur en sont responsables pendant dix ans.

Art. 1793. — Lorsqu'un architecte ou entrepreneur s'est chargé de la construction à forfait d'un bâtiment, d'après un plan arrêté et convenu avec le propriétaire du sol, il ne peut demander aucune augmentation de prix, ni sous le prétexte de l'augmentation de la main-d'œuvre ou des matériaux, ni sous celui de changements ou d'augmentations faits sur ce plan, si ces changements ou augmentation n'ont pas été autorisés par écrit, et le prix convenu avec le propriétaire.

Art. 1794. — Le maître peut résilier, par sa simple volonté, le marché à forfait, quoique l'ouvrage soit déjà commencé, en dédommageant l'entrepreneur de toutes ses dépenses, de tous ses travaux, et de tout ce qu'il aurait pu gagner dans cette entreprise.

Art. 1795. — Le contrat de louage d'ouvrage est dissous par la mort de l'ouvrier, de l'architecte ou entrepreneur.

Art. 1796. — Mais le propriétaire est tenu de payer en proportion du prix porté par la convention, à leur succession, la valeur des ouvrages faits et celle des matériaux préparés, lors seulement que ces travaux ou ces matériaux peuvent lui être utiles.

Art. 1797. — L'entrepreneur répond du fait des personnes qu'il emploie.

Art. 1798. — Les maçons, charpentiers et autres ouvriers qui ont été employés à la construction d'un bâtiment ou d'autres ouvrages faits à l'entreprise, n'ont d'action contre celui pour lequel les ouvrages ont été faits que jusqu'à concurrence de ce dont il se trouve débiteur envers l'entrepreneur, au moment où leur action est intentée.

Art. 1799. — Les maçons, charpentiers, serruriers et autres ouvriers qui font directement des marchés à prix fait, sont astreints aux règles prescrites dans la présente section : ils sont entrepreneurs dans la partie qu'ils traitent.

CHAPITRE IV : DU BAIL À CHEPTEL

Section première : Dispositions générales.

Art. 1800. — Le bail à cheptel est un contrat par lequel l'une des parties donne à l'autre un fonds de bétail pour le garder, le nourrir et le soigner, sous les conditions convenues entre elles.

Art. 1801. — Il y a plusieurs sortes de cheptels :

Le cheptel simple ou ordinaire,

Le cheptel à moitié,

Le cheptel donné au fermier ou au colon partiaire.

Il y a encore une quatrième espèce de contrat improprement appelé *cheptel.*

Art. 1802. — On peut donner à cheptel toute espèce d'animaux susceptibles de croit ou de profit pour l'agriculture ou le commerce.

Art. 1803. — À défaut de conventions particulières, ces contrats se règlent par les principes qui suivent.

Section II : Du cheptel simple

Art. 1804. — Le bail à cheptel simple est un contrat par lequel on donne à un autre des bestiaux à garder, nourrir et soigner, à condition que le preneur profitera de la moitié du croît, et qu'il supportera aussi la moitié de la perte.

Art. 1805. — L'estimation donnée au cheptel dans le bail, n'en transporte pas la propriété au preneur. Elle n'a d'autre objet que de fixer la perte ou le profit qui pourra se trouver à l'expiration du bail.

Art. 1806. — Le preneur doit les soins d'un bon père de famille à la conservation du cheptel.

Art. 1807. — Il n'est tenu du cas fortuit que lorsqu'il a été précédé de quelque faute de sa part, sans laquelle la perte ne serait pas arrivée ;

Art. 1808. — En cas de contestation, le preneur est tenu de prouver le cas fortuit, et le bailleur est tenu de prouver la faute qu'il impute au preneur.

Art. 1809. — Le preneur qui est déchargé par le cas fortuit, est toujours tenu de rendre compte des peaux des bêtes.

Art. 1810. — Si le cheptel périt en entier sans la faute du preneur, la perte en est pour le bailleur.

S'il n'en périt qu'une partie, la perte est supportée en commun, d'après le prix de l'estimation originaire, et celui de l'estimation à l'expiration.

Art. 1811. — On ne peut stipuler :

Que le preneur supportera la perte totale du cheptel, quoiqu'arrivée par cas fortuit et sans sa faute ;

Ou qu'il supportera, dans la perte, une part plus grande que dans le profit ;

Ou que le bailleur prélèvera, à la fin du bail, quelque chose de plus que le cheptel, qu'il a fourni.

Toute convention semblable est nulle.

Le preneur profite seul des laitages, du fumier, et du travail des animaux donnés à cheptel.

La laine et le croit se partagent.

Art. 1812. — Le preneur ne peut disposer d'aucune bête du troupeau, soit du fonds, soit du croit, sans le consentement du bailleur, qui ne peut lui-même en disposer sans le consentement du preneur.

Art. 1813. — Lorsque le cheptel est donné au fermier d'autrui, il doit être notifié au propriétaire de qui ce fermier tient ; sans quoi il peut le saisir et le faire vendre pour ce que son fermier lui doit.

Art. 1814. Le preneur ne pourra tondre sans en prévenir le bailleur.

Art. 1815. — S'il n'y a pas de temps fixé par la convention pour la durée du cheptel, il est censé fait pour trois ans.

Art. 1816. — Le bailleur peut en demander plus tôt la résolution, si le preneur ne remplit pas ses obligations.

Art. 1817. — À la fin du bail ou lors de sa résolution, il se fait une nouvelle estimation du cheptel.

Le bailleur peut prélever des bêtes de chaque espèce, jusqu'à concurrence de la première estimation ; l'excédent se partage.

S'il n'existe pas assez de bêtes pour remplir la première estimation, le bailleur prend ce qui reste et les parties se font raison de la perte.

Section III : Du cheptel à moitié

Art. 1818. — Le cheptel à moitié est une société dans laquelle chacun des contractants fournit la moitié des bestiaux, qui demeurent communs pour le profit ou pour la perte ;

Art. 1819. — Le preneur profite seul, comme dans le cheptel simple, des laitages, du fumier et des travaux des bêtes.

Le bailleur n'a droit qu'à moitié des laines et du croit.

Toute convention contraire est nulle, à moins que le bailleur ne soit propriétaire de la métairie dont le preneur est fermier ou colon partiaire.

Art. 1820. — Toutes les autres règles du cheptel simple s'appliquent au cheptel à moitié.

Section IV : Du cheptel donné par le propriétaire à son fermier ou colon partiaire

§ 1. — Du cheptel donné au fermier

Art. 1821. — Le cheptel (aussi appelé cheptel de fer) est celui par lequel le propriétaire d'une métairie la donne à ferme, à la charge qu'à l'expiration du bail, le fermier laissera des bestiaux d'une valeur égale au prix de l'estimation de ceux qu'il aura reçus.

Art. 1822. — L'estimation du cheptel donné au fermier ne lui transfère pas la propriété, mais néanmoins le met à ses risques.

Art. 1823. — Tous les profits appartiennent au fermier pendant la durée de son bail, s'il n'y a convention contraire.

Art. 1824. — Dans les cheptels donnés au fermier, le fumier n'est point dans les profits personnels des preneurs mais appartient à la métairie, à l'exploitation de laquelle il doit être uniquement employé.

Art. 1825. — La perte même totale et par cas fortuit, est en entier pour le fermier, s'il n'y a convention contraire ;

Art. 1826. — À la fin du bail le fermier ne peut retenir le cheptel en payant l'estimation originaire ; il doit en laisser un de valeur pareille à celui qu'il a reçu.

S'il y a du déficit, il doit le payer, et c'est seulement l'excédent qui lui appartient.

§ 2.- Du cheptel donné au colon partiaire

Art. 1827. — Si le cheptel périt en entier sans la faute du colon, la perte est pour le bailleur.

Art. 1828. — On peut stipuler que le colon délaissera au bailleur sa part de la toison un prix inférieur à la valeur ordinaire ;

Que le bailleur aura une plus grande part du profit ;

Qu'il aura la moitié des laitages ;

Mais on ne peut pas stipuler que le colon sera tenu de toute la perte.

Art. 1829. — Ce cheptel finit avec le bail à métairie.

Art. 1830. — Il est d'ailleurs soumis à toutes les règles du cheptel simple.

Section V : Du contrat improprement appelé cheptel

Art. 1831. — Lorsqu'une ou plusieurs vaches sont données pour les loger et les nourrir, le bailleur en conserve la propriété : il a seulement le profit des veaux qui en naissent.

TITRE NEUVIÈME : DU CONTRAT DE SOCIÉTÉ

CHAPITRE PREMIER : DISPOSITIONS GÉNÉRALES

Art. 1832. — La société est un contrat par lequel deux ou plusieurs personnes conviennent de mettre quelque chose en commun, dans la vue de partager le bénéfice qui pourra en résulter.

Art. 1833. — Toute société doit avoir un objet licite, et être contractée pour l'intérêt commun des parties.

Chaque société doit y apporter ou de l'argent, ou d'autres biens, ou son industrie.

Art. 1834. (*L. 21 décembre 1930, J.O. C.*, 1939, p. 360). — Toutes sociétés doivent être rédigées par écrit lorsque leur objet est d'une valeur de plus de cinq cents francs.

La preuve testimoniale n'est point admise contre et outre le contenu en l'acte de société, ni sur ce qui serait allégué avoir été dit avant, lors et depuis cet acte, encore qu'il s'agisse d'une somme ou valeur moindre de cent cinquante francs (*sic*).

CHAPITRE II : DES DIVERSES ESPÈCES DE SOCIÉTÉS

Art. 1835. — Les sociétés sont universelles ou particulières.

Section première : Des sociétés universelles

Art. 1836. — On distingue deux sortes de sociétés universelles, la société de tous biens présents, et la société universelle de gains.

Art. 1837. — La société de tous biens présents et celle par laquelle les parties mettent en commun tous les biens meubles et immeubles qu'elles possèdent actuellement, et les profits qu'elles pourront en tirer.

Elles peuvent aussi y comprendre toute autre espèce de gains ; mais les biens qui pourraient leur advenir par succession, donation ou legs, n'entrent dans cette société que pour la jouissance : toute stipulation tendant à y faire entrer la propriété de ces biens est prohibée, sauf entre époux et conformément à ce qui est réglé à leur égard.

Art. 1838. — La société universelle de gains renferme tout ce que les parties acquerront par leur industrie, à quelque titre que ce soit, pendant le cours de la société : les meubles que chacun des associés possède au temps du contrat, y sont aussi compris ; mais leurs immeubles personnels n'y entrent que pour la jouissance seulement.

Art. 1839. — La simple convention de société universelle, faite sans autre explication, n'emporte que la société universelle de gains.

Art. 1840. — Nulle société universelle ne peut avoir lieu qu'entre personnes respectivement capables de se donner ou de recevoir l'une de l'autre, et auxquelles il n'est point défendu de s'avantager au préjudice d'autres personnes.

Section II : De la société particulière.

Art. 1841. — La société particulière est celle qui ne s'applique qu'à certaines choses déterminées, ou à leur usage, ou aux fruits à en percevoir.

Art. 1842. — Le contrat par lequel plusieurs personnes s'associent, soit pour une entreprise désignée, soit pour l'exercice de quelque métier ou profession, est aussi une société particulière.

CHAPITRE III : DES ENGAGEMENTS DES ASSOCIÉS ENTRE EUX ET À L'ÉGARD DES TIERS

Section première : Des engagements des associés entre eux

Art. 1843. — La société commence à l'instant même du contrat, s'il ne désigne une autre époque.

Art. 1844. — S'il n'y a pas de convention sur la durée de la société, elle est censée contractée pour toute la vie des associés, sous la modification portée en l'article 1869 ; ou, s'il s'agit d'une affaire dont la durée soit limitée, pour tout le temps que doit durer cette affaire.

Art. 1845. — Chaque associé est débiteur envers la société, de tout ce qu'il a promis d'y apporter.

Lorsque cet apport consiste en un corps certain, et que la société en est évincée, l'associé en est garant envers la société, de la même manière qu'un vendeur l'est envers son acheteur.

Art. 1846. — L'associé qui devait apporter une somme dans la société, et qui ne l'a point fait, devient, de plein droit et sans demande, débiteur des intérêts de cette somme, à compter du jour où elle devait être payée.

Il en est de même à l'égard des sommes qu'il a prises dans la caisse sociale, à compter du jour où il les en a tirées pour son profit particulier.

Le tout sans préjudice de plus amples dommages-intérêts, s'il y a lieu.

Art. 1847. — Les associés qui se sont soumis à apporter leur industrie à la société, lui doivent compte de tous les gains qu'ils ont faits par l'espèce d'industrie qui est l'objet de cette société.

Art. 1848. — Lorsque l'un des associés est, pour son compte particulier, créancier d'une somme exigible envers une personne qui se trouve aussi devoir à la société une somme également exigible, l'imputation de ce qu'il reçoit de ce débiteur doit se faire sur la créance de la société et sur la sienne dans la proportion des deux créances, encore qu'il eût par sa quittance dirigé l'imputation intégrale sur sa créance particulière mais s'il a exprimé dans sa quittance que l'imputation serait faite en entier sur la créance de la société, cette stipulation sera exécutée.

Art. 1849. — Lorsqu'un des associés a reçu sa part entière de la créance commune, et que le débiteur est depuis devenu insolvable, cet associé est tenu de rapporter la masse commune de ce qu'il a reçu, encore qu'il eût spécialement donné quittance *pour sa part*.

Art. 1850. — Chaque associé est tenu envers la société, des dommages qu'il lui a causés par sa faute, sans pouvoir compenser avec ces dommages les profits que son industrie lui aurait procurés dans d'autres affaires.

Art. 1851. — Si les choses dont la jouissance seulement a été mise dans la société sont des corps certains et déterminés, qui ne se consomment point par l'usage, elles sont aux risques de l'associé propriétaire.

Si ces choses se consomment, si elles se détériorent en les gardant, si elles ont été destinées à être vendues, ou si elles ont été mises dans la société sur une estimation portée par un inventaire, elles sont aux risques de la société.

Si la chose a été estimée, l'associé ne peut répéter que le montant de son estimation.

Art. 1852. — Un associé a action contre la société, non seulement à raison des sommes qu'il a déboursées pour elle, mais encore à raison des obligations qu'il a contractées de bonne foi pour les affaires de la société, et des risques inséparables de sa gestion.

Art. 1853. — Lorsque l'acte de société ne détermine point la part de chaque associé dans les bénéfices ou pertes, la part de chacun est en proportion de sa mise dans le fonds de la société ;

À l'égard de celui qui n'a apporté que son industrie, sa part dans les bénéfices ou dans les pertes est réglée comme si sa mise eût été égale à celle de l'associé qui a le moins apporté.

Art. 1854. — Si les associés sont convenus de s'en rapporter à l'un d'eux ou à un tiers pour le règlement des parts, ce règlement ne peut être attaqué s'il n'est évidemment contraire à l'équité.

Nulle réclamation n'est admise à ce sujet, s'il s'est écoulé plus de trois mois depuis que la partie qui se prétend lésée a eu connaissance du règlement, ou si ce règlement a reçu de sa part un commencement d'exécution.

Art. 1855. — La convention qui donnerait à l'un des associés la totalité des bénéfices est nulle.

Il en est de même de la stipulation qui affranchirait de toute contribution aux pertes, les sommes ou effets mis dans le fonds de la société par un ou plusieurs des associés.

Art. 1856. — L'associé chargé de l'administration par une clause spéciale du contrat de société peut faire, nonobstant l'opposition des autres associés, tous les actes qui dépendent de son administration, pourvu que ce soit sans fraude.

Ce pouvoir ne peut être révoqué sans cause légitime, tant que la société dure ; mais s'il n'a été donné que par acte postérieur au contrat de société, il est révocable comme un simple mandat.

Art. 1857. — Lorsque plusieurs associés sont chargés d'administrer, sans que leurs fonctions soient déterminées, ou sans qu'il ait été exprimé que l'un ne pourrait agir sans l'autre, ils peuvent faire chacun séparément tous les actes de cette administration.

Art. 1858. — S'il a été stipulé que l'un des administrateurs ne pourra rien faire sans l'autre, un seul ne peut, sans une nouvelle convention, agir en l'absence de l'autre, lors même que celui-ci serait dans l'impossibilité actuelle de concourir aux actes d'administration.

Art. 1859. — À défaut de stipulations spéciales sur le mode d'administration, l'on suit les règles suivantes :

1° Les associés sont censés s'être donné réciproquement le pouvoir d'administrer l'un pour l'autre. Ce que chacun fait, est valable même pour la part de ses associés, sans qu'il ait pris leur consentement ; sauf le droit qu'ont ces derniers, ou l'un d'eux, de s'opposer à l'opération avant qu'elle soit conclue ;

2° Chaque associé peut se servir des choses appartenant à la société, pourvu qu'il les emploie à leur destination fixée par l'usage, et qu'il ne s'en serve pas contre l'intérêt de la société, ou de manière à empêcher les associés d'en user selon leur droit ;

3° Chaque associé a le droit d'obliger ses associés à faire avec lui les dépenses qui sont nécessaires pour la conservation des choses de la société ;

4° L'un des associés ne peut faire d'innovations sur les immeubles dépendant de la société, même quand il les soutiendrait avantageuses à cette société, si les autres associés n'y consentent.

Art. 1860. — L'associé qui n'est point administrateur ne peut aliéner ni engager les choses même mobilières qui dépendent de la société.

Art. 1861. — Chaque associé peut, sans le consentement de ses associés, s'associer une tierce personne relativement à la part qu'il a dans la société ; il ne peut pas, sans ce consentement, l'associer à la société, lors même qu'il en aurait l'administration.

Section II : Des engagements des associés à l'égard des tiers

Art. 1862. — Dans les sociétés autres que celles de commerce, les associés ne sont pas tenus solidairement des dettes sociales, et l'un des associés ne peut obliger les autres si ceux-ci ne lui en ont conféré le pouvoir.

Art. 1863. — Les associés sont tenus envers le créancier avec lequel ils ont contracté, chacun pour une somme à parts égales, encore que la part de l'un d'eux dans la société fût moindre, si l'acte n'a pas spécialement restreint l'obligation de celui-ci sur le pied de cette dernière part.

Art. 1864. — La stipulation que l'obligation est contractée pour le compte de la société, ne lie que l'associé contractant et non les autres, à moins que ceux-ci ne lui aient donné pouvoir, ou que la chose n'ait tourné au profit de la société.

CHAPITRE IV : DES DIFFÉRENTES MANIÈRES DONT FINIT LA SOCIÉTÉ

Art. 1865. — La société finit :

1° Par l'expiration du temps pour lequel elle a été contractée ;
2° Par l'extinction de la chose, ou la consommation de la négociation ;
3° Par la mort naturelle de quelqu'un des associés ;
4° Par la *mort civile*, l'interdiction ou la déconfiture de l'un d'eux ;
5° Par la volonté qu'un seul ou plusieurs expriment de n'être plus en société.

Art. 1866. — La prorogation d'une société à temps limité ne peut être prouvée que par un écrit revêtu des mêmes formes que le contrat de société.

Art. 1867. — Lorsque l'un des associés a promis de mettre en commun la propriété d'une chose, la perte survenue avant que la mise en soit effectuée, opère la dissolution de la société par rapport à tous les associés.

La société est également dissoute dans tous les cas par la perte de la chose, lorsque la jouissance seule a été mise en commun, et que la propriété en est restée dans la main de l'associé.

Mais la société n'est pas rompue par la perte de la chose dont la propriété a déjà été apportée à la société.

Art. 1868. — S'il a été stipulé qu'en cas de mort de l'un des associés, la société continuerait avec son héritier, ou seulement entre les associés survivants, ces dispositions seront suivies : au second cas, l'héritier du décédé, n'a droit qu'au partage de la société, eu égard à la situation de cette société lors du décès, et ne participe aux droits ultérieurs qu'autant qu'ils sont une suite nécessaire de ce qui s'est fait avant la mort de l'associé auquel il succède.

Art. 1869. — La dissolution de la société par la volonté de l'une des parties ne s'applique qu'aux sociétés dont la durée est illimitée, et s'opère par une renonciation notifiée à tous les associés, pourvu que cette renonciation soit de bonne foi, et non faite à contretemps.

Art. 1870. — La renonciation n'est pas de bonne foi lorsque l'associé renonce pour s'approprier à lui seul le profit que les associés s'étaient proposé de retirer en commun.

Elle est faite à contretemps lorsque les choses ne sont plus entières, et qu'il importe à la société que sa dissolution soit différée.

Art. 1871. — La dissolution des sociétés à terme ne peut être demandée par l'un des associés avant le terme convenu, qu'autant qu'il y a de justes motifs, comme lorsqu'un autre associé manque à ses engagements, ou qu'une infirmité habituelle le rend inhabile aux affaires de la société, ou autres cas semblables, dont la légitimité et la gravité sont laissées à l'arbitrage des juges.

Art. 1872. — Les règles concernant le partage des successions, la forme de ce partage, et les obligations qui en résultent entre les cohéritiers, s'appliquent aux partages entre associés.

Disposition relative aux sociétés de commerce.

Art. 1873. — Les dispositions du présent titre ne s'appliquent aux sociétés de commerce que dans les points qui n'ont rien de contraire aux lois et usages du commerce.

TITRE DIXIEME : DU PRÊT

Art. 1874. — Il y a deux sortes de prêts :

- celui des choses dont on peut user sans les détruire.
- et celui des choses qui se consomment par l'usage qu'on en fait.

La première espèce s'appelle *prêt à usage*, ou *commodat* ;

La deuxième s'appelle *prêt de consommation*, ou simplement *prêt*.

CHAPITRE PREMIER : DU PRÊT À USAGE, OU COMMODAT

Section première : De la nature du prêt à usage

Art. 1875. — Le prêt à usage ou commodat est un contrat par lequel l'une des parties livre une chose à l'autre pour s'en servir, à la charge par le preneur de la rendre après s'en être servi.

Art. 1876. — Ce prêt est essentiellement gratuit.

Art. 1877. — Le prêteur demeure propriétaire de la chose prêtée.

Art. 1878. — Tout ce qui est dans le commerce, et qui ne se consomme pas par l'usage peut être l'objet de cette convention.

Art. 1879. — Les engagements qui se forment par le commodat, passent aux héritiers de celui qui prête, et aux héritiers de celui qui emprunte.

Mais si l'on n'a prêté qu'en considération de l'emprunteur, et à lui personnellement, alors ses héritiers ne peuvent continuer de jouir de la chose prêtée.

Section II : Des engagements de l'emprunteur

Art. 1880. — L'emprunteur est tenu de veiller, en bon père de famille, à la garde et à conservation de la chose prêtée. Il ne peut s'en servir qu'à l'usage déterminé par sa nature ou par la convention ; le tout à peine de dommages-intérêts s'il y a lieu.

Art. 1881. — Si l'emprunteur emploie la chose à un autre usage, ou pour un temps plus long qu'il ne le devait, il sera tenu de la perte arrivée, même par cas fortuit.

Art. 1882. — Si la chose prêtée périt par cas fortuit dont l'emprunteur aurait pu la garantir en employant la sienne propre, ou si ne pouvant conserver que l'une des deux, il a préféré la sienne, il est tenu de la perte de l'autre.

Art. 1883. — Si la chose a été estimée en la prêtant, la perte qui arrive, même par cas fortuit, est pour l'emprunteur, s'il n'y a convention contraire.

Art. 1884. — Si la chose se détériore par le seul effet de l'usage pour lequel elle a été empruntée, et sans aucune faute de la part de l'emprunteur, il n'est pas tenu de la détérioration.

Art. 1885. — L'emprunteur ne peut pas retenir la chose par compensation de ce que le prêteur lui doit.

Art. 1886. — Si, pour user de la chose, l'emprunteur a fait quelque dépense, il ne peut la répéter.

Art. 1887. — Si plusieurs ont conjointement emprunté la même chose, ils en sont solidairement responsables envers le prêteur.

Section III : Des engagements de celui qui prête à l'usage

Art. 1888. — Le prêteur ne peut retirer la chose prêtée qu'après le terme convenu, ou, à défaut de convention, qu'après qu'elle a servi à l'usage pour lequel elle a été empruntée.

Art. 1889. — Néanmoins, si, pendant ce délai, ou avant que le besoin de l'emprunteur ait cessé, il survient au prêteur un besoin pressant et imprévu de sa chose, le juge, peut, suivant les circonstances, obliger l'emprunteur à la lui rendre.

Art. 1890. — Si, pendant la durée du prêt, l'emprunteur a été obligé, pour la conservation de la chose, à quelque dépense extraordinaire, nécessaire et tellement urgente qu'il n'ait pas pu en prévenir le prêteur, celui-ci sera tenu de la lui rembourser.

Art. 1891. — Lorsque la chose prêtée a des défauts tels, qu'elle puisse causer du préjudice à celui qui s'en sert, le prêteur est responsable, s'il connaissait les défauts et n'en a pas averti l'emprunteur.

CHAPITRE II : DU PRÊT DE CONSOMMATION, OU SIMPLE PRÊT

Section première : De la nature du prêt de consommation

Art. 1892. — Le prêt de consommation est un contrat par lequel l'une des parties livre à l'autre une certaine quantité de choses qui se consomment par l'usage, à la charge par cette dernière de lui en rendre autant de même espèce et qualité.

Art. 1893. — Par l'effet de ce prêt, l'emprunteur devient le propriétaire de la chose prêtée ; et c'est pour lui qu'elle périt, de quelque matière que cette perte arrive.

Art. 1894. — On ne peut pas donner à titre de prêt de consommation des choses qui, quoique de même espèce, diffèrent dans l'individu, comme les animaux : alors c'est un prêt à usage.

Art. 1895. — L'obligation qui résulte d'un prêt en argent n'est toujours que de la somme numérique énoncée au contrat.

S'il y a eu augmentation ou diminution d'espèce avant l'époque du payement, le débiteur doit rendre la somme numérique prêtée, et ne doit rendre que cette somme sans les espèces ayant cours au moment du payement.

Art. 1896. — La règle portée en l'article précédent n'a pas lieu, si le prêt a été fait en lingots.

Art. 1897. — Si ce sont des lingots ou des denrées qui ont été prêtés, quelle que soit l'augmentation ou la diminution de leur prix, le débiteur doit toujours rendre la même quantité et qualité, et ne doit rendre que cela.

Section II : Des obligations du prêteur

Art. 1898. — Dans le prêt de consommation, le prêteur est tenu de la responsabilité établie par l'article 1891 pour le prêt à usage.

Art. 1899. — Le prêteur ne peut pas redemander les choses prêtées, avant le terme convenu.

Art. 1900. — s'il n'a pas été fixé de terme pour la restitution, le juge peut accorder à l'emprunteur un délai suivant les circonstances.

Art. 1901. — S'il a été seulement convenu que l'emprunteur payerait quand il le pourrait, ou quand il en aurait les moyens, le juge lui fixera un terme de payement suivant les circonstances ;

Section III : Des engagements de l'emprunteur

Art. 1902. — L'emprunteur est tenu de rendre les choses prêtées, en même quantité et qualité, et au terme convenu.

Art. 1903. — S'il est dans l'impossibilité d'y satisfaire, il est tenu d'en payer la valeur eu égard au temps et au lieu où la chose devait être rendue d'après la convention.

Si ce temps et ce lieu n'ont pas été réglés, le payement se fait au prix du temps et du lieu où l'emprunt a été fait.

Art. 1904. — Si l'emprunteur ne rend pas les choses prêtées ou leur valeur au terme convenu, il en doit l'intérêt du jour de la demande en justice.

CHAPITRE III : DU PRÊT À INTÉRÊT

Art. 1905. — Il est permis de stipuler des intérêts pour simple prêt, soit d'argent, soit de denrées, ou autres choses mobilières.

Art. 1906. — L'emprunteur qui a payé des intérêts qui n'étaient pas stipulés, ne peut ni les répéter ni les imputer sur le capital.

Art. 1907. — L'intérêt est légal ou conventionnel. L'intérêt légal est fixé par la loi. L'intérêt conventionnel peut excéder celui de la loi, toutes les fois que la loi ne le prohibe pas.

Le taux de l'intérêt conventionnel doit être fixé par écrit.

Art. 1908. — La quittance du capital donnée sans réserve des intérêts, en fait présumer le payement, et en opère la libération.

Art. 1909. — On peut stipuler un intérêt moyennant un capital que le prêteur s'interdit d'exiger.

Dans ce cas, le prêt prend le nom de *constitution de rente*.

Art. 1910. — Cette rente peut être constituée de deux manières, en perpétuel ou en viager.

Art. 1911. — La rente constituée en perpétuel est essentiellement rachetable.

Les parties peuvent seulement convenir que le rachat ne sera pas fait avant un délai qui ne pourra excéder dix ans, ou sans avoir averti le créancier au terme d'avance qu'elles auront déterminé.

Art. 1912. — Le débiteur d'une rente constituée en perpétuel peut être contraint au rachat :

1° S'il cesse de remplir ses obligations pendant deux années ;
2° S'il manque à fournir au prêteur les sûretés promises par le contrat.

Art. 1913. — Le capital de la rente constituée en perpétuel devient aussi exigible en cas de faillite ou de déconfiture du débiteur.

Art. 1914. — Les règles concernant les rentes viagères sont établies au titre Des contrats aléatoires.

TITRE ONZIÈME : DU DÉPÔT ET DU SÉQUESTRE

CHAPITRE PREMIER : DU DÉPÔT EN GÉNÉRAL, ET DE SES DIVERSES ESPÈCES

Art. 1915. — Le dépôt, en général, est un acte par lequel on reçoit la chose d'autre, à la charge de la garder et de la restituer en nature.

Art. 1916. — Il y a deux espèces de dépôt : le dépôt proprement dit, et le séquestre.

CHAPITRE II : DU DÉPÔT PROPREMENT DIT

Section première : De la nature et de l'essence du contrat de dépôt

Art. 1917. — Le dépôt proprement dit est un contrat essentiellement gratuit.

Art. 1918. — Il ne peut avoir pour objet que des choses mobilières.

Art. 1919. — Il n'est parfait que par la tradition réelle ou feinte de la chose déposée. La tradition feinte suffit, quand le dépositaire se trouve déjà nanti, à quelque autre titre, de la chose que l'on consent à lui laisser à titre de dépôt.

Art. 1920. — Le dépôt est volontaire ou nécessaire.

Section II : Du dépôt volontaire

Art. 1921. — Le dépôt volontaire se forme par le consentement réciproque de la personne qui fait le dépôt et de celle qui le reçoit.

Art. 1922. — Le dépôt volontaire ne peut régulièrement être fait que par le propriétaire de la chose déposée, ou de son consentement exprès ou tacite.

Art. 1923 (L. *1er avril 1928, J.O. C.*, 1931, p. 119). — Le dépôt volontaire doit être prouvé par écrit. La preuve testimoniale n'en est point reçue pour valeur excédant cinq cents francs.

Art. 1924. — (L. *1er avril 1928, J.O. C.*, 1931, p. 119). — Lorsque le dépôt, étant au-dessus de cinq cents francs, n'est point prouvé par écrit, celui qui est attaqué comme dépositaire, en est cru sur sa déclaration, soit, pour le fait même du dépôt, soit pour la chose qui en faisait l'objet, soit pour le fait de sa restitution.

Art. 1925. — Le dépôt volontaire ne peut avoir lieu qu'entre personnes capables de contracter.

Néanmoins, si une personne capable de contracter accepte le dépôt fait par une personne incapable, elle est tenue de toutes les obligations d'un véritable dépositaire ; elle peut être poursuivie par le tuteur ou administrateur de la personne qui a fait le dépôt.

Art. 1926. — Si le dépôt a été fait par une personne capable à une personne qui ne l'est pas, la personne qui a fait le dépôt n'a que l'action en revendication de la chose déposée, tant qu'elle existe dans la main du dépositaire, ou une action en restitution jusqu'à concurrence de ce qui a tourné au profit de ce dernier.

Section III : Des obligations du dépositaire

Art. 1927. — Le dépositaire doit apporter, dans la garde de la chose déposée, les mêmes soins qu'il apporte dans la garde des choses qui lui appartiennent.

Art. 1928. — La disposition de l'article précédent doit être appliquée avec plus de rigueur :

1° si le dépositaire s'est offert lui-même pour recevoir le dépôt ;
2° s'il a stipulé un salaire pour la garde du dépôt ;
3° si le dépôt a été fait uniquement pour l'intérêt du dépositaire ;
4° s'il a été convenu expressément que le dépositaire répondrait de toute espèce de faute.

Art. 1929. — Le dépositaire n'est tenu, en aucun cas, des accidents de force majeure, à moins qu'il n'ait été mis en demeure de restituer la chose déposée.

Art. 1930. — Il ne peut se servir de la chose déposée, sans la permission expresse ou présumée du déposant.

Art. 1931. — Il ne doit point chercher à connaître quelles sont les choses qui lui ont été déposées, si elles lui ont été confiées dans un coffre fermé ou sous une enveloppe cachetée.

Art. 1932. — Le dépositaire doit rendre identiquement la chose même qu'il a reçue.

Ainsi, le dépôt des sommes monnayées doit être rendu dans les mêmes espèces qu'il a été fait, soit dans le cas d'augmentation, soit dans le cas de diminution de leur valeur.

Art. 1933. — Le dépositaire n'est tenu de rendre la chose déposée que dans l'état où elle se trouve au moment de la restitution. Les détériorations qui ne sont pas survenues par son fait sont à la charge du déposant.

Art. 1934. — Le dépositaire auquel la chose a été enlevée par une force majeure, et qui a reçu un prix ou quelque chose à la place, doit restituer ce qu'il a reçu en échange.

Art. 1935. — L'héritier du dépositaire, qui a vendu de bonne foi la chose dont il ignorait le dépôt, n'est tenu que de rendre le prix qu'il a reçu, ou de céder son action contre l'acheteur, s'il n'a pas touché le prix.

Art. 1936. — Si la chose déposée a produit des fruits qui aient été perçus par le dépositaire, il est obligé de les restituer. Il ne doit aucun intérêt de l'argent déposé, si ce n'est du jour où il a été mis en demeure de faire la restitution.

Art. 1937. — Le dépositaire ne doit restituer la chose déposée qu'à celui qui la lui a confiée, ou à celui au nom duquel le dépôt a été fait, ou à celui qui a été indiqué pour le recevoir.

Art. 1938. — il ne peut pas exiger de celui qui a fait le dépôt, la preuve qu'il était propriétaire de la chose déposée.

Néanmoins, s'il découvre que la chose a été volée, et quel en est le véritable propriétaire, il doit dénoncer à celui-ci le dépôt qui lui a été fait, avec sommation de le réclamer dans un délai déterminé et suffisant. Si celui auquel la dénonciation a été faite néglige de réclamer le dépôt, le dépositaire est valablement déchargé par la tradition qu'il en fait à celui duquel il l'a reçu.

Art. 1939. — En cas de mort naturelle ou civile de la personne qui a fait le dépôt, la chose déposée ne peut être rendue qu'à son héritier.

S'il y a plusieurs héritiers, elle doit être rendue à chacun d'eux pour leur part et portion.

Si la chose déposée est indivisible, les héritiers doivent s'accorder entre eux pour la recevoir.

Art. 1940. (*L. 18 février 1938, J.O.C., 1938, p. 579*). — Si la personne qui a fait le dépôt, a changé d'état, par exemple, si la femme, libre au moment où le dépôt a été fait, s'est mariée depuis, si le majeur déposant se trouve frappé d'interdiction ; dans tous ces cas, et autres de même nature, le dépôt ne peut être restitué qu'à celui qui a l'administration des droits et des biens du déposant.

Art. 1941. — Si le dépôt a été fait par un tuteur, par un mari ou par un administrateur dans l'une de ses qualités, il ne peut être restitué qu'à la personne que ce tuteur, ce mari ou cet administrateur représentaient, si leur gestion ou leur administration est finie.

Art. 1942. — Si le contrat de dépôt désigne le lieu dans lequel la restitution doit être faite, le dépositaire est tenu d'y porter la chose déposée.

S'il y a des frais de transport, ils sont à la charge du déposant.

Art. 1943. — Si le contrat ne désigne point le lieu de la restitution, elle doit être faite dans le lieu même du dépôt.

Art. 1944. — Le dépôt doit être remis au déposant aussitôt qu'il le réclame, lors même que le contrat aurait fixé un délai déterminé pour la restitution ; à moins qu'il n'existe, entre les mains du dépositaire, une saisie-arrêt ou une opposition à la restitution et au déplacement de la chose déposée.

Art. 1945. — Le dépositaire infidèle n'est point admis au bénéfice de cession.

Art. 1946. — Toutes les obligations du dépositaire cessent, s'il vient à découvrir et à prouver qu'il est lui-même propriétaire de la chose déposée.

Section 4 : Des obligations de la personne par laquelle le dépôt a été fait.

Art. 1947. — La personne qui a fait le dépôt est tenue de rembourser au dépositaire les dépenses qu'il a faites pour la conservation de la chose déposée, et de l'indemniser de toutes les pertes que le dépôt peut lui avoir occasionnées.

Art. 1948. — Le dépositaire peut retenir le dépôt jusqu'à l'entier payement de ce qui lui est dû à raison du dépôt.

Section V : Du dépôt nécessaire

Art. 1949. — Le dépôt nécessaire est celui qui a été forcé par quelque accident, tel qu'un incendie, une ruine, un pillage, un naufrage ou autre événement imprévu.

Art. 1950. (L. *1er avril 1928, J.O. C.*, 1931, p. 11). — La preuve par témoins peut être reçue pour le dépôt nécessaire, même quand il s'agit d'une valeur au-dessus de cinq cents francs.

Art. 1951. — Le dépôt nécessaire est d'ailleurs régi par toutes les règles précédemment énoncées.

Art. 1952. — Les aubergistes ou hôteliers sont responsables, comme dépositaires, des effets apportés par le voyageur qui loge chez eux ; le dépôt de ces sortes d'effets doit être regardé comme un dépôt nécessaire ;

Art. 1953. — Ils sont responsables du vol ou du dommage des effets du voyageur, soit que le vol ait été fait ou que le dommage ait été causé par les domestiques et préposés de l'hôtellerie, ou par des étrangers allant et venant dans l'hôtellerie.

(L. *8 avril* 1911). — Cette responsabilité est limitée à mille francs (1 000 fr.), pour les espèces monnayées, les valeurs, les titres, les bijoux et les objets précieux de toute nature non déposés réellement entre les mains des aubergistes ou hôteliers.

Art. 1954. — Ils ne sont pas responsables des vols faits avec force armée ou autre force majeure.

CHAPITRE III : DU SÉQUESTRE

Section première : De diverses espèces de séquestres.

Art. 1955. — Le séquestre est ou conventionnel ou judiciaire.

Section II : Du séquestre conventionnel.

Art. 1956. — Le séquestre conventionnel est le dépôt fait par une ou plusieurs personnes, d'une chose contentieuse, entre les mains d'un tiers qui s'oblige de la rendre, après la contestation terminée, à la personne qui sera jugée devoir l'obtenir.

Art. 1957. — Le séquestre peut n'être pas gratuit.

Art. 1958. — Lorsqu'il est gratuit, il est soumis aux règles du dépôt proprement dit, sauf les différences ci-après énoncées.

Art. 1959. — Le séquestre peut avoir pour objet, non seulement des effets mobiliers, mais même des immeubles.

Art. 1960. — Le dépositaire chargé du séquestre ne peut être déchargé avant la contestation terminée, que du consentement de toutes les parties intéressées, ou pour une cause jugée légitime.

Section III : Du séquestre ou dépôt judiciaire.

Art. 1961. — La justice peut ordonner le séquestre :

1° Des meubles saisis sur un débiteur ;

2° D'un immeuble ou d'une chose mobilière dont la propriété ou la possession est litigieuse entre deux ou plusieurs personnes ;

3° Des choses qu'un débiteur offre pour sa libération.

Art. 1962. — L'établissement d'un gardien judiciaire produit, entre le saisissant et le gardien, des obligations réciproques. Le gardien doit apporter pour la conservation des effets saisis, les soins d'un bon père de famille.

Il doit les représenter, soit à la décharge du saisissant pour la vente, soit à la partie contre laquelle les exécutions ont été faites, en cas de mainlevée de la saisie.

L'obligation du saisissant consiste à payer au gardien le salaire fixé par la loi.

Art. 1963. — Le séquestre judiciaire est donné, soit à une personne dont les parties intéressées sont convenues entre elles, soit à une personne nommée d'office par le juge.

Dans l'un et l'autre cas, celui auquel la chose a été confiée, est soumis à toutes les obligations qu'emporte le séquestre conventionnel.

TITRE DOUZIÈME : DES CONTRATS ALÉATOIRES

Art. 1964. — Le contrat aléatoire est une convention réciproque dont les effets, quant aux avantages et aux pertes, soit pour toutes les parties, soit pour l'une ou plusieurs d'entre elles, dépendent d'un événement incertain.

Tels sont :

- le contrat d'assurance,
- le prêt à grosse aventure,
- le jeu et le pari,
- le contrat de rente viagère.

Les deux premières sont régies par les lois maritimes.

CHAPITRE PREMIER : DU JEU ET DU PARI

Art. 1965. — La loi n'accorde aucune action pour une dette du jeu ou pour le payement d'un pari.

Art. 1966. — Les jeux propres à exercer au fait des armes, les courses à pied ou à cheval, les courses de chariot, le jeu de paume et autres jeux de même nature qui tiennent à l'adresse et à l'exercice du corps, sont exceptés de la disposition précédente.

Néanmoins le tribunal peut rejeter la demande, quand la somme lui paraît excessive ;

Art. 1967. — Dans aucun cas, le perdant ne peut répéter ce qu'il a volontairement payé, à moins qu'il n'y ait eu, de la part du gagnant, dol, supercherie ou escroquerie.

CHAPITRE II : DU CONTRAT DE RENTE VIAGÈRE

Section première : Des conditions requises pour la validité du contrat

Art. 1968. — La rente viagère peut être constituée à titre onéreux, moyennant une somme d'argent, ou pour une chose mobilière appréciable, ou pour un immeuble.

Art. 1969. — Elle peut être aussi constituée à titre purement gratuit, par donation entre vifs ou par testament. Elle doit être alors revêtue des formes requises par la loi.

Art. 1970. — Dans le cas de l'article précédent, la rente viagère est réductible, si elle excède ce dont il est permis de disposer : elle est nulle, si elle est au profit d'une personne incapable de recevoir.

Art. 1971. — La rentre viagère peut être constituée, soit sur la tête de celui qui en fournit le prix, soit sur la tête d'un tiers, qui n'a aucun droit d'en jouir.

Art. 1972. — Elle peut être constituée sur une ou plusieurs têtes.

Art. 1973. — Elle peut être constituée au profit d'un tiers, quoique le prix en soit fourni par une autre personne.

Dans ce dernier cas, quoiqu'elle ait les caractères d'une libéralité, elle n'est point assujettie aux formes requises pour les donations ; sauf les cas de réduction et de nullité énoncés dans l'article 1970.

Art. 1974. — Tout contrat de rente viagère créé sur la tête d'une personne qui était morte au jour du contrat, ne produit aucun effet.

Art. 1975. — Il en est de même du contrat par lequel la rente a été créée sur la tête d'une personne atteinte de la maladie dont elle est décédée dans les vingt jours de la date du contrat.

Art. 1976. — La rente viagère peut être constituée au taux qu'il plaît aux parties contractantes de fixer.

Section II : Des effets du contrat entre les parties contractantes

Art. 1977. — Celui au profit duquel la rente viagère a été constituée moyennant un prix, peut demander la résiliation du contrat, si le constituant ne lui donne pas les sûretés stipulées pour son exécution.

Art. 1978. — Le seul défaut de payement des arrérages de la rente n'autorise point celui en faveur de qui elle est constituée, à demander le remboursement du capital, ou à rentrer dans le fonds par lui aliéné : il n'a que le droit de saisir et de faire vendre les biens de son débiteur, et de faire ordonner ou consentir, sur le produit de la vente, l'emploi d'une somme suffisante pour le service des arrérages.

Art. 1979. — Le constituant ne peut se libérer du payement de la rente, en offrant de rembourser le capital, et en renonçant à la répétition des arrérages payés : il est tenu de servir la rente pendant toute la vie de la personne ou des personnes sur la tête desquelles la rente a été constituée, quelle que soit la durée de la vie de ces personnes, et quelque onéreux qu'ait pu devenir le service de la rente.

Art. 1980. — La rente viagère n'est acquise au propriétaire que dans la proportion du nombre de jours qu'il a vécu.

Néanmoins, s'il a été convenu qu'elle serait payée d'avance, le terme qui a dû être payé est acquis du jour ou le payement a dû en être fait.

Art. 1981. — La rente viagère ne peut être stipulée insaisissable, que lorsqu'elle a été constituée à titre gratuit.

Art. 1982. — La rente viagère ne s'éteint pas *par la mort civile* du propriétaire ; le payement doit en être continué pendant sa vie naturelle.

Art. 1983. — Le propriétaire d'une rente viagère n'en peut demander les arrérages qu'en justifiant de son existence, ou de celle de la personne sur la tête de laquelle elle a été constituée.

TITRE TREIZIÈME : DU MANDAT

CHAPITRE PREMIER : DE LA NATURE ET DE LA FORME DU MANDAT

Art. 1984. — Le mandat ou procuration est un acte par lequel une personne donne à une autre le pouvoir de faire quelque chose pour le mandat et en son nom.

Le contrat ne se forme que par l'acceptation du mandataire.

Art. 1985. — Le mandat peut être donné ou par acte public, ou par écrit sous seing privé, même par lettre. Il peut aussi être donné verbalement ; mais la preuve testimoniale n'est reçue que conformément au titre *Des contrats ou des obligations conventionnelles en général.*

L'acceptation du mandat peut n'être que tacite, et résulter de l'exécution qui lui a été donnée par le mandataire.

Art. 1986. — Le mandat est gratuit, s'il n'y a convention contraire.

Art. 1987. — Il est ou spécial et pour une affaire ou certaines affaires seulement, ou général et pour toutes les affaires du mandant.

Art. 1988. — Le mandat conçu en termes généraux n'embrasse que les actes d'administration.

S'il s'agit d'aliéner ou hypothéquer, ou de quelque autre acte de propriété, le mandat doit être exprès.

Art. 1989. — Le mandataire ne peut rien faire au-delà de ce qui est porté dans son mandat : le pouvoir de transiger ne renferme pas celui de compromettre.

Art. 1990. — Les femmes et les mineurs émancipés peuvent être choisis pour mandataires ; mais le mandant n'a d'action contre le mandataire mineur que d'après les règles générales relatives aux obligations des mineurs, et contre la femme mariée et qui a accepté le mandat sans autorisation de son mari, que d'après les règles établies au titre *Du contrat de mariage et des droits respectifs des époux.*

CHAPITRE II : DES OBLIGATIONS DU MANDATAIRE

Art. 1991. — Le mandataire est tenu d'accomplir le mandat tant qu'il en demeure chargé, et répond des dommages-intérêts qui pourraient résulter de son inexécution.

Il est tenu de même d'achever la chose commencée au décès du mandant, s'il y a péril en la demeure.

Art. 1992. — Le mandataire répond non seulement du dol, mais encore des fautes qu'il commet dans sa gestion.

Néanmoins la responsabilité relative aux fautes est appliquée moins rigoureusement à celui dont le mandat est gratuit qu'à celui qui reçoit un salaire.

Art. 1993. — Tout mandataire est tenu de rendre compte de sa gestion, et de faire raison au mandant de tout ce qu'il a reçu en vertu de sa procuration, quand même ce qu'il aurait reçu n'eût point été dû au mandant.

Art. 1994. — Le mandataire répond de celui qu'il s'est substitué dans la gestion :

1° quand il n'a pas reçu le pouvoir de se substituer quelqu'un ;

2° quand ce pouvoir lui a été conféré sans désignation d'une personne, et que celle dont il a fait choix était notoirement incapable ou insolvable.

Dans tous les cas, le mandant peut agir directement contre la personne que le mandataire s'est substituée.

Art. 1995. — Quand il y a plusieurs fondés de pouvoir ou mandataires établis par le même acte, il n'y a de solidarité entre eux qu'autant qu'elle est exprimée ;

Art. 1996. — Le mandataire doit l'intérêt des sommes qu'il a employées à son usage, à dater de cet emploi ; et de celles dont il est reliquataire, à compter du jour qu'il est mis en demeure.

Art. 1997. — Le mandataire qui a donné à la partie avec laquelle il contracte en cette qualité une suffisante connaissance de ses pouvoirs, n'est tenu d'aucune garantie pour ce qui a été fait au-delà, s'il ne s'y est personnellement soumis.

CHAPITRE III : DES OBLIGATIONS DU MANDANT

Art. 1998. — Le mandant est tenu d'exécuter les engagements contractés par le mandataire, conformément au pouvoir qui lui a été donné.

Il n'est tenu de ce qui a pu être fait au-delà, qu'autant qu'il l'a ratifié expressément ou tacitement.

Art. 1999. — Le mandant doit rembourser au mandataire les avances et frais que celui-ci a faits pour l'exécution du mandat, et lui payer ses salaires lorsqu'il en a été promis.

S'il n'y a aucune faute imputable au mandataire, le mandant ne peut se dispenser de faire ces remboursements et payement, lors même que l'affaire n'aurait pas réussi, ni faire réduire le montant des frais et avances sous le prétexte qu'ils pouvaient être moindres ;

Art. 2000. — Le mandant doit aussi indemniser le mandataire des pertes que celui-ci a essuyées à l'occasion de sa gestion, sans imprudence qui lui soit imputable.

Art. 2001. — l'intérêt des avances faites par le mandataire lui est dû par le mandant, à dater du jour des avances constatées

Art. 2002. — Lorsque le mandataire a été constitué par plusieurs personnes pour une affaire commune, chacune d'elles est tenue solidairement envers lui de tous les effets du mandat.

CHAPITRE IV : DE DIFFÉRENTES MANIÈRES DONT LE MANDAT FINIT

Art. 2003. — Le mandat finit :

- Par la révocation du mandataire,
- Par la renonciation de celui-ci au mandat,
- Par la mort naturelle *ou civile*, l'interdiction ou la déconfiture, soit du mandant, soit du mandataire.

Art. 2004. — Le mandant peut révoquer sa procuration quand bon lui semble, et contraindre, s'il y a lieu, le mandataire à lui remettre, soit l'écrit sous seing privé qui la contient, soit l'original de la procuration, si elle a été délivrée en brevet, soit l'expédition, s'il en a été gardé minute.

Art. 2005. — La révocation notifiée au seul mandataire ne peut être opposée aux tiers qui ont traité dans l'ignorance de cette révocation, sauf au mandant son recours contre le mandataire.

Art. 2006. — La constitution d'un nouveau mandataire pour la même affaire, vaut révocation du premier, à compter du jour où elle a été notifiée à celui-ci.

Art. 2007. — Le mandataire peut renoncer au mandat, en notifiant au mandant sa renonciation.

Néanmoins, si cette renonciation préjudicie au mandant, il devra en être indemnisé par le mandataire, à moins que celui-ci ne se trouve dans l'impossibilité de continuer le mandat sans éprouver lui-même un préjudice considérable.

Art. 2008. — Si le mandataire ignore la mort du mandant ou l'une des autres causes qui font cesser le mandat, ce qu'il a fait dans cette ignorance est valide.

Art 2009. — Dans les cas ci-dessus, les engagements dus sont exécutés à l'égard des tiers qui sont de bonne foi.

Art. 2010. — En cas de mort du mandataire, ses héritiers doivent en donner avis au mandant, et pourvoir, en attendant, à ce que les circonstances exigent pour l'intérêt de celui-ci.

TITRE QUATORZIÈME : DU CAUTIONNEMENT : VOIR OHADA-SURETES

— Anciennes dispositions : articles 2011 à 2043 : — *Abrogées par l'Acte uniforme portant organisation des sûretés révisé du 15 décembre 2010. Le cautionnement est un moyen de sûreté qui rentre désormais dans le domaine du droit des Affaires OHADA (cf. article 1 de l'Acte Uniforme portant organisation des sûretés révisé)*

TITRE QUINZIÈME : DES TRANSACTIONS

Art. 2044. — La transaction est un contrat par lequel les parties terminent une contestation née, ou préviennent une contestation à naître.

Ce contrat doit être rédigé par écrit ;

Art. 2045. — Pour transiger, il faut avoir la capacité de disposer des objets compris dans la transaction.

Le tuteur ne peut transiger pour le mineur ou l'interdit que conformément à l'article 467 au titre *De la minorité, de la tutelle et de l'émancipation*, et il ne peut transiger avec le mineur devenu majeur, sur le compte de tutelle, que conformément à l'article 472 au même titre.

Les communes et établissements publics ne peuvent transiger qu'avec l'autorisation expresse du Roi.

Art. 2046. — On peut transiger sur l'intérêt civil qui résulte d'un délit.

La transaction n'empêche pas la poursuite du ministère public.

Art. 2047. — On peut ajouter à une transaction la stipulation d'une peine contre celui qui manquera de l'exécuter.

Art. 2048. — Les transactions se renferment dans leur objet : la renonciation qui y est faite à tous droits, actions et prétentions, ne s'entend que de ce qui est relatif au différend qui y a donné lieu.

Art. 2049. — Les transactions ne règlent que les différends qui s'y trouvent compris, soit que les parties aient manifesté leur intention par des expressions spéciales ou générales, soit que l'on reconnaisse cette intention par une suite nécessaire de ce qui est exprimé.

Art. 2050. — Si celui qui avait transigé sur un droit qu'il avait de son chef acquiert ensuite un droit semblable du chef d'une autre personne, il n'est point, quant au droit nouvellement acquis, lié par la transaction antérieure.

Art. 2051. — La transaction faite par l'un des intéressés ne lie point les autres intéressés, et ne peut être opposée par eux.

Art. 2052. — Les transactions ont, entre les parties, l'autorité de la chose jugée en dernier ressort.

Elles ne peuvent être attaquées pour cause d'erreur de droit ni pour cause de lésion.

Art. 2053. — Néanmoins une transaction peut être rescindée, lorsqu'il y a erreur dans la personne ou sur l'objet de la contestation.

Elle peut l'être dans tous les cas où il y a dol ou violence.

Art. 2054. — Il y a également lieu à l'action en rescision contre une transaction, lorsqu'elle a été faite en exécution d'un titre nul, à moins que les parties n'aient expressément traité sur la nullité.

Art. 2055. — La transaction faite sur pièces qui depuis ont été reconnues fausses, est entièrement nulle.

Art. 2056. — La transaction sur un procès terminé par un jugement passé en force de chose jugée, dont les parties ou l'une d'elles n'avaient point connaissance, est nulle.

Si le jugement ignoré des parties était susceptible d'appel, la transaction sera valable.

Art. 2057. — Lorsque les parties ont transigé généralement sur toutes les affaires qu'elles pouvaient avoir ensemble, les titres qui leur étaient alors inconnus, et qui auraient été postérieurement découverts, ne sont point une cause de rescision, à moins qu'ils n'aient été retenus par le fait de l'une des parties.

Mais la transaction serait nulle si elle n'avait qu'un objet sur lequel il serait constaté, par des titres nouvellement découverts, que l'une des parties n'avait aucun droit.

Art. 2058. — L'erreur de calcul dans une transaction doit être réparée.

TITRE SEIZIÈME : DE LA CONTRAINTE PAR CORPS EN MATIÈRE CIVILE

Art. 2059 —2070. – *Abrogées par L. 22 juillet 1867, qui a aboli la contrainte par corps en matière civile, commerciale et contre les étrangers* (B.A.S., 1891, p. 389).

TITRE DIX-SEPTIÈME : DU NANTISSEMENT (VOIR OHADA-AU/SÛRETÉS)

Art. 2071 — 2091. — *Abrogées par l'Acte uniforme portant organisation des sûretés révisé du 15 décembre 2010. Le nantissement est un moyen de sûreté qui rentre désormais dans le domaine du droit des Affaires OHADA (cf. article 1 de l'Acte Uniforme portant organisation des sûretés révisé).*

TITRE DIX-HUITIÈME : DES PRIVILÈGES ET HYPOTHÈQUES (VOIR OHADA-AU/SÛRETÉS)

Art. 2092. — 2203. — *Abrogées par l'Acte uniforme portant organisation des sûretés révisé du 15 décembre 2010. Les privilèges et les hypothèques sont des moyens de sûretés qui font désormais partie du domaine du droit des Affaires OHADA (cf. article 1 de l'Acte Uniforme portant organisation des sûretés révisé).*

TITRE DIX-NEUVIEME : DE L'EXPROPRIATION FORCÉE ET DES ORDRES ENTRE CREANCIERS

CHAPITRE PREMIER : DE L'EXPROPRIATION FORCÉE

Art. 2204. — Le créancier peut poursuivre l'expropriation : 1° des biens immobiliers et de leurs accessoires réputés immeubles appartenant en propriété à son débiteur ; 2° de l'usufruit appartenant au débiteur sur les biens de même nature.

Art. 2205. — Néanmoins, la part indivise d'un cohéritier dans les immeubles d'une succession ne peut être mise en vente par ses créanciers personnels, avant le partage ou la licitation qu'ils peuvent provoquer s'ils le jugent convenable, ou dans lesquels ils ont le droit d'intervenir conformément à l'article 882, au titre *Des successions.*

Art. 2206. — Les immeubles d'un mineur, même émancipé, ou d'un interdit, ne peuvent être mis en vente avant la discussion du mobilier.

Art. 2207. — La discussion du mobilier n'est pas requise avant l'expropriation des immeubles possédés par indivis entre un majeur et un mineur ou interdit, si la dette leur est commune, ni dans le cas où les poursuites ont été commencées contre un majeur, ou avant l'interdiction.

Art. 2208. — L'expropriation des immeubles qui font partie de la communauté, se poursuit contre le mari débiteur seul, quoique la femme soit obligée à la dette.

Celle des immeubles de la femme qui ne sont point entrés en communauté, se poursuit contre le mari et la femme, laquelle, au refus du mari de procéder avec elle, ou si le mari est mineur, peut être autorisée en justice ;

En cas de minorité du mari et de la femme, ou de minorité de la femme seule, si son mari majeur refuse de procéder avec elle, il est nommé par le tribunal un tuteur à la femme, contre lequel la poursuite est exercée.

Art. 2209. — Le créancier ne peut poursuivre la vente des immeubles qui ne lui sont pas hypothéqués, que dans le cas d'insuffisance des biens qui lui sont hypothéqués.

Art. 2210. — La vente forcée des biens situés dans différents arrondissements ne peut être provoquée que successivement, à moins qu'ils ne fassent partie d'une seule et même exploitation.

Elle est suivie dans le tribunal dans le ressort duquel se trouve le chef-lieu de l'exploitation, ou à défaut de chef-lieu, la partie de biens qui présente le plus grand revenu, d'après la matrice du rôle.

Art. 2211. — Si les biens hypothéqués au créancier, et les biens non hypothéqués, ou les biens situés dans divers arrondissements font partie d'une seule et même exploitation, la vente des uns et des autres est poursuivie ensemble, si le débiteur le requiert ; et ventilation se fait du prix de l'adjudication, s'il y a lieu.

Art. 2212. — Si le débiteur justifie, par baux authentiques, que le revenu net et libre de ses immeubles pendant une année, suffit pour le payement de la dette en capital, intérêts et frais, et s'il en offre la délégation au créancier, la poursuite peut être suspendue par les juges, sauf à être reprise s'il survient quelque opposition ou obstacle au payement.

Art. 2213. — La vente forcée des immeubles ne peut être poursuivie qu'en vertu d'un titre authentique et exécutoire, pour une dette certaine et liquide. Si la dette est en espèces non liquidée, la poursuite est valable, mais l'adjudication ne pourra être faite qu'après la liquidation.

Art. 2214. — Le cessionnaire d'un titre exécutoire ne peut poursuivre l'expropriation qu'après que la signification du transport a été faite au débiteur.

Art. 2215. — La poursuite peut avoir lieu en vertu d'un jugement provisoire ou définitif, exécutoire par provision, nonobstant appel ; mais l'adjudication ne peut se faire qu'après un jugement définitif en dernier ressort, ou passé en force de chose jugée.

La poursuite ne peut s'exercer en vertu de jugements rendus par défaut durant le délai de l'opposition.

Art. 2216. — La poursuite ne peut être annulée sous prétexte que le créancier l'aurait commencée pour une somme plus forte que celle qui lui est due.

Art. 2217. — Toute poursuite en expropriation d'immeubles doit être précédée d'un commandement de payer, fait, à la diligence et requête du créancier, à la personne du débiteur ou à son domicile, par le ministère d'un huissier.

Les formes du commandement et celles de la poursuite sur l'expropriation sont réglées par les lois sur la procédure.

CHAPITRE II : DE L'ORDRE ET DE LA DISTRIBUTION DU PRIX ENTRE LES CRÉANCIERS

***Art. 2218**. — Abrogé par l'Acte uniforme portant organisation des sûretés révisé du 15 décembre 2010. L'ordre et la distribution du prix entre les créanciers ont été précisés au Titre 4 : Distribution des deniers et classement des sûretés dans l'Acte uniforme (cf. article 1 de l'Acte Uniforme portant organisation des sûretés révisé).*

TITRE VINGTIÈME : DE LA PRESCRIPTION

CHAPITRE PREMIER : DES DISPOSITIONS GÉNÉRALES

Art. 2219. — La prescription est un moyen d'acquérir ou de se libérer par un certain laps de temps, et sous les conditions déterminées par la loi.

Art. 2220. — On ne peut, d'avance, renoncer à la prescription : on peut renoncer à la prescription acquise.

Art. 2221. — La renonciation à la prescription est expresse ou tacite : la renonciation tacite résulte d'un fait qui suppose l'abandon du droit acquis.

Art. 2222. — Celui qui ne peut aliéner ne peut renoncer à la prescription acquise.

Art. 2223. — Les juges ne peuvent pas suppléer d'office le moyen résultant de la prescription.

Art. 2224. — La prescription peut être opposée en tout état de cause, même devant la cour d'appel, à moins que la partie qui n'aurait pas opposé le moyen de la prescription ne doit, par les circonstances, être présumée y avoir renoncé.

Art. 2225. — Les créanciers, ou toute autre personne ayant intérêt à ce que la prescription soit acquise, peuvent l'opposer, encore que le débiteur ou le propriétaire y renonce.

Art. 2226. — On ne peut prescrire le domaine des choses qui ne sont point dans le commerce.

Art. 2227. — L'État, les Établissements publics et les Communes sont soumis aux mêmes prescriptions que les particuliers, et peuvent également les opposer.

CHAPITRE II : DE LA POSSESSION

Art. 2228. — La possession est la détention ou la jouissance d'une chose ou d'un droit que nous tenons ou que nous exerçons par nous-mêmes, ou par un autre qui la tient ou qui l'exerce en notre nom.

Art. 2229. — Pour pouvoir prescrire, il faut une possession continue et non interrompue, paisible, publique, non équivoque, et à titre de propriétaire.

Art. 2230. — On est toujours présumé posséder pour soi, et à titre de propriétaire, s'il n'est prouvé qu'on a commencé à posséder pour un autre.

Art. 2231. — Quand on a commencé à posséder pour autrui, on est toujours présumé posséder au même titre, s'il n'y a preuve du contraire.

Art. 2232. — Les actes de pure faculté et ceux de simple tolérance ne peuvent fonder ni possession ni prescription.

Art. 2233. — Les actes de violence ne peuvent fonder non plus une possession capable d'opérer la prescription.

La possession utile ne commence que lorsque la violence a cessé.

Art. 2234. — Le possesseur actuel qui prouve avoir possédé anciennement, est présumé avoir possédé dans le temps intermédiaire, sauf la preuve contraire.

Art. 2235. — Pour compléter la prescription, on peut joindre à sa possession celle de son auteur, de quelque manière qu'on lui ait succédé, soit à titre universel ou particulier, soit à titre lucratif ou onéreux.

CHAPITRE III : DES CAUSES QUI EMPÊCHENT LA PRESCRIPTION

Art. 2236. — Ceux qui possèdent pour autrui ne prescrivent jamais, par quelque laps de temps que ce soit.

Ainsi, le fermier, le dépositaire, l'usufruitier, et tous autres qui détiennent précairement la chose du propriétaire, ne peuvent la prescrire.

Art. 2237. — Les héritiers de ceux qui tenaient la chose à quelqu'un des titres désignés par l'article précédent ne peuvent non plus prescrire.

Art. 2238. Néanmoins, les personnes énoncées dans les articles 2236 et 2237 peuvent prescrire, si le titre de leur possession se trouve interverti, soit par une cause venant d'un tiers, soit par la contradiction qu'elles ont opposé au droit du propriétaire.

Art. 2239. — Ceux à qui les fermiers dépositaires et autres détenteurs précaires ont transmis la chose par un titre translatif de propriété, peuvent la prescrire.

Art. 2240. — On ne peut pas prescrire contre son titre, en ce sens que l'on ne peut point se changer à soi-même la cause et le principe de sa possession.

Art. 2241. — On peut prescrire contre son titre, en ce sens que l'on prescrit la libération de l'obligation que l'on a contractée.

CHAPITRE IV : DES CAUSES QUI INTERROMPENT OU QUI SUSPENDENT LE COURS DE LA PRESCRIPTION

Section première : Des causes qui interrompent la prescription.

Art. 2242. — La prescription peut être interrompue ou naturellement ou civilement.

Art. 2243. — Il y a interruption naturelle lorsque le possesseur est privé, pendant plus d'un an, de la jouissance de la chose, soit par l'ancien propriétaire, soit même par un tiers.

Art. 2244. — Une citation en justice, un commandement ou une saisie, signifiés à celui qu'on veut empêcher de prescrire, forment l'interruption civile.

Art. 2245. — La citation en conciliation devant le bureau de paix interrompt la prescription, du jour de sa date, lorsqu'elle est suivie d'une assignation en justice donnée dans les délais de droit.

Art. 2246. — La citation en justice, donnée même devant un juge incompétent, interrompt la prescription.

Art. 2247. — Si l'assignation est nulle par le défaut de forme, si le demandeur se désiste de sa demande, s'il laisse périmer l'instance, ou si sa demande est rejetée, l'interruption est regardée comme non avenue.

Art. 2248 — La prescription est interrompue par la reconnaissance que le débiteur ou le possesseur fait du droit de celui contre lequel il prescrivait.

Art. 2249. — L'interpellation faite conformément aux articles ci-dessus, à l'un des débiteurs solidaires, ou sa reconnaissance interrompt la prescription contre tous les autres, même contre leurs héritiers.

L'interpellation faite à l'un des héritiers d'un débiteur solidaire ou la reconnaissance de cet héritier, n'interrompt pas la prescription à l'égard des autres cohéritiers, quand même la créance serait hypothécaire, si l'obligation n'est indivisible.

Cette interpellation ou cette reconnaissance n'interrompt la prescription, à l'égard des autres codébiteurs, que pour la part dont cet héritier est tenu.

Pour interrompre la prescription pour le tout à l'égard des autres débiteurs, il faut l'interpellation faite à tous les héritiers du débiteur décédé, ou la reconnaissance de tous ces héritiers ;

Art. 2250. — L'interpellation faite au débiteur principal, ou sa reconnaissance interrompt la prescription contre la cause.

Section II : Des causes qui suspendent le cours de la prescription.

Art. 2251. — La prescription court contre toutes personnes, à moins qu'elles ne soient dans quelque exception établie par une loi.

Art. 2252. — La prescription ne court pas contre les mineurs et les interdits, sauf ce qui est dit à l'article 2278, et à l'exception des autres cas déterminés par la loi.

Art. 2253. — Elle ne court point entre époux.

Art. 2254. — La prescription court contre la femme mariée, encore qu'elle ne soit point séparée par contrat de mariage ou en justice, à l'égard des biens dont le mari a l'administration, sauf son recours contre le mari.

Art. 2255. — Néanmoins elle ne court point, pendant le mariage, à l'égard de l'aliénation d'un fonds constitué selon le régime dotal, conformément à l'article 1561, au titre *Du contrat de mariage et des droits respectifs des époux.*

Art. 2256. — La prescription est pareillement suspendue pendant le mariage :

1° Dans le cas où l'action de la femme ne pourrait être exercée qu'après une option à faire sur l'acceptation ou la renonciation à la communauté ;

2° Dans le cas où le mari, ayant vendu le bien propre de la femme sans son consentement, est garant de la vente, et dans tous les autres cas où l'action de la femme réfléchirait contre le mari.

Art. 2257. — La prescription ne court point :

- à l'égard d'une créance qui dépend d'une condition, jusqu'à ce que la condition arrive ;
- à l'égard d'une action en garantie, jusqu'à ce que l'éviction ait lieu ;
- à l'égard d'une créance à jour fixe, jusqu'à ce que ce jour soit arrivé.

Art. 2258. — La prescription ne court pas contre l'héritier bénéficiaire, à l'égard des créances qu'il a contre la succession.

Elle court contre une succession vacante, quoique non pourvue de curateur.

Art. 2259. — Elle court encore pendant les trois mois pour faire inventaire, et les quarante jours pour délibérer.

CHAPITRE V : DU TEMPS REQUIS POUR PRESCRIRE

Section première : Dispositions générales.

Art. 2260. — La prescription se compte par jours, et non par heures.

Art. 2261. — Elle est acquise lorsque le dernier jour du terme est accompli.

Section II : De la prescription trentenaire

Art. 2262. — Toutes les actions, tant réelles que personnelles, sont prescrites par trente ans, sans que celui qui allègue cette prescription soit obligé d'en rapporter un titre, ou qu'on puisse lui opposer l'exception déduite de la mauvaise foi.

Art. 2263. — Après vingt-huit ans de la date du dernier titre, le débiteur d'une rente peut être contraint à fournir à ses frais un titre nouveau à son créancier ou à ses ayants cause.

Art. 2264. — Les règles de la prescription sur d'autres objets que ceux mentionnés dans le présent titre, sont expliquées dans les titres qui leur sont propres.

Section III : De la prescription par dix et vingt ans

Art. 2265. — Celui qui acquiert de bonne foi et par juste titre un immeuble, en prescrit la propriété par dix ans, si le véritable propriétaire habite dans le ressort de la cour d'appel dans l'étendue de laquelle l'immeuble est situé ; et par vingt ans, s'il est domicilié hors dudit ressort.

Art. 2266. — Si le véritable propriétaire a eu son domicile en différents temps, dans le ressort et hors du ressort, il faut, pour compléter la prescription, ajouter à ce qui manque aux dix ans de présence, un nombre d'années d'absence double de celui qui manque, pour compléter les dix ans de présence.

Art. 2267. — Le titre nul par défaut de forme, ne peut servir de base à la prescription de dix et vingt ans.

Art. 2268. — La bonne foi et toujours présumée, et c'est à celui qui allègue la mauvaise foi à la prouver ;

Art. 2269. — Il suffit que la bonne foi ait existé au moment de l'acquisition.

Art. 2270. — Après dix ans, l'architecte et les entrepreneurs sont déchargés de la garantie des gros ouvrages qu'ils ont faits ou dirigés.

Section IV : De quelques prescriptions particulières

Art. 2271. — L'action des maîtres et instituteurs des sciences et arts, pour les leçons qu'ils donnent au mois ;

Celle des hôteliers et traiteurs, à raison du logement et de la nourriture qu'ils fournissent ;

Celle des ouvriers et gens de travail, pour le payement de leurs journées, fournitures et salaires ;

Se prescrivent par six mois.

Art. 2272. — L'action des médecins, chirurgiens et apothicaire, pour leurs visites, opérations et médicaments ;

Celle des huissiers, pour le salaire des actes qu'ils signifient, et des commissions qu'ils exécutent ;

Celle des marchands, pour les marchandises qu'ils vendent aux particuliers non marchands ;

Celle des maîtres de pension, pour le prix de la pension de leurs élèves ; et des autres maîtres, pour le prix de l'apprentissage ;

Celle des domestiques qui se louent à l'année, pour le payement de leur salaire ;

Se prescrivent par un an.

Art. 2273. — L'action des avoués, pour le payement de leurs frais et salaires, se prescrit par deux ans, à compter du jugement des procès ou de la conciliation des parties ou depuis la révocation desdits avoués. À l'égard des affaires non terminées, ils ne peuvent former de demandes pour leurs frais et salaires qui remonteraient à plus de cinq ans.

Art. 2274. — La prescription, dans les cas ci-dessus, a lieu, quoiqu'il y ait eu continuation de fournitures, livraisons, services et travaux.

Elle ne cesse de courir que lorsqu'il y a eu compte arrêté, cédule ou obligation, ou citation en justice non périmée.

Art. 2275. — Néanmoins, ceux auxquels ces prescriptions seront opposées, peuvent déférer le serment à ceux qui les opposent, sur la question de savoir si la chose a été réellement payée.

Le serment pourra être déféré aux veuves et héritiers, ou aux tuteurs de ces derniers, s'ils sont mineurs, pour qu'ils aient à déclarer s'ils ne savent pas que la chose soit due.

Art. 2276. — Les juges et avoués sont déchargés des pièces cinq ans après le jugement des procès.

Les huissiers, après deux ans, depuis l'exécution de la commission, ou la signification des actes dont ils étaient chargés, en sont pareillement déchargés ;

Art. 2277. — Les arrérages de rentes perpétuelles et viagères ;

Ceux des pensions alimentaires ;

Les loyers des maisons, et le prix de ferme des biens ruraux ;

Les intérêts des sommes prêtées, et généralement tout ce qui est payable par année, ou à des termes périodiques plus courts ;

Se prescrivent par cinq ans.

Art. 2278. — Les prescriptions dont il s'agit dans les articles de la présente section, courent contre les mineurs et les interdits ; sauf leur recours contre leurs tuteurs.

Art. 2279. — En fait de meubles, la possession vaut titre ;

Néanmoins celui qui a perdu ou auquel il a été volé une chose, peut la revendiquer pendant trois ans, à compter du jour de la perte ou du vol, contre celui dans les mains duquel il la trouve ; sauf à celui-ci son recours contre celui duquel il la tient.

Art. 2280. — Si le possesseur actuel de la chose volée ou perdue l'a achetée dans une foire ou dans un marché, ou dans une vente publique, ou d'un marchand vendant des choses pareilles, le propriétaire originaire ne peut se la faire rendre qu'en remboursant au possesseur le prix qu'elle lui a coûté.

(*L. 11 juillet 1892, J.O.* A.E.F., 1920, p. 96). — Le bailleur qui revendique, en vertu de l'article 2102, les meubles déplacés sans son consentement et qui ont été achetés dans les mêmes conditions, doit également rembourser à l'acheteur le prix qu'ils lui ont coûté.

Art. 2281. — Les prescriptions commencées à l'époque de la publication du présent titre seront réglées conformément aux lois anciennes.

Néanmoins les prescriptions alors commencées, et pour lesquelles il faudrait encore, suivant les anciennes lois, plus de trente ans à compter de la même époque, seront accomplies par ce laps de trente ans.

TABLE DES MATIERES

Structures éditoriales du groupe L'Harmattan

L'Harmattan Italie
Via degli Artisti, 15
10124 Torino
harmattan.italia@gmail.com

L'Harmattan Hongrie
Kossuth l. u. 14-16.
1053 Budapest
harmattan@harmattan.hu

L'Harmattan Sénégal
10 VDN en face Mermoz
BP 45034 Dakar-Fann
senharmattan@gmail.com

L'Harmattan Cameroun
TSINGA/FECAFOOT
BP 11486 Yaoundé
inkoukam@gmail.com

L'Harmattan Burkina Faso
Achille Somé – tengnule@hotmail.fr

L'Harmattan Guinée
Almamya, rue KA 028 OKB Agency
BP 3470 Conakry
harmattanguinee@yahoo.fr

L'Harmattan RDC
185, avenue Nyangwe
Commune de Lingwala – Kinshasa
matangilamusadila@yahoo.fr

L'Harmattan Congo
219, avenue Nelson Mandela
BP 2874 Brazzaville
harmattan.congo@yahoo.fr

L'Harmattan Mali
ACI 2000 - Immeuble Mgr Jean Marie Cisse
Bureau 10
BP 145 Bamako-Mali
mali@harmattan.fr

L'Harmattan Togo
Djidjole – Lomé
Maison Amela
face EPP BATOME
ddamela@aol.com

L'Harmattan Côte d'Ivoire
Résidence Karl – Cité des Arts
Abidjan-Cocody
03 BP 1588 Abidjan
espace_harmattan.ci@hotmail.fr

Nos librairies en France

Librairie internationale
16, rue des Écoles
75005 Paris
librairie.internationale@harmattan.fr
01 40 46 79 11
www.librairieharmattan.com

Librairie des savoirs
21, rue des Écoles
75005 Paris
librairie.sh@harmattan.fr
01 46 34 13 71
www.librairieharmattansh.com

Librairie Le Lucernaire
53, rue Notre-Dame-des-Champs
75006 Paris
librairie@lucernaire.fr
01 42 22 67 13

www.ingramcontent.com/pod-product-compliance
Lightning Source LLC
LaVergne TN
LVHW011014061026
849535LV00006B/1880
9782336412030